民國文化與文學_{研究文叢}研究文叢

初　編

李　怡　主編

第 15 冊

民國語境與左翼民族話語考釋

張　武　軍　著

國家圖書館出版品預行編目資料

民國語境與左翼民族話語考釋／張武軍 著 — 初版 — 新北市：
花木蘭文化出版社，2012〔民 101〕
目 2+236 面；19×26 公分
（民國文化與文學研究文叢 初編：第 15 冊）
ISBN：978-986-254-892-9（精裝）
1. 民族文學　2. 左翼文學　3. 文學評論
541.26208　　　　　　　　　　　　　　　101012604

特邀編委（以姓氏筆畫為序）：

ISBN-978-986-254-892-9

9 789862 548929

丁　帆	王德威	宋如珊
岩佐昌暲	奚　密	張中良
張堂錡	張福貴	須文蔚
馮　鐵	劉秀美	

民國文化與文學研究文叢
初　編　第十五冊　　　　　　ISBN：978-986-254-892-9

民國語境與左翼民族話語考釋

作　　者	張武軍
主　　編	李　怡
企　　劃	北京師範大學民國歷史文化與文學研究中心（籌）
	四川大學民國文學暨海外漢學研究中心（籌）
	現代中國文化與文學研究中心
總 編 輯	杜潔祥
印　　刷	普羅文化出版廣告事業
出　　版	花木蘭文化出版社
發 行 人	高小娟
聯絡地址	新北市永和區中正路五九五號七樓
	電話：02-2923-1455／傳真：02-2923-1452
網　　址	http://www.huamulan.tw 信箱 sut81518@gmail.com
初　　版	2012 年 9 月
定　　價	初編 18 冊（精裝）新台幣 30,000 元

重慶市社會科學規化後期資助項目

《民國文化與文學研究文叢》總序

李　怡

　　這是一套試圖從新的角度——民國歷史文化的視角重新梳理分析中國現代文學的叢書，計劃在數年內連續推出百餘種相關主題的論述，逐漸形成關於現代中國文學的新的學術思路。爲什麼會提出這樣的設想？與最近一些年大陸中國悄然出現的「民國熱」有什麼關係？最終，我們又有怎樣的學術預期呢？

　　近年來大陸中國的「民國熱」折射出了諸多耐人尋味的社會心理：對於一種長期被遮蔽的歷史的好奇？市民情懷復蘇時代的小資心態？對當前社會文化秩序的厭倦與不滿？或許，就是這幾種心理的不同程度的組合？作爲生活在「民國熱」時代的我們，自然很難將自己與這些社會心理切割開來，不過，在學術自身的邏輯裡追溯，我們卻不得不指出，作爲文學史敘述的「民國」概念，無疑有著更爲深遠的歷史，擁有更爲豐富的內涵。

一

　　迄今爲止，在眾多中國現代文學史的敘述概念中，得到廣泛使用的有三種：「新文學」、「近代／現代／當代文學」、「二十世紀中國文學」。值得注意的是，這三種概念都不完全是對中國文學自身的時空存在的描繪，概括的並非近現代以來中國具體的國家與社會環境，也就是說，我們文學眞實、具體的生存基礎並沒有得到準確的描述。因此，它們的學術意義從來就伴隨著連續不絕的爭議，這些紛紜的意見有時甚至可能干擾到學科本身的穩定發展。

　　「新文學」是第一個得到廣泛認可的文學史概念。從 1929 年春朱自清在清華大學講授「中國新文學」、編訂《中國新文學研究綱要》到 1932 年周作人在輔仁大學講演新文學源流、出版《中國新文學的源流》，從 1933 年王哲

甫出版《中國新文學運動史》到 1935 年全面總結第一個十年成就的《中國新文學大系》的隆重推出，從 1950 年 5 月中央教育部頒佈的教學大綱定名爲「中國新文學史」到 1951 年 9 月王瑤出版《中國新文學史稿》（上冊），都採用了「新文學」這一命名。此外，香港的司馬長風和臺灣的周錦先後撰寫、出版了同名的《中國新文學史》。乃至在新時期以後，雖然新的學科命名——近代文學、現代文學、當代文學——已經確定，但是以「新文學」爲名創辦學會、寫作論著的現象卻依然不斷地出現。

以「新」概括文學的歷史，在很大程度上來源於這一時段文學運動中的自我命名。晚清以降中國文學與中國文化的動向，往往伴隨著一系列「新」思潮、「新」概念與「新」名稱的運動，如梁啓超提出「新民說」、「新史學」、「新學」，文學則逐步出現了「新學詩」、「新體詩」、「新派詩」、「新民體」、「新文體」、「新小說」、「新劇」等。可以說，鴉片戰爭以後的中國進入了一個「求新逐異」的時代，「新」的魅力、「新」的氛圍和「新」的思維都前所未有地得到擴張，及至五四時期，「新文學運動」與「新文化運動」轟然登場，「新文學」作爲文學現象進入讀者和批評界的視野，並成爲文學史敘述的基本概念，顯然已是大勢所趨。《青年雜誌》創刊號有文章明確提出：「夫有是非而無新舊，本天下之至言也。然天下之是非，方演進而無定律，則不得不假新舊之名以標其幟。夫既有是非新舊則不能無爭，是非不明，新舊未決，其爭亦未已。」〔註1〕今天，學界質疑「新文學」的「新」將其他文學現象排除在外了，以至現代的文學史殘缺不全。其實，任何一種文學史的敘述都是收容與排除並舉的，或者說，有特別的收容，就必然有特別的排除，這才是文學研究的基本「立場」。沒有對現代白話的文學傳統的特別關注和挖掘，又如何能體現中國文學近百年來的發展與變化呢？「新」的侷限不在於排除了「舊」，而在於它能否最準確地反映這一類文學的根本特點。

對於「新文學」敘述而言，真正嚴重的問題是，這一看似當然的命名其實無法改變概念本身的感性本質：所謂「新」，總是相對於「舊」而言，而在不斷演變的歷史長河中，新與舊的比照卻從來沒有一個確定不移的標準。從古文經學、荆公新學到清末西學，「新學」在中國學術史上的內涵不斷變化，「新文學」亦然。晚清以降的文學，時間不長卻「新」路不定，至「五四」已今非昔比，「新」能夠在多大的範圍內、在多長的時間中確定「文學」的性質，實在是一個不容

〔註 1〕 汪叔潛：《新舊問題》，《青年雜誌》1915 年第 1 卷第 1 號。

忽視的學術難題。我們可以從外來文化與文學的角度認定五四白話文學的
「新」，像許多新文學史描述的那樣；也可以在中國文學歷史中尋覓「新」的元
素，以「舊」為「新」，像周作人的《中國新文學的源流》那樣。但這樣一來，
反而昭示了「新」的不確定性，為他人的質疑和詬病留下了把柄。誠如錢基博
所言：「十數年來，始之以非聖反古以為新，繼之歐化國語以為新，今則又學古
以為新矣。人情喜新，亦復好古，十年非久，如是循環；知與不知，俱為此『時
代洪流』疾卷以去，空餘戲狎懺悔之詞也。」〔註2〕

　　更何況，中國文學的「新」歷史肯定會在很長時間中推進下去，未來還
將發生怎樣的變動？其革故鼎新的浪潮未必不會超越晚清－五四一代。屆
時，我們當何以為「新」，「新文學」又該怎麼延續？這樣的學術詰問恐怕不
能算是空穴來風吧。

　　「新」的感性本質期待我們以更嚴格、更確定的「時代意義」來加以定
義。「現代」概念的出現以及後來更為明確的近代／現代／當代的劃分似乎就
是一種定義「意義」的方向。

　　「現代」與「近代」都不是漢語固有的語彙，傳統中國文獻如佛經曾經
用「現在」來表示當前的時間（《俱舍論》有云：「若已生而未已滅名現在」）。
以「近代」、「現代」翻譯英文的 modern 源自日本，「近代」、「現代」係日文
對 modern 的經典譯文。「現代」在一開始使用較少，但至遲在 20 世紀初的中
國文字中也開始零星使用，如梁啓超 1902 年的《新民說》。〔註3〕只是在當時，
modern 既譯作「現代」與「近代」，也譯作「摩登」、「時髦」、「近世」等。直
到 30 年代以後，「現代」一詞才得以普遍使用，此前即便作為時間性的指稱，
使用起來也充滿了隨意性。「近代」進入文學史敘述以 1929 年陳子展的《中
國近代文學之變遷》為早，「現代」進入文學史敘述則以 1933 年錢基博的《現
代中國文學史》為先，但他們依然是在一般的時間概念上加以模糊認定。尤
其是錢基博，他的「現代」命名就是為了掩蓋更具有社會歷史內涵的「民國」：
「吾書之所為題『現代』，詳於民國以來而略推跡往古者，此物此誌也。然不

〔註2〕錢基博：《現代中國文學史》，長沙：嶽麓書社，1986 年，第 506 頁。
〔註3〕《新民說》有云：「凡此皆現代各國之主動力也，而一皆自條頓人發之成之，
　　　是條頓人不啻全世界動力之主人翁也。」參見《梁啓超全集》第 2 冊，北京：
　　　北京出版社，1999 年，第 658、659 頁。關於日文中「近代」、「現代」一詞的
　　　來源及使用情況可以參見柳父章：《翻譯語成立事情》，日本岩波書店 1982 年
　　　4 月出版。

題『民國』而曰『現代』，何也？曰：維我民國，肇造日淺，而一時所推文學家者，皆早嶄露頭角於讓清之末年，甚者遺老自居，不願奉民國之正朔；寧可以民國概之？」〔註4〕也就是說，像「民國」這樣直接指向國家與社會內涵的文學史「意義」，恰恰是作者要刻意迴避的。

　　在「現代」、「近代」的概念中追尋特定的歷史文化意義始於思想界。1915年，《青年雜誌》創刊號一氣刊登了陳獨秀兩篇介紹西方近現代思想文化的文章：《法蘭西人與近世文明》和《現代文明史》，「近代（近世）」與「現代」同時成為對西方思想文化的概括。《青年雜誌》〔註5〕後來又陸續推出了高一涵的《近世國家觀念與古相異之概略》（第1卷第2號）和《近世三大政治思想之變遷》（第4卷第1號）、劉叔雅的《近世思想中之科學精神》（第1卷第3號）、陳獨秀的《孔子之道與現代社會》（第2卷第4號）和《近代西洋教育》（第3卷第5號）、李大釗的《唯物史觀在現代歷史學上的價值》（第8卷第4號）。《新潮》則刊發了何思源的《近世哲學的新方法》（第2卷第1號）、羅家倫的《近代西洋思想自由的進化》（第2卷第2號）、譚鳴謙的《現代民治主義的精神》（第2卷第3號）等。1949年以後，大陸中國文學研究界找到了清晰辨析近代／現代／當代的辦法，更是確定了這幾個概念背後的歷史文化內涵，其根據就是由史達林親自審查、聯共（布）中央審定、聯共（布）中央特設委員會編的《聯共（布）黨史簡明教程》和由蘇聯史學家集體編著的多卷本的《世界通史》。《聯共（布）黨史簡明教程》於1938年在蘇聯出版，它先後用67種文字出版301次，是蘇聯圖書出版史上印數最多的出版物之一。就在蘇聯正式出版此書的二三個月後，該書的第七章和結束語就被譯成中文在《解放》上發表，隨後不久，在中國就出現了4種不同的中文譯本：由博古任總校閱、中國出版社1939年2月出版的「重慶譯本」，由吳清友翻譯、上海啓明社1939年5月出版的「上海譯本」，由蘇聯外文出版局主持翻譯和出版、任弼時等人擔任實際翻譯工作的「莫斯科譯本」，以及解放社於1939年5月出版的「延安譯本」。「上海譯本」多流行於上海和新四軍活動區域，陝甘寧邊區和華北各抗日根據地擁有「莫斯科譯本」與「延安譯本」，大後方各省同時流行「重慶譯本」與「莫斯科譯本」（見歐陽軍喜《論抗戰時期〈聯

〔註4〕錢基博：《現代中國文學史》，第9頁。
〔註5〕1916年9月第2卷第1號起，《青年雜誌》改名為《新青年》，文中為了表述連貫，不作明確指出。

共（布）黨史簡明教程〉在中國的傳播及其對中國共產黨宣傳工作的影響》，
載《黨史研究與教學》2008 年第 2 期）。早在延安時代，《簡明教程》就被列
入「幹部必讀」書，建國之後，《簡明教程》中的三章加上「結束語」曾被指
定爲廣大幹部學習的基本教材，在中國自己編寫的「國際共運史」教材面世
之前，它也是高校馬列主義基礎課程的通用教材，直接參與構築了新中國教
育的基本歷史觀念。作爲「學科」的中國現當代文學就是在這樣一種歷史觀
念的形成中生成的。中譯本《世界通史》第一卷最早由生活・讀書・新知三
聯書店於 1959 年初版，至 1978 年出版到第八卷，第九、第十卷由吉林人民
出版社分別於 1975、1978 年出版，第十一卷繼續由三聯書店於 1984 年出版，
第十二、十三卷由東方出版社 1987、1990 年出版，可以說也伴隨了 1990 年
代之前中國的歷史認識過程。

　　就這樣，馬列主義的五種社會形態進化論成爲劃分近代與現代的理論基
礎，由近代到現代的演進，在蘇聯被描述爲 1640 年英國資產階級革命－十月
社會主義革命的重大發展，在中國，則開始於淪爲「半殖民地半封建」的 1840
年鴉片戰爭，完成於標誌著社會主義思想傳播的「五四」。大陸中國的史學家
更是在「現代」之中另闢「當代」，以彰顯社會主義與共產主義社會的到來，
由此確定了中國文學近代／現代／當代的明確格局——這樣的劃分，不僅在
時間分段上不再模糊，而且更具有明確的思想內涵與歷史文化質地：資產階
級文學（舊民主主義革命文學）、新民主主義革命文學與社會主義文學就是近
代－現代－當代文學的歷史轉換。

　　當然，來自蘇聯意識形態的歷史劃分與西方學術界的基本概念界定存在
明顯的分歧。在西方學術界，一般是以地理大發現與資本主義經濟及社會文
化的興起作爲「現代」的開端，Modern Times 一般泛指 15～16 世紀地理大發
現以來的歷史，這一歷史過程一直延續到今天，並沒有近代／現代之別，即
使是所謂的「當代」（Late Modern Time 或 Contemporary Time），也依然從屬
於 Modern Times 的長時段。〔註6〕「現代」的含義也不僅與「革命」相關，
而且指涉一個相當久遠而深厚的歷史文化的變遷過程，並包含著歷史、哲學、

〔註 6〕代表作有阿克頓主編的 14 卷本的《康橋近代史》（*The Cambridge Modern
　　　　History , Cambridge university press .1902-1912*），後來康橋大學出版社又出版
　　　　了克拉克主編的 14 卷本的《新編康橋近代史》（*The New Cambridge Modern
　　　　History. Cambridge university press .1957-1959*），這套著作的中文譯本於 1987
　　　　年起，由中國社會科學出版社陸續出版，名爲《新編康橋世界近代史》。

宗教等多方面的資訊。德國美學家姚斯在《美學標準及對古代與現代之爭的歷史反思》中考證，「現代」一詞在 10 世紀末期首次被使用，意指古羅馬帝國向基督教世界過渡時期，與古代相區別；而今天一般將之理解為自文藝復興開始尤其是 17、18 世紀以後的社會、思想和文化的全面改變，它以工業化為基礎，以全球化為形式，深刻地影響了世界各民族的生存與觀念。

到了新時期，在大陸中國的國門重新向西方世界開放以後，「走向世界」的強烈渴望讓我們不再滿足於革命歷史的「現代」，但問題是，其他的「現代」知識對我們而言又相當陌生，難怪汪暉曾就何謂「現代」向唐弢先生鄭重求教，而作為學科泰斗的導師也只是回答說，這是一個「很複雜」的問題。〔註7〕1990 年代，中國學術界開始惡補「現代」課，從西方思想界直接輸入了系統而豐富的「現代性知識」，這個「與世界接軌」的具有思想深度的知識結構由此散發出了前所未有的魅力。正是在「現代性知識」體系中，對現代、現代性、現代化、現代主義的辨析達到了如此的深入和細緻，對文學的觀照似乎也獲得了令人激動不已的效果和不可估量的廣闊前程，中國現代文學史至此有望成為名副其實的「現代性」或「現代學」意義上的文學史敘述。

應當承認，1990 年代對「現代」知識的重新認定，的確為我們的文學史研究找到了一個更具有整合能力的闡釋平臺。例如，藉助福柯式的知識考古，我們固有的種種「現代」概念和思想得到了清理，現代、現代性、現代化這些或零散或隨意或飄忽的認識，都第一次被納入一個完整清晰的系統，並且尋找到了在人類精神發展流程裡的準確位置。最近 10 年，「現代性」既是中國理論界所有譯文的中心語彙，也幾乎就是所有現當代文學史研究的話語支撐點。

但是，從另一角度來看，我們的「現代」史學之路卻難以掩飾其中的尷尬。無論是蘇聯的革命史「現代」概念還是今日西方學界的「現代」新知，它們的闡釋功效均更多地得力於異域的理論視野與理論邏輯，列寧與史達林如此，吉登斯、哈貝馬斯與福柯亦然。問題是，中國作家的主體經驗究竟在哪裡？中國作家背後的中國社會與歷史的獨特意義又何在？在革命史「現代」觀中，蘇聯的文學經驗、所謂的「現實主義」道路成為金科玉律，只有最大程度地符合了這些「他者」的經驗才可能獲得文學史的肯定，這被後來稱為

〔註 7〕 汪暉：《我們如何成為「現代的」？》，《中國現代文學研究叢刊》1996 年第 1 期。

「左」的思想的教訓其實就是失去了中國主體經驗的惡果。同樣，在最近 10 餘年的文學史研究中，鮮活的現代中國的文學體驗也一再被納入到全球資本主義時代的共同命題中，兩種現代性、民族國家理論、公共空間理論、第三世界文化理論、後殖民批判理論……大清帝國的黃昏與異域的共和國的早晨相遇了，兩個不同國度的感受能否替換？文學的需要是否就能殊途同歸？他者的理論是否眞讓我們一勞永逸？中國文學的現代之路會不會自成一格？有趣的甚至還有如下的事實：在 90 年代初期，恰恰也是其中的一些理論（現代性質疑理論）導致我們對現代文學存在價值的懷疑和否定，而到了 90 年代中後期，當外來的理論本身也發生分歧與衝突的時候（如哈貝馬斯對現代性的肯定），我們竟又神奇地獲得了鼓勵，重新「追隨」西方理論挖掘中國文學的「現代性價值」——中國文學的意義竟然就是這樣的脆弱和動搖，只能依靠西方的「現代」理論加以確定？

除了這些異域的「現代」理論，我們的文學史家就沒有屬於自己的東西嗎？如我們的心靈，我們的感受，能夠容納我們生命需要的漢語能力。

現代，在何種意義上還能繼續成爲我們的文學史概念？沒有了這一通行的「世界」術語，我們還能夠表達自己嗎？

問題的嚴重性似乎不在於我們能否在歷史的描述中繼續使用「現代」（包括與之關聯的「近代」、「當代」等概念），而是類似的辭彙的確已被層層疊疊的「他者」的資訊所塗抹甚至污染，在固有的中國現代文學史敘述框架內，我們怎樣才能做到全身而退，通達我們思想的自由領地？

中國有「文學史」始於清末的林傳甲、黃摩西，隨著文學史寫作的持續展開，尤其是到了 1949 年以後，「現代」被單獨列出，不再從屬於「中國文學史」，這彷彿包含了一種暗示：「現代」是異樣的、外來的，不必納入「中國文學」固有的敘述程式。

「二十世紀中國文學」是中國文學研究界學術自覺，努力排除蘇聯「革命」史觀影響，尋求文學自身規律的產物。正如論者當年意識到的那樣：「以前的文學史分期是從社會政治史直接類比過來的。拿『近代文學史』來說，從一八四〇年鴉片戰爭到一八九八年戊戌變法，半個多世紀裡頭，幾乎沒有什麼文學，或者說文學沒有什麼根本的變化。……政治和文學的發展很不平衡。還是要從東西方文化的撞擊，從文學的現代化，從中國人『出而參與世界的文藝之業』，從文學本身的發展規律，從這樣的一些角度來看文學史，才

比較準確。」「『二十世紀中國文學』這一概念首先意味著文學史從社會政治
史的簡單比附中獨立出來，意味著把文學自身發生發展的階段完整性作為研
究的主要對象。」〔註 8〕這樣的歷史架構顯然具有重大的學術價值，「二十世
紀中國文學」直到今天依然是影響最大的文學史理念，然而，它也存在著難
以克服的一些問題。姑且不論「二十世紀」這一業已結束的時間概念能否繼
續涵蓋一個新世紀的歷史情形，而「新世紀」是否又具有與「舊世紀」迥然
不同的特徵，即便是這種歷史概括所依賴的基本觀念——文學的世界性、整
體性與「現代化」，其實也和文學的「現代」史觀一樣，在今天恰恰就是爭論
的焦點。

　　「二十世紀」作為一個時間概念也曾被國外史家徵用，但是正如當年中
國學者已經意識到的那樣，外人常常是在「純物理時間」的意義上加以使用，
相反，「二十世紀中國文學」更願意準確地呈現文學自身的性質。〔註 9〕這樣
一來，「二十世紀」的概念也同我們曾經有過的「現代」一樣，實際上已由時
間性指稱轉換為意義性指稱。那麼，構成它們內在意義的是什麼呢？是文學
的世界性、整體性與「現代化」——這些取諸世界歷史總體進程的「元素」，
它們在何種程度上推動了我們文學的發展，又在多大的程度上掩蓋了我們固
有的人生與藝術理想，都是大可討論的。例如，面對同樣一個「世界」的背
景，是遭遇了「世界性」還是我們自己開闢了「世界性」，這裡就有完全不同
的文學感受；再如，將「二十世紀」看作一個「整體」，我們可能注意到「五
四」與「新時期」在「現代化」方向上的一致：「我是從搞新時期文學入手的，
慢慢地發現好多文學現象跟『五四』時期非常相像，幾乎是某種『重複』。比
如，『問題小說』的討論，連術語都完全一致。我考慮比較多的是美感意識的
問題。『傷痕』文學裡頭有一種很濃郁的感傷情緒，非常像『五四』時期的浪
漫主義思潮，我把它叫作歷史青春期的美感情緒。」「魯迅對現代小說形式的
問題很早就提出一些精彩的見解。我就感覺到當代文學提出的很多問題並不
是什麼新鮮問題。」〔註 10〕但是，這樣的「整體性」的相似只是問題的一方
面，認真區分起來，「五四」與「新時期」其實更有著一系列重要的分歧。文

〔註 8〕黃子平、陳平原、錢理群：《二十世紀中國文學三人談》，北京：人民文學出
　　　　版社，1988 年，第 36 頁、25 頁。
〔註 9〕黃子平、陳平原、錢理群：《二十世紀中國文學三人談》，第 39 頁。
〔註 10〕黃子平、陳平原、錢理群：《二十世紀中國文學三人談》，第 29～30、31 頁。

學的意義恰恰就是建立在細節的甄別上，上述細節的差異不是可有可無的，它們標識的正是文學本身的「形態」的差別，既然「形態」已大不相同，那麼粘合的「整體」的也就失去了堅實的基礎。

更有甚者，雖然已被賦予一系列「現代性」的意義指向，「二十世紀」卻又無法終結人們對它的「時間」指稱。新的問題由此產生：人們完全可能藉助這樣的「時間」框架，重新賦予不同的意義，由此在總體上形成了「二十世紀」指義的複雜和含混。在 80 年代，「二十世紀中國文學」的提出者是以晚清的「新派」文學作為「現代性」的起點，努力尋找五四文學精神的晚清前提與基礎，但是近年來，我們卻不無尷尬地發現美國漢學界已另起爐竈，竭力發掘被五四文學所「壓抑」的其他文學源流。結果並不是簡單擴大了文學的源頭，讓多元的聲音百家爭鳴，而是我們從此不得不面對一個彼此很難整合的現代文學格局，在晚清的世俗情欲與「五四」的文化啟蒙之間，矛盾的力量究竟是怎樣被「整合」的？如果說，「五四」的文化啟蒙壓抑了晚清的世俗情欲，而後者在中國其實已有很長的歷史流變過程，那麼，這樣壓抑／被壓抑雙方的歷史整合就變得頗為怪異，而「五四」、二十世紀作為文學「新質」的特殊意義也就不復存在，我們曾引以自豪的新文學的寶貴傳統可能就此動搖和模糊不清。難道，一個以文學闡釋的「整體性」為己任的學術追求至此完成了自我的解構？

我們必須認真面對「二十世紀中國文學」這一概念，包括其並未消失的價值和已經浮現的侷限。

二

我們對近現代以來中國文學史的幾大基本概念加以檢討，其目的並不是要在現有的文學描述中將之「除名」，而是想藉此反思我們目前文學研究與文學史敘述的內在問題。「新文學」力圖抓住中國文學在本世紀的「新質」，但定位卻存在很大的模糊空間；「現代文學」努力建立關於歷史意義的完整觀念，但問題是，這些「現代」觀念在很大程度上來自異域文化，究竟怎樣確定我們自己在本世紀的生存意義，依然有太多的空白之處；「二十世紀」致力於「文學」輪廓的勾勒，但純粹的時間概念的糾纏又使得它所框定的文學屬性龐雜而混沌，意義的清晰度甚至不如「新文學」與「現代文學」。這就是說，在我們未來的文學史敘述中，有必要對「新文學」、「近代／現代／當代」、「二

十世紀中國文學」等概念加以限制性的使用，盡可能突出它們揭示中國文學現象獨特性的那一面，盡力壓縮它們各自表意中的模糊空間。與此同時，更重要的是重新尋找和探測有關文學歷史的新的敘述方式，包括新的概念的選擇、新的意義範圍的確定，以及新的研究範式的嘗試等。

「新文學」作爲對近百年來白話文學約定俗成的稱謂，繼續使用無妨，且無須承擔爲其他文學樣式（如舊體文學）騰挪空間的道德責任，但未來的文學發展又將如何刷「新」，新的文學現象將怎樣由「新」而出，我們必須保留必要的思想準備與概念準備；「現代」則需要重新加以清理和認定，與其將西方資本主義文化的種種邏輯作爲衡量「現代性」的基礎，還不如在一個更寬泛的角度認定「現代」：中華帝國結束自我中心的幻覺，被迫與其他世界對話的特殊過程，直接影響了中國人與中國作家的人生觀與自我意識，催生了一種區別於中國古代文學的「現代」樣式。這種「現代」受惠與受制於異域的「現代」命題尤其是西方資本主義的命題，但又與異域的心態頗多區別，我們完全不必將西方的「現代」或「現代性」本質化，並作爲估價中國文學的尺度。異域的「現代」景觀僅僅是我們重新認識中國現象的比照之物，也就是說，對於「現代」的闡述，重點不應是異域（西方）的理念，而是這一過程之中中國「物質環境」與「精神生態」的諸多豐富形態與複雜結構。作爲一個寬泛性的「過程」概念的指稱，我們使用側重於特殊時間含義的「現代文學」，而將文學精神內涵的分析交給更複雜、更多樣的歷史文化分析，以其他方式確立「意義」似乎更爲可行；「二十世紀」是中國文學新的「現代」樣式孕育、誕生和發展壯大的關鍵時期，因爲精神現象發生的微妙與複雜，這種時間性的斷代對文學本身的特殊樣式而言也不無模糊性，而且其間文學傳統的流變也務必單純和統一，因此，它最適合於充當技術性的時間指稱而非某種文學「本質」的概括。

這樣一來，我們似乎有可能獲得這樣的機會：將已粘著於這些概念之上的「意義的斑駁」儘量剔除，與其藉助它們繼續認定中國文學的「性質」，不如在盡力排除「他者」概念干擾的基礎上另闢蹊徑，通過對近現代以來中國文學發生與發展歷史情景的細緻梳理來加以全新的定義。

一個民族和國家的文學歷史的敘述，所依賴的巨大背景肯定是這一國家歷史的種種具體的歷史情景，包括國家政治的情狀、社會體制的細則、生存方式的細節、精神活動的詳情等等，總之，這種種的細節，它來自於歷史事實的「還

原」而不是抽象的理論概括。國家是我們生存的政治構架，在中國式的生存中，政治構架往往起著至關緊要的作用，影響及每個人最重要的生存環境和人生環節，也是文學存在的最堅實的背景；在國家政治的大框架中又形成了社會歷史發展的種種具體的情態：這是每個個體的具體生存環境，是文學關懷和觀照的基本場景，也是作爲精神現象的文學創造的基礎和動力。

　　從文學生存的社會歷史文化角度加以研究，並注意到其中「國家政治」與「社會背景」的重要作用，絕非始於今日。在「以階級鬥爭爲綱」的年代，就格外強調社會歷史批評的價值，新時期以後，則有「文化角度」研究的興起，90 年代至今，更是「文化批評」或「文化研究」的盛行。不過，強調「國家歷史情態」與這些研究都有很大的不同，它是屬於我們今天應當特別加強的學術方式。

　　傳統的社會歷史批評以國家政治爲唯一的闡釋中心，從根本上抹殺了文學自身的獨立性。在新時期，從「文化角度」研究文學就是要打破政治角度的壟斷性，正如「二十世紀中國文學」倡導者所提出的「走出文學」的設想：「『走出文學』就是注重文學的外部特徵，強調文學研究與哲學、社會學、政治學、民族學、心理學、歷史學、民俗學、文化人類學、倫理學等學科的聯繫，統而言之，從文化角度，而不只是從政治角度來考察文學。」〔註 11〕這樣的研究，開啓了從不同的學科知識視角觀察文學發展的可能。「文化角度」在這裡主要意味著「通過文化看文學」。也就是說，運用組成社會文化的不同學科來分析、觀察文學的美學個性。與基於這些「文化角度」的「審美」判斷不同，90 年代至今的「文化研究」甚至打破了人們關於藝術與審美的「自主性」神話，將文學納入社會文化關係的總體版圖，重點解釋其中的文化「意味」，包括社會結構中種種階級、權力、性別與民族的關係。「文化研究」更重視文學具體而微的實際經驗，更強調對日常生活與世俗文化的分析和解剖，更關注文學在歷史文化經驗中的具體細節。這顯然更利於揭示文學的歷史文化意義，但是，「文化研究」的基本理論和模式卻有著明顯的西方背景。一般認爲，「文化研究」產生於 50 年代的英國，其先驅人物是威廉姆斯（R.Williams）與霍加特（R.Hoggart）。霍加特在 1964 年創辦的英國伯明罕當代文化研究中心是第一個正式成立的「文化研究」機構，從 80 年代開始，「文化研究」在加拿大、澳大利亞及美國等地迅速發展，至今，它幾乎已成爲一個具有全球影響的知識領域。90 年代，「文化

〔註 11〕黃子平、陳平原、錢理群：《二十世紀中國文學三人談》，第 61 頁。

研究」傳入中國後對文學批評的影響日巨，但是，中國「文化研究」的一系列
主題和思路（如後殖民主義批判、文化／權力關係批判、種族與性別問題、大
眾文化問題、身份政治學等等）幾乎都來自西方，而且往往是直接襲用外來的
術語和邏輯，對自身文化處境獨特性的準確分析卻相當不足。〔註12〕

　　突出具體的歷史情景的文學研究充分肯定國家政治的特殊意義，但又絕
對尊重文學自身的獨立價值；與80年代「文化角度」研究相似，它也將充分
調動哲學、社會學、政治學、民族學、心理學、歷史學、民俗學、文化人類
學、倫理學等學科知識，但卻更強調具體國家歷史過程中的「文學」對人生
遭遇「還原」；與「文化研究」相似，這裡的研究也將重點挖掘歷史文化的諸
多細節，但需要致力於來自「中國體驗」的思想主題與思維路徑。

　　傳統的中國文學詮釋雖然沒有「社會歷史批評」這樣的概念，但卻在感
受、體驗具體作家創作環境方面頗多心得，形成了所謂「知人論世」的詮釋
傳統，正如章學城在《文史通義·文德》中說：「不知古人之世，不可妄論
古人之辭也。知其世矣，不知古人之身處，亦不可以遽論其文也。」這
都是我們今天跳出概念窠臼、返回歷史感受的重要資源。不過，中國現代
文學的歷史敘述需要完成的任務可能更為複雜，在今天，我們不僅需要為了
「知人」而「知世」，而且作為「世」的社會歷史也不僅僅是「背景」，它本
身就構成了文學發展的「結構」性力量，正是在這個意義上，我們更傾向於
使用「情景」而不是「背景」；挖掘歷史的我們也不僅要以「世」釋「人」，
而且要直接呈現特定條件下文學精神發展的各種內在「機理」，這些「機理」
形成了中國文學的「民國機制」，文學的民國機制最終導致我們的現代文學既
不是清代文學的簡單延續，也不是新中國文學的前代榜樣。

　　新的文學史敘述範式將努力完整地揭示近現代以來中國文學生存發展的
基本環境，這種揭示要盡可能「原生態」地呈現這個國家、社會、文化和政
治的各種因素，以及這些因素如何相互結合、相互作用，並形成影響我們精
神生產與語言運行的「格局」，剖析它是如何決定和影響了我們的基本需求、
情趣和願望。這樣的揭示，應盡力避免對既有的外來觀念形態的直接襲用——
——雖然我們也承認這些觀念的確對我們的生存有所衝擊和浸染，但最根本的
觀念依然來自於我們所置身的社會文化格局，來自於我們在這種格局中體驗
人生和感受世界的態度與方式。眾說紛紜、意義斑駁的「現代性」無法揭開

〔註12〕參見陶東風：《社會轉型與當代知識份子》，上海：上海三聯書店，1999年。

這些生存的「底色」。我們的新研究應返回到最樸素的關於近現代以來中國國家與社會的種種結構性元素的分析清理當中，在更多的實證性的展示中「還原」中國人與中國作家的喜怒哀樂。過去的一切解剖和闡釋並非一無是處，但它們必須重新回到最樸素的生存狀態的分析中——如中外文化的衝突、現代資本主義文化的入侵、現代民族國家的建立、現代性的批判、全球化時代的文化趨勢等。我們需要知道，這些抽象的文化觀念不是理所當然就覆蓋在中國人的思想之上的，只有在與中國人實際生存和發展緊密結合的時候，它們的意義才得以彰顯。換句話說，最終是中國人自己的最基本的生存發展需要決定了其他異域觀念的進入程度和進入方向。如果脫離中國自己的國家與社會狀況的深入分析，單純地滿足於異域觀念的演繹，那麼，即便能觸及部分現象甚至某些局部的核心，也肯定會失去研究對象的完整性，最終讓我們的研究和關於歷史的敘述不斷在抽象概念的替代和遊戲中滑行。近百年來中國文學研究的最深刻教訓即在於此。今天，是應該努力改變的時候了。

　　作為生存細節的歷史情景，屬於我們的物質環境與精神追求在各個方面的自然呈現。不像「ｘｘ文化與中國現代文學」式的特定角度進行由外而內的探測（這已經成為一種經典式的論述形式），歷史情景本身就形成了文學作為人生現象的構成元素。如在「政治意識形態與中國文學」的研究模式中，我們論述的是這些政治觀念對中國文學的扭曲和壓抑，中國作家如何通過掙脫其影響獲得自由思想的表達，而在作為人生現象的文學敘述中，一切國家政治都在打造著作家樸素的思想意識，他們依賴於這些政治文化提供的生存場域，又在無意識中把國家政治內化為自己的思想構成，同時，特定條件下的反叛與抗爭也生成了思想發展的特定方向——這樣的考察，首先不是觀念的應用和演繹，而是歷史細節、生活細節的挖掘和呈現，我們無須藉「文化理論」講道理，而是對這些現象加以觀察和記錄。

　　國家歷史情態的意義也是豐富的，除了國家的政治形態之外，還包括社會法律形態、經濟方式、教育體制、宗教形態以及日常生活習俗以及文學的生產、傳播過程等，它們分別組成了與特定國家政治相適應的「社會結構」與「人生結構」。我們的研究，就是在「還原性」的歷史敘述中展開這些「結構」的細部，並分析它們是如何相互結合又具體影響著文學發展的。

　　作為一種新的文學史敘述方式，我們應特別注意那種「還原性」的命名及其背後的深遠意義，比如「民國文學史」的概念。

1999 年，陳福康藉助史學界的概念，建議中國文學的「現代」之名不妨「退休」，代之以民國文學之謂。近年來，張福貴、湯溢澤、趙步陽、楊丹丹等人都先後提出這一新的命名問題，〔註 13〕我之所以將這樣的命名方式稱之為「還原」式，是因為它所指示的國家社會的概念不是外來思想的借用——包括時間的借用與意義的借用——而是中國自己的特定生存階段的真實的稱謂，藉助這樣具體的歷史情景，我們的文學史敘述有可能展開過去所忽略的歷史細節，從而推動文學史研究的深入。

三

肯定「民國文學」式的還原性論述，並不僅僅著眼於文學史的概念之爭，更重要的是開啟一種新的敘述可能。國家歷史情態的諸多細節有可能在這樣的敘述中獲得前所未有的重視，從而為百年中國文學轉換演變的複雜過程、歷史意義和文化功能提出新的解釋。

學術界曾經有一種設想：藉助「民國文學」這樣的「時間性」命名可以容納各種各樣的文學樣式，從而為現代中國文學的宏富圖景開拓空間。這裡需要進一步思考的問題包括兩個方面：其一，「民國文學」是否就是一種單純的時間性概念？其二，文學史敘述的目標是否就是不斷擴大自己的敘述對象？顯然，以國家歷史情態為基準的歷史命名本身就包含了十分具體的社會歷史內容，它已經大大超越了單純的「時間」稱謂。單純的時間稱謂，莫過於西元紀年，我們完全可以命名「中國文學（1911～1949）」，這種命名與「民國文學」顯然有著重大的差異。同樣，是否真的存在這麼一種歷史敘述模式：沒有思想傾向，沒有主觀性，可以包羅萬象？正如韋勒克、沃倫所說：「不能同意認為文學時代只是一個為描述任何一段時間過程而使用的語言符號的那種極端唯名論觀點。極端的唯名論假定，時代的概念是把一個任意的附加物加在了一堆材料上，而

〔註 13〕 參看張福貴《從意義概念返回到時間概念——關於中國現代文學的命名問題》（香港《文學世紀》2003 年第 4 期）；湯溢澤、郭彥妮《論開展「民國文學史」研究的必要性與可行性》（《當代教育理論與實踐》2010 年第 2 卷第 3 期）；湯溢澤、廖廣莉《論開展「民國文學史」研究的迫切性》（《衡陽師範學院學報》2010 年第 2 期）；趙步陽、曹千里等《「現代文學」，還是「民國文學」？》（《金陵科技學院學報》2008 年第 1 期）；張維亞、趙步陽等《民國文學遺產旅遊開發研究》（《商業經濟》2008 年第 9 期）；楊丹丹《「現代文學史」命名的追問與反思》（《長春師範學院學報》2008 年第 5 期）。

這材料實際上只是一個連續的無一定方向的流而已；這樣，擺在我們面前的就一方面是具體事件的一片渾沌，另一方面是純粹的主觀的標籤。」「文學上某一時期的歷史就在於探索從一個規範體系到另一個規範體系的變化。」〔註14〕

　　在此意義上，作爲文學史概念的辨析只是問題的表面，更重要的是我們新的文學史敘述需要依託國家歷史情態，重新探討和發現近現代以來中國文學的「一個規範體系到另一個規範體系的變化」。面對日益高漲的「民國文學史」命名的呼籲，我更願意強調中國文學在民國時期的機制性力量。忽略國家歷史情態，我們對現代中國文學發展內在機理的描述往往停留在外來文化與傳統文化二元關係的層面上，而對中國現代歷史本身的構造性力量恰恰缺少足夠的挖掘；引入「民國文學機制」的視角，則有利於深入開掘這些影響——包括推動和限制——文學發展的歷史要素。

　　在歷史的每一個階段，文學之所以能夠出現新的精神創造與語言創造，歸根結底在於這一時期的國家歷史情態中孕育了某種「機制」，這種「機制」是特定社會文化「結構」的產物，正是它的存在推動了精神的發展和蛻變，最終撐破前一個文化傳統的「殼」脫穎而出。考察中國文學近百年來的新變，就是要抓住這些文化中形成「機制」的東西，而「機制」既不是外來思想的簡單輸入，更不是「世界歷史」的共識，它是社會文化自身在演變過程中諸多因素相互作用的最終結果。

　　強化文學史的國家與社會論述，自覺挖掘「文學機制」，可能對我們的研究產生三個方面的直接推動作用。

　　首先，從中國文學研究的中外衝撞模式中跨越出來，形成在中國社會文化自身情形中研討文學問題的新思路。百年來，中外文化衝突融合的事實造就了我們對文學的一種主要的理解方式，即努力將一切文學現象都置放在外來文化輸入與傳統文化轉換的邏輯中。這固然有其合理性，但是，在實際的文學闡釋與研究當中，我們又很容易忽略「衝突融合」現象本身的諸多細節，將中外文化關係的研究簡化爲異域因素的「輸入」與「移植」辨析，最終便在很大程度上漠視了文學創作這一精神現象的複雜性，忽略了精神產品生成所依託的複雜而實際的國家與社會狀況，民國文學機制的開掘正可以爲我們展開關於國家與社會狀況的豐富內容。我們曾倡導過「體驗」之於中國現代

〔註14〕韋勒克、沃倫：《文學理論》，劉象愚等譯，北京：三聯書店 1984 年，第 302、307 頁。

文學研究的意義，而作家的生命體驗就根植於實際的國家與社會情景，文學的體驗在「民國文學機制」中獲得了最好的解釋。

其次，對「文學機制」的論述有助於釐清文學研究的一系列基本概念，如「現代」、「現代化」、「民族」、「進化」、「革命」、「啓蒙」、「大眾」、「現實主義」、「浪漫主義」、「現代主義」等概念，都將獲得更符合中國歷史現實的說明。在過去，我們主要把它們當作西方的術語，力圖在更接近西方意義的層面上來加以運用，近年來，爲了弘揚傳統文化，又開始對此質疑，甚至提出了回歸古典文論、重建中國文論話語的新思路。問題在於，中國古典文論能否有效地表達現代文學的新體驗呢？前述種種批評話語固然有其外來的背景，但是，一旦這些批評話語進入中國，便逐步成了中國作家自我認同、自我表達的有機組成部分，在看似外來的語彙之中，其實深深地滲透了中國作家自己的體驗和思想。也就是說，它們其實已經融入了中國自己的話語體系，成爲中國作家自我生命表達的一種方式。當然，這樣的認同方式和表達方式又都是在中國現代社會文化的場域中發生的，都可以在特定國家歷史情態中獲得準確定位。經過這樣的考辨和定位，中國現代學術批評的系列語彙將重新煥發生機：既能與外部世界對話，又充分體現著「中國特色」，眞正成爲現代中國話語建設的合理成分。

再次，對作爲民國文學機制具體組成部分的各種結構性因素的剖析，可以爲近百年來中國文學的研究提供新的課題。這些因素包括經濟方式、法律形態、教育體制、宗教形態、日常生活習俗以及文學的生產、傳播過程等等。作爲文學的經濟方式，我們應注意到民國時期的民營格局之於中國近現代的出版傳播業的深刻影響，一方面，出版傳播業的民營性質雖然決定了文學的「市場利益驅動」，但另一方面，讀者市場的驅動本身又具有多元化的可能性，較之於一元化思想控制的國家壟斷，這顯然更能爲文學的自由發展提供較大的空間；作爲文學的法律保障，民國時期曾經存在著一個規模龐大的法律職業集團，這樣一個法律思想界別的存在加強著民國社會的「法治」意識，我們目睹了知識份子以法律爲武器，對抗專制獨裁、捍衛言論自由的大量案例，知識者的法律意識和人權觀念在很大程度上保證了爭取創作空間的主動性，這是我們理解民國文學主體精神的基礎；民國教育機構三方並舉（國立、私立與教會）的形式延遲了教育體制的大統一進程，有助於知識份子的思想自由，即便是國立的教育機構如北京大學，也能出現如蔡元培這樣具有較大自主權力並且主張「兼容並

包」、「學術自由」的教育管理者；也是在五四時期，知識份子形成了一個巨大的生存群落，他們各自有著並不相同的思想傾向，有過程度不同的文化論爭，但又在總體上形成了推動文化發展的有效力量。歐遊歸來、宣揚「西方文明破產」的梁啓超常常被人們視作「思想保守」，但他卻對新文化運動抱有很大的熱情和關注，甚至認爲它從總體上符合了自己心目中的「進化」理想；甲寅派一直被簡單地目爲新文化運動的「反對派」，其實當年《甲寅》月刊的努力恰恰奠定了《新青年》出現的重要基礎，後來章士釗任職北洋政府，《甲寅》以周刊形式在京復刊，與新文化倡導者激烈論爭，但論戰並沒有妨礙對手雙方的基本交誼和彼此容忍；學衡派也竭力從西方文化中尋找自己的理論支援，而且並不拒絕「新文化」這一概念本身；與《新青年》「新文化派」展開東西方文化大論戰的還有「東方文化派」的一方如杜亞泉等人，同樣具有現代文化的知識背景，同樣是現代科學文化知識的傳播者——正是這樣的「認同」，爲這些生存群體可以形成以「五四」命名的文化圈創造了條件。而一個存在某種文化同約性的大型文化圈的出現，則是現代中國文化發展十分寶貴的「思想平臺」——它在根本上保證了新的中國文化從思想基礎到制度建設的相對穩定和順暢，所有這些相對有利的因素都在「五四」前後的知識份子生存中聚集起來，成爲傳達自由思想、形成多元化輿論陣地的重要根基。我們可以這樣認爲五四新文化運動第一次呈現了「民國文學機制」的雛形，而這樣的「機制」反過來又藉助五四新文化運動的思想激蕩得以進一步完善成型，開始爲中國文學的自由創造奠定最重要的基礎。

「民國文學機制」在中國現代文化後來的歷史中持續性地釋放了強大的正面效應。我們可以看到，無論生存的物質條件有時變得怎樣的惡劣和糟糕，中國文學都一再保持著相當穩定的創造力，甚至，在某種程度上，由國家與社會各種因素組合而成的「機制」還構成了對國民黨專制獨裁的有效制約。中國在20年代後期興起了左翼文化，而且恰恰是在國民黨血腥的「清黨」之後，左翼文化得到了空前的發展，並且以自己的努力、以影響廣大社會的頑強生命力抵抗了專制獨裁勢力的壓制。抗戰時期，中國文學出現了不同政治意識形態的分區，所謂的「國統區」與「解放區」。有意思的是，中國文學在總體上包容了如此對立的文學思想樣式，而且一定程度上還可以形成這兩者的交流與對話，其支撐點依然是我們所說的「民國文學機制」。民國文學的基礎是晚清－五四中國知識份子的文化啓蒙理想，在文化結構整體的有機關係中，這樣的理想同時也

流布到了左翼文化圈與中國共產黨人的文化論述當中，雖然他們另有自己的政治主張與政治信仰。過去文學史敍述，往往突出了意識形態的不可調和性，也否認社會文化因素的有機的微妙關係，如「啓蒙」與「救亡」的對立面似乎理所當然地壓倒了它們的通約性。只有依託中國文學的具體歷史情景，在「民國文學機制」的歷史細節中重新梳理，我們才能發現，在抗戰時期的文壇上，至少在抗戰前期的文學表達中，「啓蒙」並沒有因爲「救亡」而消沉，反而藉「救亡」而興起，這就是抗戰以後出現的「新啓蒙運動」。

　　引入「民國文學機制」的觀察，我們還可以進一步發現，中國文學在「民國時期」呈現了獨特的格局：國家執政當局從來沒有眞正獲得文化的領導權，無論袁世凱、北洋政府還是蔣介石獨裁，其思想控制的企圖總是遭遇了社會各階層的有力阻擊，親政府當局的文化與文學思潮往往受到自由主義與左翼文化的多重反抗，尤其是左翼文化的頑強生存在很大程度上形成了民國文學爭取自由思想的強大推動力量，民國文學的主流不是國民黨文學而是左翼文學與自由主義文學。有趣的是，在民國專制政權的某些政策執行者那裡，他們試圖控制文學、壓縮創作自由空間的努力不僅始終遭到其他社會階層的有力反抗，而且就連這些政策執行者自己也是矛盾重重、膽膽突突的。例如，在國民黨掌控意識形態的宣傳部長張道藩所闡述的「文藝政策」裡，我們既能讀到保障社會「穩定」、加強思想控制的論述，也能讀到那些對於當前文藝發展的小心翼翼的探討、措辭謹愼的分析，甚至時有自我辯護的被動與無奈。而當這一「政策」的宣示遭到某些文藝界人士（如梁實秋）的質疑之後，張道藩竟然又再度「退卻」：「乾脆講，我們提出的文藝政策並沒有要政府施行文藝統治的意思，而是赤誠地向我國文藝界建議一點怎樣可以達到創造適合國情的作品的管見。使志同道合的文藝界同仁有一個共同努力的方向。」「文藝政策的原則由文藝界共同決定後之有計劃的進行。」〔註 15〕由「文藝界共同決定」當然就不便於執政黨的思想控制了，應該說，張道藩的退縮就是「民國文學機制」對獨裁專制的成功壓縮。

　　強調「民國文學機制」之於文學研究的意義，是不是更多侷限於強調文學史的外部因素，從而導致對於文學內部因素（語言、形式和審美等）的忽略呢？在我看來，之所以需要用「機制」替代一般的制度研究，就在於「機制」是一種綜合性的文學表現形態，它既包括了國家社會制度等「外部因素」，

〔註 15〕張道藩：《關於「文藝政策」的答辯》，《文化先鋒》1942 年第 1 卷第 8 期。

又指涉了特定制度之下人的內部精神狀態，包括語言狀態。例如，正是因爲辛亥革命在國家制度層面爲中國民眾「承諾」了現代民主共和的理想，「民主共和國觀念從此深入人心」，〔註16〕以後的中國作家才具有了反抗專制獨裁、自由創造的勇氣和決心，白話文最終成爲現代文學的基本語言形式，也源自於中國作家由「制度革命」延伸而來的「文學革命」的信心。所以，「民國文學機制」的研究同樣包括對民國時期知識份子所具有的某種推動文學創造的個性、氣質與精神追求的考察，這就是我們今天所謂的「民國範兒」。我認爲，「民國範兒」既是個人精神之「模式」，也指某種語言文字的「神韻」，這裡可以進一步開掘的文學「內部研究」相當豐富。

　　不理解「民國範兒」的特殊性，我們就無法正確理解許多歷史現象。如今天的「現代性批判」常常將矛頭直指「五四」，言及五四一代如何「斷裂」了傳統文化，如何「偏激」地推行「全盤西化」，其實，民國時期尚未經過來自國家政權的大規模的思想鬥爭，絕大多數的論爭都是在官方「缺席」狀態下的知識界內部的分歧，「偏激」最多不過是一種言辭表達的語氣，思想的討論並不可能眞正形成整個文化的「斷裂」，就是在新文化倡導者的一方，其儒雅敦厚的傳統文人性格昭然若揭。在這裡，傳統士人「身任天下」的理想抱負與新文明的「啓蒙」理想不是斷裂而是實現了流暢的連接，從「啓蒙」到「革命」，一代文學青年和知識份子眞誠地實踐著自己的社會理想，其理想主義的光輝與信仰的單純與執著顯然具有很大的輻射效應，即便在那些因斑斑劣跡載入史冊的官僚、軍閥那裡，也依然可以看到以「理想」自我標榜的情形，如地方軍閥推行的「鄉村建設運動」和「興學重教」，包括前述張道藩這樣的文化專制的執行人，也還洋溢著士大夫的矜持與修養。總之，歷史過渡時期的現代知識者其實較爲穩定地融會了傳統士人的學養、操守與新時代的理想及行動能力，正是這樣的生存方式與精神特徵既造就了新的文明時代的進取心、創造力，又自然維持了某種道德的底線與水準。

　　一旦我們深入到歷史情景的「機制」層面，就不難發現，僅僅用抽象的「現代化」統攝近現代以來的中國文學史，的確掩蓋了歷史發展的諸多細節。從某種意義上看，「民國文學機制」的出現和後來的解體恰恰才在很大程度上分開了 20 世紀上下半葉的文學面貌，從根本上看，歷史的改變就在於曾有過的影響文化創造的「機制」的解體和消失；不僅是社會的「結構」性因素的

消失和「體制」的更迭，同時也是知識份子精神氣質的重大蛻變。

自然，我們也看到，還原歷史情景的文學史敘述同樣也將面對一系列複雜的情形，這要求我們的研究需包含多種方向的設計，如包括民國社會機制之於文學發展的負面意義：官紳政權的特殊結構讓「人治」始終居於社會控制的中心，「黨國」的意識形態陰影籠罩文壇，扭曲和壓制著中國文學的自然發展，作家權益遠沒有獲得真正的保障，「曲筆」、「壕塹戰」、「鑽網」的文化造就了中國文學的奇異景觀，革命／反革命持續性對抗強化了現代中國的二元對立思維，在一定程度上妨礙了現代文化思想的多維展開。除此之外，我們也應當承認，國家與社會框架下的文學史敘述需要對國家與社會歷史諸多細節進行深入解剖和挖掘，其中有大量的原始材料亟待發現，難度可想而知。同時，文學作為國家歷史的意義和作為個體創作的意義相互聯繫又有所區別，個體的精神氣質可以在特定的國家歷史形態中得到解釋，但所有來自環境的解釋並不能完全洞見個體創造的奧妙，因此，文學的解讀總是在超越個體又回到個體之間循環。當我們藉助超越個體的國家歷史情態敘述文學之時，也應對這一視角的有限性保持足夠的警惕。

以上的陳述之所以如此冗長，是因為我們關於文學歷史的扭曲性敘述本來就如此冗長！今天，呈現在讀者諸君面前的這一套文叢試圖重新返回民國歷史的特殊空間，重新探討從具體國家歷史情景出發討論文學的可能，當然，離開民國實在太久了，我們剛剛開始的討論可能還不盡圓熟，對一些問題的思考有時還會同過去的思想模式糾纏在一起，但是我想，任何新的研究範式的確立均非一朝一夕之功，每一種思想的嘗試都必然經過一定時間的蹣跚，重要的是我們已經開始了！從「民國文化與文學研究文叢」第一輯出發，我們還會有連續不斷的第二輯、第三輯……時間將逐漸展開我們新的思想，揭示現代中國文學研究在未來的宏富景觀。

這一套規模宏大的學術文叢能夠順利出版，也得益於花木蘭文化出版社，得益於杜潔祥先生的文化情懷與學術遠見，我相信，對歷史滿懷深情的注視和審察是我們和杜潔祥先生的共同追求，讓我們的思想與「花木蘭文化」一起成長，讓我們的文字成為中華文明的百年見證。

二〇一二年三月五日，農曆驚蟄

民國語境與左翼民族話語考釋

張武軍　著

作者簡介

張武軍，1977 年 7 月出生於陝西大荔縣，2003 年在西南師範大學獲得現當代文學碩士學位，同年留校任教，2009 年獲得四川大學現當代文學博士學位。現擔任西南大學文學院副教授，現代文學專業碩士生導師，主要從事抗戰時期文學和文化思潮研究。先後在《中國現代文學研究叢刊》、《西南大學學報》、《湘潭大學學報》、《西南民族大學學報》、《江漢論壇》、《紅岩》等刊物發表論文 20 多篇，論文曾被《新華文摘》、人大《複印報刊資料》全文轉載。

提　要

　　20 世紀 30 年代後期，隨著中日衝突的加劇，民族主義成爲當時的主導思想，左翼文學界也開始了從過去的階級話語向民族話語的轉型。左翼文學界在倡導民族話語時，其內部發生了巨大的分歧，同時他們有關民族話語的倡導和右翼文人也有很大差異。後來，我們或是從政治路線是非來看待左翼文學的民族話語之間的爭執，或是從民族國家的立場來整體肯定而忽視分歧與爭議。

　　本書就是要重返民國語境中，重新梳理左翼文學由階級話語轉向民族話語的複雜過程，探討、分析這一過程中的分歧與爭議。一方面是左翼文學界內部在從階級話語轉向民族話語時產生的分歧，另一方面是左翼文學界和右翼文人在民族話語上的對立。本書分爲兩個大的部分，即上下兩編的內容。上編主要探討左翼文學的民族話語如何形成以及對於期間所引發的爭議的分析，下編是考察這些爭議如何結束以及對於左翼民族話語最終指向的探微。同時，在上下兩部分的內容中，又處處兼及整個左翼文學和國民黨右翼文學在民族話語上的分歧與對立。

目
次

引 論

一、緣 起

　　左翼文學（無產階級革命文學）是中國現代文學研究領域的一個傳統富礦區，上世紀 90 年代以來曾一度遭受冷落，進入新世紀後，左翼文學又重新被視爲「一個學術的生長點」。〔註1〕

　　自上世紀 80 年代以來，在史料搜集和整理基礎上，〔註2〕學界有不少對於左翼文學通史式的論述，如張大明的《不滅的火種——左翼文學論》、劉海波的《20 世紀中國左翼文論研究》、曹清華的《中國左翼文學史稿》等。〔註3〕這幾部左翼文學著作儘管是通史式闡述，不過基本上對於左翼文學的發生著墨很多，而對走向關注卻很不夠。另外，在左翼文學的發生學研究上，也還有一些專門的論著，較有影響的有程凱的論文《「革命文學」歷史譜系的構造

〔註1〕 王富仁：《有關左翼文學研究的幾點思考》，《東嶽論叢》，2006 年第 5 期，第 101～103 頁。

〔註2〕 有關左翼文學的史料整理彙編情況可參閱，陳瘦竹編：《左翼文藝運動史料》（南京大學學報編輯部 1980 年）；馬良春、張大明編：《三十年代左翼文藝資料選編》（四川人民出版社 1980 年）；社科院文學研究所現代文學研究室編：《「革命文學」論爭資料選編》（人民文學出版社 1981 年）；姚辛編撰：《左聯詞典》（光明日報出版社 1994 年）、《左聯畫史》（光明日報出版社 1999 年）等著作；張大明：《不滅第火種——左翼文學論》（四川文藝出版社 1992 年）；曹清華：《中國左翼文學史稿》（中國社會科學出版社 2008 年）。

〔註3〕 張大明：《不滅第火種——左翼文學論》四川文藝出版社 1992 年；曹清華：《中國左翼文學史稿》中國社會科學出版社 2008 年；劉海波：《20 世紀中國左翼文論研究》光明日報出版社 2007 年。

與爭奪》，陳紅旗的博士論文《中國左翼文學的發生》，艾曉明的專著《中國左翼文學思潮探源》等〔註4〕；在汕頭大學召開的「中國左翼文學國際學術研討會」，不少人也都著重談及左翼文學的發生。〔註5〕總體而言，關於左翼文學如何發生，它是如何承接20年代文學革命，學界已有不少成果；但關於它的走向，如何轉變到40年代抗戰文學，即如何強化「中國」，左翼如何倡導民族話語，學界並無多少關注。

左翼文學界強調民族主義書寫和國家認同是左翼文學最重要也複雜的話語轉型。要考察左翼文學界從階級話語向民族話語轉向，有個重要的背景因素值得我們重視，即民國語境。在左翼文學轉向民族話語的提倡過程中，作為曾和國民黨對抗的共產黨人和左翼作家，他們也開始前所未有地重視孫中山及辛亥革命的意義和價值。「辛亥」和「中華民國」及其「三民主義」為共產黨人和左翼作家提供了極富彈性的言說空間。

辛亥革命最重要的成果之一莫過於中華民國的建立，在辛亥革命和中華民國成立之前，「中國」這一名稱更多指涉文化層面，如同過去的「天下」一樣，籠統而又寬泛。確切的說，辛亥革命後中華民國的成立，才使得現代意義上的「中國」「形象」得以生成。中華民國不再是一個寬泛的「中央之地」，不再是僅僅籠統指涉文化層面，而是具有明確的政體的現代民族國家。儘管中華民國成立後內部各派軍閥混戰不止，但畢竟「民國」的概念開始深入人心，有關中國形象的書寫也開始頻繁出現在作家筆下。當然，五四時期，作家更多強調個性主義的表達，20世紀30年代左翼文學強調階級的訴求，而國民黨右翼文學雖強調國家書寫和國家認同，但右翼更主要目的是用來對抗或消解左翼文學。只有在民族危機日益嚴重的時刻，在與入侵的異族他者的對抗中，左翼文學界調整了自己的姿態，轉向民族話語的訴求，左中右派作家開始共同書寫中國。「中國」形象才被完整而又充分地呈現出來。

左翼文學開始從過去的階級話語開始向民族話語轉型，其標誌就是國防文學概念的提出。「國防文學」的「國」表明左翼文學界開始注重對「中國」

〔註4〕 程凱：《「革命文學」歷史譜系的構造與爭奪》，《中國現代文學研究叢刊》2005年第1期，第46〜62頁；陳紅旗：《中國左翼文學的發生》，吉林大學博士論文，導師為陳方競，cnki編號為2005.109222；艾曉明：《中國左翼文學思潮探源》，湖南文藝出版社，1991年。

〔註5〕 易崇輝：《中國左翼文學國際學術研討會綜述》，《文學評論》2006年03期，第205〜207頁。

形象的書寫。左翼所提倡的國防文學這一口號背後也有一個中華民國的政治實體作爲支撐。而這個國家在當時只能是有中華民國來擔當，左翼人也意識到並認可了這一點，國防文學背後的「國」就是中華民國。左翼作家提出的國防文學概念源自共產黨人提出的國防政府主張。這就是今天的很多研究文章都指出，國防文學產生的政治背景來自於王明所提出的《八一宣言》，宣言中提出了「全中國統一的國防政府」和「抗日聯軍」的主張。儘管後來有對王明錯誤路線的清算，但是《八一宣言》所代表的民族統一戰線是沒有什麼大問題，這也成爲以後「國防文學」提倡者堅信自己口號正確的政策依據。

　　1934 年起蘇聯和共產國際的政策隨著歐洲的形勢有所變化。蘇聯爲了拖延大戰爆發的時間，以便本國經濟建設和國防建設不受干擾，開始強調世界範圍內的反戰統一戰線政策。在中國，蘇聯人相信只有國民黨政府才可以抵抗日本，於是蘇聯和共產國際指示中國共產黨人要全力與國民黨合作。作爲共產國際政策的堅決擁護者，王明也跟著調整了自己的態度。在著名的共產國際七大上，王明結合法國共產黨的經驗，提出了「反帝人民統一戰線」和「人民國防政府」。後來根據大會發言的正式修改稿刊登在 10 月 1 日的《救國報》上，題爲《爲抗日救國告全體同胞書》即著名的《八一宣言》，提出組建「全中國統一的抗日聯軍」和「全中國統一的國防政府」。〔註6〕後來，共產國際七大精神和《八一宣言》內容傳達到陝北的中共中央，在召開的瓦窯堡會議上進一步明確了建立以「國防政府」形式爲主的統一戰線。

　　國民黨這一邊，也逐漸認可國防政府的主張以及相配合的國防文學的口號。日本的一再入侵成使之成爲國民黨政權最危險的敵人，國民黨和蔣介石看到中共態度的變化也開始和蘇聯以及中共接觸，尋求談判，而國共談判的基礎就是圍繞著「國防政府」來展開，當然國民黨是要在統一的「國民政府」框架中解決國共紛爭問題。對於先前早就提出過「建立國防政府」的中間勢力來說，他們自然都投了贊成票。在當時的社會大氛圍中，到處充斥著「國防政府」以及相關的種種冠以「國防」的稱謂，政治國防、經濟國防、軍事國防以及文化上的國防，如國防文化、國防文學、國防戲劇、國防音樂等等。

　　1936 年 4 月 2 日，正當「國防文學」的口號越炒越熱時，國民黨第五屆中央常務委員會第九次會議通過了《國民黨中央文化事業計劃綱要》，大

〔註6〕　有關王明的「國防政府」主張提出的相關情形見楊奎松《王明在抗日民族統一戰線策略方針形成過程中的作用》，《近代史研究》1989 年 1 期。

談精神文化國防。「惟自海通以還，歐化東漸發生，主從迎拒之論爭，以至進退失據，日趨衰落，兼以外侮日頻，國力凋敝，精神之藩籬盡撤，民族之自信益衰，際此國難日亟，如何培養國民之愛國心，恢復民族之自信力，使全國民眾在同一目標下，一致努力於救亡圖存，以抵禦外來文化侵略，而建立精神之國防，實屬迫切需要之工作。」國民黨因此要確定文化事業計劃綱要，共三條原則二十條綱領，第二條總原則爲：「本三民主義之原則，以文化力量建立全國民眾精神之國防，尤以促進生產建設、充實國家力量及發揚民族精神，恢復民族自信爲共同努力之目標。」〔註7〕1936 年 10 月 19 日，也就是魯迅先生去世的那一天，陳果夫就文化事業計劃委員會成立以來的工作情形做了一個扼要的報告，「文化計劃的工作，在中國目前情形以下很是重要的，我們現在國家的武力，固然不及人家，但是在文化方面，雖已有悠久的歷史，而近來也是慢慢低落，因此不得不有文化建設的工作，我們知道充實武力，是物質方面的國防建設工作，計劃文化是精神方面的國防建設工作，比武力尤其緊要，中央重視此事，所以在五全大會以後，設立文化事業計劃委員會，並草擬文化事業計劃綱要，確定中國今後的文化政策。」〔註8〕《中央日報》戲劇專刊中也曾有一些探討「國防戲劇」的文章，表現出了對於國防文學潮流的擁護。「在現實的客觀的環境下，於是同樣的建立起國防文藝，作爲文藝潮流之一的戲劇，當然亦隨著整個文藝底轉向而轉到了國防底陣營當中。」〔註9〕作爲國民黨文藝界的負責人之一潘公展公開說過：「『國防文學』早經全國作家明顯的或暗中默默承認了」。〔註10〕

但是左翼文學界提出「國防文學」這一口號後，其內部卻產生了嚴重的分歧，這種分歧對後來的文學發展都產生了極其深遠的影響。左翼文學從階

〔註7〕 《國民黨中央文化事業計劃綱要》1936 年 4 月 2 日，《中華民國史檔案資料彙編》，第五輯第一編，文化（一），江蘇古籍出版社，第 28 頁。
〔註8〕 陳果夫《陳果夫關於中央文化事業計劃委員會成立以來工作狀況的報告》，《中華民國史檔案資料彙編》，第五輯第一編，文化（一），江蘇古籍出版社，第 31 頁。
〔註9〕 公孫秋鴻《國防戲劇在蚌埠》，《中央日報》1936 年 9 月 4 日。
〔註10〕 潘公展的文章在《寒友》季刊，一九三七年第一期。此處潘公展的論述轉引自，聞軍《路線鬥爭決不能休戰——評王明、劉少奇、周揚一夥鼓吹「國防文學」的反動性》，《紅旗》，1971 年 3 期。《紅旗》上這篇文章是以潘公展的支持國防文學表態來作爲國防文學口號投降性的證據，筆者僅拿潘公展的觀點做國民黨發明認可國防文學的依據，並不做國防文學就是投降主義的推論。

級話語向民族話語的轉型是一個複雜的過程。可是現對於從 30 年代革命文學
到 40 年代抗戰文學的轉變，各種文學史教材表述極爲籠統含混，或根本就不
涉及。在現行的教材中，一到抗戰文學部分，幾乎無一例外地都從七七事變
的爆發和中華全國文藝界抗敵協會的成立講起。從革命文學到抗戰文學，大
家似乎都認爲這並不是什麼問題，不就是隨著民族危機的加劇、抗日戰爭的
爆發自然而然地引發了文學上的變化嗎？

　　可是，從左翼文學到抗戰文學眞的如此自然而然麼？如果說民族危機的
加劇促使了中國抗戰文學的產生，那麼九一八事變之後，國民黨文人就在文
學上拋出了民族主義文學的口號，但是它爲什麼會遭到左翼文學界的一致反
對呢？難道僅僅因爲九一八之後的民族危機沒有全面抗戰時更嚴峻麼？再
比如，如果說向民族話語的轉變是中國作家包括左翼文藝界在內的共同選
擇，那麼如何解釋抗戰期間國共民族話語上的交鋒？又當如何解釋左翼內部
「兩個口號」的論爭呢？難道這僅僅是因爲「自己人」的誤會和「宗派因素」
作崇麼？過去，我們常常描述現代文學史上的論爭要麼爲敵我矛盾，要麼爲
自己人因爲宗派而產生的「誤會」。但是，這樣籠統的表述將遮蔽諸多豐富
的歷史事實和文學現象，更影響到我們對後來的抗戰文學的理解和把握。

　　即便我們繼續沿用通行的文學史敘述框架，認爲 20 世紀 30 年代的革命文
學向 40 年代抗戰文學的轉換是必然的、合理的，也不能漠視這一轉變過程的複
雜與充滿爭議。抗戰文學的產生絕非水到渠成，它也並非全面抗戰一爆發就自
然形成。然而，不僅現行的文學史對於這一轉變缺乏應有的注意，一些親歷者
也同樣有意忽略「抗戰文學」的形成過程。如老舍當時所說的「極自然的、合
理的發展爲抗戰文藝」；〔註11〕又如樓適夷後來總結的，全面抗戰的爆發「使一
時展開的兩個口號的內部論爭，自然歸結爲一個口號：『抗戰文藝』，使所有的
文藝工作者都站在這面共同的大旗之下了。」〔註12〕也有臺灣學者除了描述語
氣和態度上與大陸學界有差別外，對於現代文學從 30 年代到 40 年代的轉換也視
爲理所當然，例如李牧在他的《三十年代文藝論》中談到，「其實，這兩個口號
都是笨拙的，抗戰而後，自然而然地都被淘汰而稱爲『抗戰文藝』了。」〔註13〕

〔註11〕老舍：《哀莫大於心死》，《文風》，1942 年 6 月。
〔註12〕樓適夷：《中國抗日戰爭時期大後方文學書系》（1）重慶出版社，1989 年，「序」
　　　　頁，第 2 頁。
〔註13〕李牧：《三十年代文藝論》，臺北黎明文化事業股份有限公司，1973 年版，第
　　　　101 頁。

　　不論是老舍當時的表白還是樓適夷後來的概括，他們都有珍惜文藝界統一戰線成果不願多談分歧的考量。但這並不意味著分歧就不存在，更不能成爲我們現代文學研究者忽略三四十年代文學轉變的理由。事實上，眾多視抗戰文學爲「自然」產生的總結經受不住細緻的推敲，在我看來，抗戰文藝產生之前，還有兩個重要的文學口號：國防文學和救亡文學。

　　自周揚等人提出「國防文學」後，儘管爭議很大，但就當時的實際而言，左翼內外都是「國防」口號和理念佔據著絕對的主導地位，自然在文學上也是「國防文學」的時期。隨著日本的進一步入侵華北，「國防」的提法也漸漸被「救亡」的口號所替代，在文學上「救亡文學」也逐漸取代「國防文學」稱謂。標誌事件是 1936 年 5 月 6 日創刊的《救亡情報》和 1937 年 8 月 24 日在上海創刊的《救亡日報》，前者是 1935 年來成立的以上海文化界救國會爲首的上海各界聯合救國會會刊，後者是 1937 年 7 月 28 日成立的文化界救亡協會機關刊物。這也表明，上海文化界團結的局面在救亡旗幟下逐步形成，尤其文化界救亡協會在成立後迅速展開了一系列的實際工作，成立了十多個救亡演劇隊分赴各地宣傳演出，在《救亡日報》上開闢文藝副刊，刊登有關救亡題材的作品。雖然《救亡日報》創刊時，已過了被我們後來稱之爲全面抗戰爆發標誌的 1937 年 7 月 7 日，但「抗戰文藝」這一口號卻並沒有產生和流行。1937 年 10 月 19 日魯迅先生週年祭，上海文化界救亡協會和上海戰時文藝協會聯合發起召開紀念大會，會議決定組織全國性的文藝界救亡協會，並選出了郭沫若、鄭振鐸、巴金等爲臨時執委。大會除了有一條關於紀念魯迅的臨時決議外，還有針對當時現狀的兩點動議，「邀請現有一切文藝作家及團體爲文藝界救亡協會會員」，「請政府即日宣佈對日絕交」。〔註14〕這些都表明當時的文學仍然屬於「救亡文學」口號統領著的時期，還遠遠沒有進入抗戰文藝的階段。

　　上海戰事失利，南京隨即失守，國民黨政府明白除了對日作戰，別無他途。蔣介石相繼發表了廬山講話和「遷都宣言」，表示出了積極主動抗日的姿態。國民政府雖然沒有公開對日宣戰，但已經不再排斥和禁止「抗戰」的說法，抗日和抗戰的字樣再也不用「抗 x」來替代了。在這種情形下，一些抗戰團體相繼出現取代了原來的救亡的稱謂。僅就文藝界而言，1938 年 3 月 27 日中華全國文藝界抗敵協會在武漢宣告成立，5 月 4 日其機關刊物《抗戰文藝》

〔註14〕文天行編：《國統區抗戰文藝運動大事記》，四川社會科學院出版社，1985 年，第 41 頁。

創刊，這才宣告了中國抗戰文藝「名副其實」的開始。而在此之前的「國防文學」和「救亡文學」時期，即便有人提出抗戰文藝的口號，也不會得到認可。例如，楊晉豪很早就提出「抗戰文藝」這一概念。「一·二八事件」之後，他就寫了《中國文藝界往那兒走》一篇短文，提出「全民族一致的抗戰文藝運動」。「兩個口號」論爭時期，他又寫了《現階段中國文藝問題》小冊子和《〈現階段中國文藝問題〉後記》一文，他反覆強調：「爲了使現階段的中國文藝運動，能有一個更自然，更爲正確而且更爲通俗的文藝口號起見，所以我特在兩個口號之外，另又提出了『抗戰文藝』這一口號。但是有人說，『國防文學』和『抗戰文藝』在英文中都是 defence literature，意義相同，所以是用不著另提新口號。」楊晉豪解釋說，「國防文學」重在防禦，而「抗戰文藝」是「對於已經入侵進來的敵人立即做出反抗的戰爭」，而且他分析了中國的現狀，指出防禦已經是過去的狀態，而現在「早需要全民族一致的抗戰運動了。」〔註15〕不過，他這一更爲合理的口號在當時沒有也不可能被採用。

　　綜上可見，從 20 世紀 30 年代到 40 年代的文學發展演變過程中，民族話語呈現出的是非常複雜的形態，而左翼文學的民族話語形成和發展就更加複雜。當然，後來我們對左翼文學民族話語的評判總是站在後來者的立場，尤其是 1949 年後，忽而說這個左了，忽而又說那個犯了投降主義的右傾錯誤等等，事實上這完全脫離了當時的歷史語境——即民國語境。筆者就是要重返民國語境，在民國的背景下來探討和梳理左翼文學由階級話語轉向民族話語的複雜過程；探討和分析這一過程中的分歧與爭議。一方面是左翼文學界內部在從階級話語轉向民族話語時產生的分歧，另一方面是左翼文學界和右翼文人在民族話語上的差異乃至最後的對立。事實上，左翼文人所提出的國防文學的「國」顯然是以中華民國作爲具體依託，左翼文人中有關民族主義理論的闡述和顯然孫中山三民主義密不可分，這自然又牽扯到民國背景和民國語境問題。因此，要完整和全面的探析左翼文學的民族話語，我們就不能不重返民國語境中去。

　　與此同時，我之所以以分析左翼文學的階級話語向民族話語轉向爲主，是基於以下的考量：

〔註15〕楊晉豪：《〈現階段中國文藝問題〉後記》，中國社會科學院文學研究所現代文　　學研究室編：《「兩個口號」論爭資料選編》下卷，人民文學出版社，1982 年，　　第 1045～1047 頁。

　　第一，左翼文學原本和民族主義在理念上有不小的差距。左翼文學作為世界無產階級革命文學的一部分，同樣秉承「工人無祖國」的理念，為被壓迫的階級進行文學書寫。因而，它比原先就提倡民族主義理念的右翼文學更複雜，更具有文學史轉折的意義。

　　第二，不管 20 世紀 30 年代左翼文學成就如何，它畢竟為現行的大多數文學史教材所著重書寫，並把它作為 30 年代文學的主導，而 40 年代文學則被公認為是中國現代文學民族話語表現最強盛的時候。如何闡述左翼文學從 30 年代的階級話語到 40 年代民族話語的轉變，這本應是一個重要的文學史命題。但奇怪的是，目前學界似乎把左翼文學的民族話語視為理所當然，卻盡力挖掘本就標舉「民族主義」的和國民黨右翼文學的民族話語意義。這就使得有關國民黨右翼文學的民族話語研究成為當下熱點，有關左翼文學和民族主義的關係反而成為薄弱點和盲點。因此，分析左翼文學在 30 年代後期的民族話語轉向具有填補文學史敘述空隙的價值。

　　第三，在向民族話語的轉向過程中，左翼文學內部的確充滿了分歧，出現了「兩個口號」的論爭，並引發了社會上廣泛關注。因此，關注和分析左翼文學中的民族話語轉向也是現代文學發展歷史的自身呈現，而非後來者的牽強附加。

二、研究思路之梳理

　　在探討左翼文學的階級話語向民族話語轉變之前，我想首先對於整個現代文學中的民族話語研究做一個簡單的梳理和評析。

　　中國現代文學研究中之所以引入民族概念，是因為中國現代文學自誕生起就和民族國家問題糾纏在一起。晚清以降，不論是中國的社會思潮還是中國的文學，都發生了巨大變化，其最主要原因莫過於西方現代民族國家觀念的被引入。有學者言：「其實，中國近百年來的變化，一個最大的動力就是民族主義。」〔註 16〕儘管「民族」這個語詞是如此的重要，但要給它一個準確的界定卻並不容易。正如很多有關民族和民族主義的著作所引用白芝皓（Walter Bagehot）的說法，「若你不曾問起民族的意義為何，我們會以為我們早已知道答案，但是，實際上我們很難解釋清楚到底民族是什麼，也很難給

─────────────────────

〔註 16〕余英時：《錢穆與中國文化》，上海遠東出版社 1994 年 12 月第 1 版，第 203頁。

它一個簡單定義。」〔註 17〕儘管有關「民族」概念的界定到目前仍然是聚訟紛紜，莫衷一是，但各種界定中仍有一些共同的東西，那就是「民族」它所包含的現代性意義，「現代性」是「民族國家的歷史動力」。〔註 18〕

　　這種「現代性」的民族國家觀念，目前學界比較一致的見解是認爲它由西方引入。西方對於民族主義的認知，根據安東尼·史密斯的考證，最早是在 18 世紀末期，「當時德國哲學家約翰·戈特弗里德·赫德（Johann Gottfried Herder）和法國反對革命的神父奧古斯丁·德·巴魯爾（Abbe Augustin De Barruel）使用該詞並使之具有可辨識的社會和政治的含義。」〔註 19〕而在漢語中，一般都認爲「民族」這一名詞是近代以後才出現，它來源於日本人用漢字聯成的「民族」，並經留日人士傳入中國。〔註 20〕不過一些新近的研究表明，「民族」這一名詞在中國古已有之，有學者認爲最早出現在《南齊書》中，並非舶來品。〔註 21〕更有學者利用新興的電腦搜索技術，對於中國的古代文獻典籍「十三經」、「二十四史」、《四庫全書》、《四部叢刊》等進行了「民族」關鍵字的搜檢，得出了「10 個例證是以證明『民族』一詞確屬中國古代漢語的名詞」。甚至因爲古代漢語「民族」一詞優先使用，作出了「『民族』一詞由中國傳入日本可能更符合事實」的推論。〔註 22〕我們當然無法否認新興的電腦技術在浩瀚的古代典籍中不斷檢索出「民族」出處的悠久歷史記錄，但

〔註17〕〔英〕埃里克·霍布斯鮑姆（Eric J. Hobsbawm）著，李金梅譯，《民族與民族主義》，世紀出版集團，上海人民出版社 2006 年 4 月第 1 版，「導論」第 1 頁。另外，在韓紅翻譯的英國人厄內斯特·蓋爾納所著的：《民族與民族主義》一書中，徐波和陳林爲此書寫了題爲：《全球化、現代化與民族主義：現實與悖論》的代序言，其中也引用了 Walter Bagehot 關於「民族」概念的說法，不過翻譯有所不同，中央編譯出版社 2002 年 2 月第 1 版，「代序言」第 2 頁。

〔註18〕徐迅：《民族主義》，中國社會科學出版社，1998 年，第 9 頁。

〔註19〕〔英〕安東尼·史密斯：《民族主義理論，意識形態，歷史》，葉江譯，上海世紀出版集團，上海人民出版社，2006 年 4 月第 1 版。

〔註20〕沈松橋在：《我以我血薦軒轅——皇帝神話與晚清的國族建構》中指出，「民族」是日本人所鑄的新漢字，《臺灣社會研究季刊》第 28 期，1997 年 12 月；劉禾也認爲民族是來自「現代日語的外來詞」，劉禾著、宋偉傑等譯：《垮語際實踐——文學、民族文化與被譯介的現代性（中國 1900～1937），生活·讀書·新知三聯書店 2002 年版；李怡認爲「梁啓超在它的：《東籍月旦》中介紹日文著作：《支那文明史》時，首次就便使用了日文的詞語——民族，李怡：《「民族」與「革命」：日本之於中國的關鍵字》，《理論與創作》，2003 年第 4 期，第 26～30 頁。

〔註21〕邱君：《「民永族」一詞見於〈南齊書〉》，《民族研究》2004 年第 3 期。

〔註22〕郝時遠：《中文『民族』一詞源流考辨》，《民族研究》2004 年第 6 期。

是中國「古已有之」的祇是「夷夏」觀，祇是「非我族類，其心必異」的「天下中心觀」。傳統「夷夏之辨」視域中的「民族」無論如何是無法具備現代意義的指向。因而，目前中國學界也比較認可「民族」是由西方引入並具備現代性的意義。

正是近代以來引入的「民族」才具有現代性的價值和意義，而這一過程也恰好和現代文學的產生同步。因此，很自然就形成中國現代文學中民族話語問題研究的第一個趨勢，把探討現代文學的民族話語問題和現代文學的現代性等同起來。從夜郎自大的「天下觀」到民族主義的轉變，從「夷夏之辨」背後所流露的「華夏中心主義」到重新定位我們自身在世界空間中的位置，這些無疑都被認定爲現代中國的重要特徵。而文學對於此的書寫和反映，並參與到民族國家的構建工程中來，這自然也被視爲中國文學現代性特徵的標誌。例如劉禾提出，「『五四』以來被稱之爲『現代文學』的東西其實是一種民族國家文學（著重爲原文所有，筆者注），這一文學的產生有其複雜的歷史原因。主要是由於現代文學的發展與中國進入現代民族國家的過程剛好同步，二者之間有著密切的互動關係。」〔註 23〕李歐梵也提出了著名的「晚清文學現代性」見解，他依據的就是晚清時期的一些報紙雜誌以及一些作家作品如梁啓超的小說提供了關於中國國家新的構想。〔註 24〕

其次，在現代文學的民族話語研究中，還有一種重要範式的運用——想像民族國家。民族國家中的「想像」這個關鍵字出自安德森的著作《想像的共同體：民族主義的起源和散佈》。面對眾說紛紜的民族主義理論，安德森對於民族主義的界定則別具一格，「它（民族）是一種想像的政治共同體——並且，它是被想像爲本質上是有限的，同時也享有主權的共同體。」安德森尤其指出，「18 世紀初興起的兩種想像形式——小說和報紙——爲『重視』民族著重想像共同體提供了技術的手段。」〔註 25〕換言之，在安德森看來民族的「共同體」是通過文本（以及對於文本的閱讀）來展開想像的。這樣，安德

〔註 23〕劉禾：《語際書寫：現代思想史寫作批判綱要》，上海三聯書店，1999 年 10 月第 1 版，第 191～192 頁。

〔註 24〕李歐梵：《晚清文化、文學與現代性》，《中國現代文學與現代性十講》，復旦大學出版社，2002 年 10 月第 1 版，第 1～18 頁。

〔註 25〕〔美〕本尼迪克特·安德森（Benedict Anderson）著：《想像的共同體——民族主義的起源與散步》，吳叡人譯，世紀出版集團，上海人民出版社，2005 年 4 月第 1 版，第 6 頁。

森就爲民族主義和文學文本研究之間架起了一座直接聯繫彼此的橋梁，他對於報紙和小說的重視爲我們中國的現代文學研究開啓了一片新天地。這種嘗試是從海外一些漢學家開始，例如上文提到的劉禾和李歐梵，他們都在探討現代文學和民族國家的關係時，曾引用安德森的觀點作爲他們的理論支撐，尤其是李歐梵在文中直言其論點來自安德森的「想像的共同體」。還有另一著名漢學家王德威在其著作《想像中國的方法》中提出「小說中國」的概念，雖然他並未明確聲稱自己理論來源於安德森，但其對於「想像中國」方式的運用，堪稱安德森理念模式的完全演繹。〔註26〕這一研究理念和模式傳入國內後，迅速被眾多研究者傚仿，幾乎成爲一種強勢的可操作模式。曠新年的《民族國家想像與中國現代文學》發表在文學類學術期刊「最權威」的《文學評論》上，後又被《新華文摘》轉載，可見其在當時被認爲「分量」不小。曠文提要中就指出：「現代民族國家是一個『想像的共同體』，民族主義是現代性的重要內容之一，是一種現代的『世界觀』，是一種新的話語和歷史實踐。」〔註27〕從模式上看，曠文是和李歐梵、王德威等一樣從安德森的闡述框架來尋找自己的理論支撐。從 cnki 中國知網的檢索來看，近些年來，以「民族」、「想像」、「現代性」爲主題的文學類論文都是數以萬計，而具體和「民族想像」主旨相關的碩博士論文就有 200 來篇。

　　第三，近些年來，有關文學的民族話語研究中，還有這麼一個熱點，那就是對於主流文學史過去所批判的國民黨的民族主義文學思潮的研究。不論是 30 年代的國民黨的民族主義文藝還是 40 年代的「戰國策派」，他們都曾以鮮明的民族主義文學作爲旗幟。學界有不少人全面分析、評價他們的價值和意義，近些年來有很多的博士論文以此爲題，產生出一些很有分量的論文和專著成果。如系統研究 30 年代民族主義的，就有錢振綱的《民族主義文藝運動研究》，倪偉的《「民族」想像和國家統制——1928～1949 年南京政府的文藝政策及文學運動》；系統研究「戰國策」派的有江沛的《戰國策派思潮研究》，魏小奮的《戰國策派：抗戰語境裏的文化反思》，宮富的《民族想像和國家敘事——「戰國策派」的文化思想和文學形態研究》。應該說這些研究開啓了一個我們過去很少涉獵的區域，就其價值和意義來說，主要是針對過去常被我

〔註26〕詳情參見王德威：《想像中國的方法》中的具體表述，北京生活・讀書・新知三聯書店，1998 年 9 月第 1 版。

〔註27〕曠新年：《民族國家想像與中國現代文學》，《文學評論》2003 年 1 期。

們主流所批判爲「右翼」、「反動」、「法西斯主義」的簡單觀點進行修正。重評的依據就是國民黨的民族主義文藝思潮、戰國策派思潮都可被納入到現代民族國家建設的宏大敘事中，因此也獲得了創造中國現代文學現代性的價值和意義。

　　毋庸置疑，上文所梳理的現代文學民族話語問題中的三個研究熱點，有助於拓寬和加深我們對於中國現代文學的理解。但是我們也不能忽視由此所造成的一些問題。例如，當我們不加辨析地運用「民族國家現代性理論」和「民族國家想像」模式來闡述中國的文學創作時，我們是否注意到這些理論和研究範式與中國文學實際現象的差異？再比如說，如果我們過去對於國民黨相關的民族主義文藝思潮不分青紅皂白地批判過於簡單的話，那麼當我們把一切和民族主義相關的文藝思潮、運動都套用到民族國家現代性理論框架中去，都給予其價值較高的肯定，這樣我們又將如何區分不同的民族主義文學思潮之間的差別呢？當我們籠統地把「兩個口號論爭」、「民族形式論爭」「講話」精神以及國民黨的民族主義文藝，「抗戰文藝」，「戰國策派」都納入到現代民族國家的宏大敘事中，都使其獲得同等的民族現代性價值的肯定，那麼我們怎麼理解他們之間包括每一個具體的內部之間充滿著針鋒相對的爭論呢？我們又將如何解釋有的獲得了成功和後來的認可而有的就不能呢？所以，與其關注我們早已預設好的「民族國家現代性價值」，不如重返民國語境，重繪中國現代文學中民族話語形成和轉變的原貌，當然所謂「歷史原貌」仍然不過是後來者的敘述重現，但我的目標仍然是希望在擺脫預設理論框架的基礎上重新探討中國現代文學中民族話語問題的複雜性，希望藉此能進一步擴展對此問題的認識和理解。

上　編

第一章 「國防文學」的提出

　　20 世紀 30 年代的左翼文學是中國現代文學史上一個複雜的存在。其複雜不僅體現它的最初來源與發生，也同樣體現在它的發展與與最終走向。過去，我們常常把現代文學的發展演變籠統地用唯物論來闡述。文學作為一種意識形態，是由社會存在來決定。因此，不論是對於從文學革命到革命文學的演變，還是對於從革命文學到抗戰文學的轉換，我們都屢試不爽地用社會存在決定社會意識來做闡釋。如革命文學之所以替代文學革命，常常被解釋為：是因為 30 年代中國半殖民地半封建性質更加明顯了，中國資產階級沒有力量主導中國革命，在文學上也就反映為無產階級革命文學的出現，文學的命題也不再是資產階級的啓蒙，而是無產階級革命的書寫；而左翼文學從階級話語轉向民族話語，也被籠統地表述為：九一八以來尤其是華北事變後，隨著日本帝國主義侵略的加劇，民族矛盾超越階級矛盾成為社會的主要矛盾，社會存在決定社會意識，在意識形態領域，文學文化上也就有了相應的從階級話語到民族話語的轉變，全面抗戰爆發，抗戰文學也就出現了。

　　事實上，這種簡單的社會存在決定社會意識的表述是很難經得起推敲的。例如，革命文學話語興起時，恰恰中國革命處在低谷的時刻，「『革命文學』的爭論，呼籲『文學』轉向『革命』，但事實上作為『大革命』失敗的產物，卻是『革命』轉向『文學』的一種形式」。〔註 1〕而且，頗為弔詭的是，20 年代後期操持馬克思主義話語談論革命文學的，如成仿吾等人，和經典的馬克思的「社會存在決定意識」不同，他們更強調革命意識的決定作用。「極

〔註 1〕陳建華：《革命與形式——茅盾早期小說的現代性展開》，復旦大學出版社 2007 年，第 171 頁。

端突出主觀精神的能動性，幾乎把馬克思的命題顛倒了過來，這就構成了他（成仿吾）及其同人『革命文學』論述的最顯著特徵。」〔註2〕20 年代後期馬克思主義的、無產階級革命的文學話語與其說是國內日益高漲的「階級鬥爭」和無產階級運動的反映，毋寧說是由後期太陽社、創造社等所營造的話語爭執，即由對意識形態、唯物主義、辯證法、否定之否定等一系列馬克思主義的新語詞、新概念的討論形成革命文學論戰。儘管成仿吾等人對於馬克思主義的理解是粗淺的、機械的甚至似懂非懂，但他們據此不顧一切地和文壇各方力量論戰，反而奠定了他們所倡導的革命文學的地位。

如果說和馬克思主義理論最密切的左翼革命文學的形成都不能簡單地用社會存在決定社會意識來闡述，那麼左翼文學從階級話語向民族話語的轉變就更無法用此來做解釋了。還是讓我們回到民國歷史，重新去探尋、梳理左翼文學由階級話語轉向民族話語的細節與過程。

第一節 「國防文學」的首次提出

左翼文學從階級話語向民族話語的轉變，最早的標誌是「國防文學」的出現。就目前的資料而言，我們可知最早提倡「國防文學」的是周揚。1934年 10 月 27 日，周揚署名「企」在《大晚報・火炬》上發表了《「國防文學」》。出於對蘇聯文學的熟悉和瞭解，他移植了蘇聯「海陸軍文學同盟」（洛卡夫）所提出的「Literature of Defense」。比對蘇聯文藝界情形，周揚對於中國文學創作現狀提出了批評，並呼籲中國「國防文學」的出現：

> 但是看看我們中國吧：不要說黃海之戰那樣的歷史題材沒有人寫，就是關於「一二八」戰事和東北義勇軍的游擊戰爭的作品，不也還是稀少得很嗎？在戰爭危機和民族危機直迫在眼前，將立刻決定中國民族的生死存亡的今日，「國防文學」作品在中國是怎樣地需要呀！〔註3〕

首先，從這篇文章可以看出，周揚提出「國防文學」是出自個人的文學

〔註2〕 陳建華：《革命與形式——茅盾早期小說的現代性展開》，復旦大學出版社 2007年，第 172 頁。

〔註3〕 周揚：《「國防文學」》，《周揚文集》第 1 卷，人民文學出版社 1984 年第 1 版，第 118～119 頁；另參見：《兩個口號論爭資料選編》署名企的：《「國防文學」》，人民文學出版社 1982 年第 1 版，第 1～2 頁。

喜好，是以個體文藝批評家的身份對文學現狀的批評和對文學未來發展的呼籲。同時也可看出，「國防文學」口號的首次出現就是一個純粹文藝上的命題。

　　其次，從周揚對於蘇聯「國防文學」的闡述和作品舉例來看，以及他對於中國要寫的「國防文學」題材來看，很明顯是以戰爭和戰場文藝爲主導。例如他所列舉的蘇聯作品有 A・NoviKov-Priboy 的《對馬》、N・Jikhonov 的《戰爭》，以及《洛卡夫》雜誌上的 Tarasov-Rodionov 的《男爵之死》、《第五號彈藥筒》等，都是鮮明的戰爭戰場文藝作品。這種以書寫抗擊侵略者的戰爭爲主導的思維模式，曾在後來引發了很大的爭議，甚至更往後的抗戰文學也同樣存有在此問題上的爭議。〔註4〕

　　第三，從這篇文章可以獲悉，周揚雖提倡「國防文學」，但對於其中的「國」並沒有作出明確的界定。他更傾向於把「國防文學」解釋爲世界上社會主義陣營和資本主義陣營的鬥爭，因此周揚特意強調國防文學和資本主義國家的「愛國文學」、和平文學、反戰文學都不同，「它的任務是防衛社會主義國家，保衛世界和平，它揭露帝國主義怎樣圖謀發動戰爭，怎樣以科學爲戰爭的武器。」由此看出，周揚的「國防文學」仍然可更多視爲是無產階級和資產階級抗爭的體現。以此推導到國內，中國的國防文學也是屬於世界無產階級革命陣營文學的一部分。「是和宣揚吃人肉喝人血的蒙古人精神或是憑弔帝國主義炮火下的大都會的毀滅的作品決然對立的」。〔註5〕這裡周揚針對的是被奉爲民族主義文藝派的代表作家黃震遐的代表作品《黃人之血》、《大上海的毀滅》，也就是說在階級的視野下，周揚從一開始就有意和國民黨右翼文人的民族話語針鋒相對，即後來「國防文學」提倡者所反覆宣稱的進步與落後愛國主義、民族主義之別。

　　儘管1934年周揚提出的「國防文學」口號是出於個人的喜好未能得到普及，存有以戰爭戰場文藝爲主導的傾向，並且對「國」沒有鮮明的界定反而

〔註4〕　抗戰文藝出現後，曾有過關於「抗戰文藝的討論」例如後來抗戰文藝出現時，柳無忌認爲「描寫戰爭、戰場、戰役的文藝才是抗戰文藝」，有人支持這種說法也有人反對這種狹隘的觀念。遙遠的南洋文壇也曾專門開展過關於「戰時文藝」、「救亡文學」、「戰爭文學」、「抗戰文藝」等一系列概念的爭論和辨析。後來的文藝界「與抗戰無關論」引發的論爭在某種程度上也可視爲抗戰文藝是不是戰場、戰爭文藝爭議的繼續。有關這個話題，筆者另撰文詳述。

〔註5〕　周揚：《「國防文學」》，《周揚文集》第1卷，人民文學出版社1984年第1版，第118～119頁；另參見：《兩個口號論爭資料選編》署名企的：《「國防文學」》，人民文學出版社1982年第1版，第1～2頁。

是繼續強調階級之間的抗爭，但它在左翼文學發展演變史上有著不容低估的意義，它是左翼文學界鮮明倡導民族話語的蹣跚起步，也預示著左翼文學從階級話語向民族話語轉向的開始。

第二節　新政策指引下重提「國防文學」

周揚 1934 年提出「國防文學」的口號是出自個人的文藝喜好，而且對此的闡述有諸多不清之處，因此，它遭受冷落的命運是可以預料。

時隔一年後，1935 年底在周揚的授意下周立波重新提出「國防文學」，儘管周立波在解釋「國防文學」時仍然把來源指向蘇聯的「國防文學」概念，指向「赤衛海陸軍文學同盟」（「洛卡夫」），〔註6〕但此時的國防文學和過去已經有了很大的不同。國防文學的提倡已經不是個人文藝涉獵的喜好問題了（儘管周立波對於蘇聯文學同樣非常熟悉和喜愛），而有了鮮明的政策依據。

政策依據有兩點。一是 1935 年秋，和黨失去了聯繫的周揚他們曲折地得到了黨的一些指示。周揚在《國際通訊》和《救國時報》上看到了共產國際的第七次代表大會相關文件精神以及中國共產黨的《八一宣言》，宣言提出了成立「國防政府」的主張。與此同時，周揚收到了由魯迅轉交的「左聯」駐蘇聯代表蕭三的來信，來信指示在「組織方面」取消「左聯」，「組織一個廣大的文學團體」，回應「政治上的口號、策略」，「作文學運動的至少是要追隨它，符合它」。很顯然蕭三的信和王明的新觀點是合拍的，根據後來蕭三的回憶，他是受到王明的威逼而寫的解散「左聯」的信。〔註7〕姑且不論蕭三的回憶是否有誇張的成分或是出於其他目的考慮，毫無疑問國內的周揚等人是把蕭三的信和《八一宣言》聯繫在一起理解的。

蕭三在給左聯信中明確提出了過去所犯的「關門」錯誤，並提出了組織方面的解決方案。「在這裡我們要追溯一番左聯關門主義之由來。我們以為左聯之關門，要從其唱『普洛文學』說起，因為這個口號一提出，馬上便把左聯的門關上了，因為這一口號，這一政策，便不能團結一班先進的，但仍未能一旦普洛化的文人以及自由派的作家，尤其在當初的時候普洛文學家對非

〔註6〕　見周立波的：《關於「國防文學」》和：《非常時期的文學研究綱領》，《兩個口號論爭資料選編》，人民文學出版社 1982 年第 1 版第 3—5、34—39 頁。

〔註7〕　蕭三：《我為左聯在國外作了些什麼？》：《新文學史料》1980 年第 1 期；另見：《左聯回憶錄》，中國社會科學出版社 1982 年 5 月，第 175～181 頁。

普洛者的態度更祇是謾罵，大有『非我族類，群起而誅之』之慨，這和蘇聯過去『拉普』之『非同盟者即仇敵』口號很相符合。這樣一來便也使我們忽略了反帝反封建的文學，於是我們不能打破一切政治上的困難，取得較公開的地位，而且時常受敵人的挑撥而分散自己隊伍的團結。」〔註8〕

　　根據周揚和夏衍等人後來的回憶，對《八一宣言》，他們首先在文化界黨團內部進行了長達一個月的討論和傳達，〔註9〕學習領會黨的新政策、新精神；接著對於蕭三信的「指示」由「文委」（文化工作委員會）討論後，再傳遞到文總（中國左翼文化總同盟）下的各左翼組織的黨員之間傳閱。經過長時間的對於《八一宣言》和蕭三信的傳達和討論後，左翼文化界內部思想逐步統一，就文化界很多問題作出了共同決議：解散包括「左聯」在內的「文總」下各左翼組織，在文學上重提「國防文學」口號等。由此可見，這時的「國防文學」已經不單單是個人喜好問題，也不僅僅是文學上的問題，它是由上海文化界的黨組織通過的一項文學政策和決議。「國防文學」恰好符合「國防政府」的提法，而蕭三不也是要求文學口號要符合政治上的口號、策略麼！在「文委」碰頭時，周揚向夏衍徵求意見說：「現在我們在政治上要搞抗日聯合戰線，文藝方面也要有一個相應的可以團結多數人的口號。所以我們打算根據《八一宣言》的精神，提出『國防文學』這個口號。」夏衍在得知文委的章漢夫、胡喬木都同意後，他自己也表示認可，並自告奮勇向他負責的戲劇、電影界去傳達。〔註10〕就這樣，在黨組織層層傳達下，不僅是文化界的黨員，還包括一些圍繞在黨周圍的左翼文人，都積極擁護新政策、新口號，大量贊成「國防文學」的文章頻頻見諸報刊，一時間，「國防文學」成為一個文學熱點。

　　考察這個時期的國防文學提法，和周揚一年多前提出的國防文學相比，最大的特點就是強調它是以黨的名義提出。這點會影響到很多人對於這一口號的認知包括後來因此產生分歧時的態度。例如，沙汀和魯迅關係極為密切，把魯迅視為自己的文學啟蒙導師，他們有關小說創作問題的通信被譽為文壇佳話。在「左聯」解散和「國防文學」重提時，他正在家鄉為母親辦理喪事。

〔註8〕　蕭三：《給左聯信》，北京大學等編：《文學運動史料選》，上海教育出版社1979年6月，第329頁。

〔註9〕　參見夏衍：《懶尋舊夢錄》（增補本），北京生活·讀書·新知三聯書店，2000年9月第1版，第198頁。

〔註10〕　夏衍：《懶尋舊夢錄》（增補本），北京生活·讀書·新知三聯書店，2000年9月第1版，第208頁。

回到上海後，馬上就被告知黨提出了「國防文學」的口號，沙汀當然表示贊成。不僅如此，作爲編委的他在《文學界》創刊時曾向茅盾拉稿，要茅盾爲《文學界》寫一篇贊同「國防文學」的文章，還一再對茅盾說，「這口號是黨提出來的」，「沙汀把『這是黨提出來的』說得極其認眞」。〔註11〕遠在東京的郭沫若最初對於「國防文學」這一口號也是有所疑慮，但當他瞭解「國防文學」是黨的統一戰線政策的體現，是黨提出的口號後，才下定決心寫文章擁護「國防文學」。〔註12〕

「國防文學」是上海文化界以黨組織的名義提出，也是以黨的名義傳達下去。我們姑且把後來因政策路線引發的爭議擱置一邊，僅就這種運作模式而言，它無疑是成功的，這也預示著左翼文化界在民族話語上的強勢出擊。而且，左翼文藝界民族話語提出時也注重和國民黨民族主義文藝的區別，表明左翼文學界一開始就想把民族話語權握在自己手中。民族主義文藝派原本有很濃厚的官方背景，但它組織上的鬆散很顯然無法與左翼組織的嚴密相比；國民黨對於文藝問題的輕視與共產黨人對於文藝問題的重視也不可相提並論。這樣反倒是有政權依靠的民族主義文藝派在民族話語的運作和傳播上稍遜左翼一籌。左翼文學界經過長時間的內部討論、統一思想，他們的民族話語一旦發出，就是一個完整有力的聲音。這也就是爲什麼早期的「國防文學」論文幾乎無多大差異的原因。而這種整齊一致的民族話語聲音對於中間文人的影響，對於整個社會所造成的震撼可想而知。

第三節　政治上的「國防政府」和「國防文學」的流行

僅僅把「國防文學」看成是上海黨組織提出並傳達的一個口號，可能還無法完全解釋其在左翼之外更大社會範圍內所造成的影響，更何況，作爲依

〔註11〕此段情形見吳福輝：《沙汀傳》的相關描述，沙汀後來也曾反思說自己「冒冒失失用了『這是黨提出』這句話」，吳福輝：《沙汀傳》，北京十月文藝出版社，1990年6月第1版，第160～162頁。

〔註12〕有關郭沫若最初對於國防文學的不贊成以及後來得知是黨的政策後表示全力擁護，此相關情形見兩篇文章，藏運遠：《東京初訪郭老》，林林：《這是黨喇叭的精神——憶郭沫若同志》，載新華月報資料室編：《悼念郭老》，生活‧讀書‧新知三聯書店，1979年5月第1版，第215頁，156頁。

據黨的政策提出的口號，要眞正瞭解這一口號的起源，以及它的影響力，我們就不能不對「國防文學」的政策形成背景作簡要追述。

國防一詞原本是一個軍事相關術語，不過它很容易被闡釋爲超出軍事意義的範圍。「國防之意義甚爲廣泛：自消極言之，凡以捍衛國家保護領土爲對象之一切軍事行爲皆謂之國防，自積極之意義言之，則國民精神之發揚，國民經濟之建設，國民知識與能力之培養，國民生產技術之增進，以及其他一切政治之必要手段。」〔註 13〕這裡所謂的「消極」和「積極」之分，也就是我們今天「狹義」和「廣義」之別。

國防是怎麼從一個軍事相關術語過渡到重視政治訴求的國防政府呢？這是我們需要考慮的一個關鍵問題，也是我們所要談論的「國防文學」產生的政治基礎。今天的很多研究文章都指出，國防文學產生的政治背景來自於王明所提出的《八一宣言》，宣言中提出了「全中國統一的國防政府」和「抗日聯軍」的主張。儘管後來有對王明錯誤路線的清算，但是《八一宣言》所代表的民族統一戰線是沒有什麼大問題，這也成爲以後「國防文學」提倡者堅信自己口號正確的政策依據。

其實最初提出「國防政府」的不是王明和中國共產黨。九一八事變後，全國反對日本侵略浪潮湧起，一些中間勢力、民主黨派和知識份子率先拋出了「國防政府」口號。上海大學教授王造時於 10 月 10 日發表了題爲《救亡兩大政策》的小冊子，他提出救國根本政策的第二條就是「取消一黨專制，集中全國人才，組織國防政府」。〔註 14〕此後中國青年黨以及一些其他黨派和民主人士都發出了廢除一黨專制，停止國內內戰，組建國防政府的呼聲。然而遺憾的是，當時的國共兩黨對此主張的態度或冷嘲熱諷，或置之不理，甚至殘酷打擊。共產黨方面認爲日本的侵略又是國內奪權的好時機，中間派也是極其危險的敵人；至於日本佔領東北則被認爲是進攻蘇聯的第一步，甚至黨的領導人提出了「武裝保衛蘇聯」的口號。〔註 15〕中間黨派和民主人士提出的「國防政府」方略表達出他們對於中國當時實際問題的思考和建

〔註 13〕沈清塵編著：《中國國防史略》，中正書局印行，1942 年版，第 1 頁。

〔註 14〕王造時：《救亡兩大政策》，見：《荒謬集》，自由言論社，1935 年版本，第 28頁。

〔註 15〕見李勇，張仲田主編：《抗日民族統一戰線大事記》，中國經濟出版社 1988 年，第 5 頁；另外中國共產黨的態度也可見：《中共中央抗日民族統一戰線文件選編》中收錄的關於九一八事變和一二八事變的一些文件政策。

議，這其中的國防政府自然是以國民黨作爲主導，組織強有力的國家對抗外國的入侵。他們甚至提出瞭如果國民黨「順從民意，與全國同胞合作，一致對外」，那麼「凡我國民，爲了這句話，對於國民黨的怨恨，應該一筆勾銷，共同攜手，以救危亡。」〔註16〕這些觀點在共產黨看來有取消自己的危險，所以不難理解共產黨會把民主黨派的「國防政府」主張看成幫兇策略。另一方面，反一黨專製成立國防政府的主張也讓國民黨方面無法容忍，即便是九一八事變後，國民黨依然是把主要力量放在「剿匪」和「戡亂」上，甚至他們也有和共產黨方面類似的思維，認爲日本定會向北進攻蘇聯。因此，國民黨在九一八之後的態度是對日的妥協與退讓，並提出「攘外必先安內」的政策。儘管國民黨不斷強調其安內攘外都是爲了國家和民族大計，但事實昭顯的是其一黨專制的本質。指責國民黨的不抗日，民族主義的旗幟成爲反國民黨專制最有力的武器，因而國民黨對於「國防政府」的提法自然是充滿警惕。很顯然蔣介石和國民黨不願看到任何威脅他們統治的意見，儘管「國防政府」的提法表達出共同的民族主義訴求，但國民黨的態度則是敷衍甚至是打擊。

很快國內國際形勢的變化，使得共產黨和國民黨都調整了自己的政策。雙方重新在「國防政府」這一點上似乎達到了某種共識。

1934 年起蘇聯和共產國際的政策隨著歐洲的形勢有所變化。蘇聯爲了拖延大戰爆發的時間，以便本國經濟建設和國防建設不受干擾，開始強調世界範圍內的反戰統一戰線政策。作爲共產國際政策的堅決擁護者，王明也跟著調整了自己的態度。在著名的共產國際七大上，王明結合法國共產黨的經驗，提出了「反帝人民統一戰線」和「人民國防政府」。後來根據大會發言的正式修改稿刊登在 10 月 1 日的《救國報》上，題爲《爲抗日救國告全體同胞書》即著名的《八一宣言》，提出組建「全中國統一的抗日聯軍」和「全中國統一的國防政府」。〔註17〕後來，共產國際七大精神和《八一宣言》內容傳達到陝北的中共中央，在召開的瓦窯堡會議上進一步明確了建立以「國防政府」形式爲主的統一戰線。

實事求是地說，在中國共產黨抗日民族統一戰線的形成過程中，王明是一個極爲關鍵的人物。在黨內，闡述統一戰線政策最得力的非王明莫屬。僅

〔註16〕 王造時：《國民黨怎麼辦？》，見：《荒謬集》，自由言論社，1935 年版本，第67 頁。

〔註17〕 有關王明的「國防政府」主張提出的相關情形見楊奎松：《王明在抗日民族統一戰線策略方針形成過程中的作用》，《近代史研究》1989 年 1 期。

筆者目前搜集到的就有不少專著，如《抗日救國政策》〔註18〕、《救中國人民的關鍵》〔註19〕、《日本侵略新階段與中國鬥爭新時期》〔註20〕、《論反帝統一戰線問題》〔註21〕、《抗戰的新形勢和新策略》、《我們對於保衛武漢與第三抗戰問題底意見》。王明之所以在統一戰線的理論上遠遠領先於國內黨的領導人，原因在於他 1937 年 11 月之前都身處蘇聯，得政策之先，能早一步做出態度的調整和轉變，這是他的優點，同時也是他的缺陷。他遠離中國社會的實際處境，缺乏對於中國社會實際的體驗，僅僅衹是追隨蘇聯和共產國際的政策，他甚至也不真正理解共產國際關於轉變中國統一戰線的複雜內因。

　　誠然，共產國際的統一戰線政策轉變具有世界大局的戰略意義，但具體到實際國情，中國遠比歐洲其他國家繁複，法國的「人民統一戰線」和「人民國防政府」不是不能拿來為中國所借用，而是如何借用？如何聯合國內各階層人民貫徹統一戰線？如何組建國防政府？儘管王明在理論上闡述得頭頭是道，但在實際的貫徹上，問題不少。例如如何讓共產黨人放棄曾被壓迫被虐殺的前嫌？左翼文學陣營中的「左聯」五烈士的鮮血仍歷歷在目。鬩牆兄弟，外禦其侮，道理上是能說得通，但情感上如何接受又是另外一回事。王明在蘇聯衹是感受到政策的轉變，而實際情感和人生體驗，王明恐怕並無多少真切之感。再說，蘇聯和共產國際的政策再怎麼著眼於世界大局，其出發點和落腳點都是蘇聯。這就形成左翼陣營中頗為弔詭的現象，民族統一戰線本是中國民族主義的體現，卻處處透露著蘇聯民族至上的痕跡。這一點，在配合「國防政府」稱謂的「國防文學」中也有明顯體現。

　　國民黨這一邊，也逐漸認可國防政府的主張。日本的一再入侵成為國民黨政權最危險的敵人，國民黨和蔣介石看到中共態度的變化也開始和蘇聯以及中共接觸，尋求談判，而國共談判的基礎就是圍繞著「國防政府」來展開，當然國民黨是要在統一的「國民政府」框架中解決國共紛爭問題。對於先前早就提出過「建立國防政府」的中間勢力來說，他們自然都投了贊成票。在當時的社會大氛圍中，到處充斥著「國防政府」以及相關的種種冠以「國防」的稱謂，政治國防、經濟國防、軍事國防以及文化上的國防，如國防文化、

〔註18〕　王明：《抗日救國政策》，陝西人民出版社，1937 年。
〔註19〕　王明：《救中國人民的關鍵》，延安解放社，1938 年 3 月。
〔註20〕　王明：《日本侵略新階段與中國鬥爭新時期》，青年書報社，1937 年。
〔註21〕　王明：《論反帝統一戰線問題》，中國出版社出版，1938 年。

國防文學、國防戲劇、國防音樂等等。

1936 年 4 月 2 日，正當「國防文學」的口號越炒越熱時，國民黨第五屆中央常務委員會第九次會議通過了《國民黨中央文化事業計劃綱要》，大談精神文化國防。「惟自海通以還，歐化東漸發生，主從迎拒之論爭，以至進退失據，日趨衰落，兼以外侮日頻，國力凋敝，精神之藩籬盡撤，民族之自信益衰，際此國難日亟，如何培養國民之愛國心，恢復民族之自信力，使全國民眾在同一目標下，一致努力於救亡圖存，以抵禦外來文化侵略，而建立精神之國防，實屬迫切需要之工作。」國民黨因此要確定文化事業計劃綱要，共三條原則二十條綱領，第二條總原則爲：「本三民主義之原則，以文化力量建立全國民眾精神之國防，尤以促進生產建設、充實國家力量及發揚民族精神，恢復民族自信爲共同努力之目標。」〔註22〕1936 年 10 月 19 日，也就是魯迅先生去世的那一天，陳果夫就文化事業計劃委員會成立以來的工作情形做了一個扼要的報告，「文化計劃的工作，在中國目前情形以下很是重要的，我們現在國家的武力，固然不及人家，但是在文化方面，雖已有悠久的歷史，而近來也是慢慢低落，因此不得不有文化建設的工作，我們知道充實武力，是物質方面的國防建設工作，計劃文化是精神方面的國防建設工作，比武力尤其緊要，中央重視此事，所以在五全大會以後，設立文化事業計劃委員會，並草擬文化事業計劃綱要，確定中國今後的文化政策。」〔註23〕《中央日報》戲劇專刊中也曾有一些探討「國防戲劇」的文章，表現出了對於國防文學潮流的擁護。「在現實的客觀的環境下，於是同樣的建立起國防文藝，作爲文藝潮流之一的戲劇，當然亦隨著整個文藝底轉向而轉到了國防底陣營當中。」〔註24〕作爲國民黨文藝界的負責人之一潘公展公開說過：「『國防文學』早經全國作家明顯的或暗中默默承認了」。〔註25〕

〔註22〕：《國民黨中央文化事業計劃綱要》1936 年 4 月 2 日，《中華民國史檔案資料彙編》，第五輯第一編，文化（一），江蘇古籍出版社，第 28 頁。

〔註23〕陳果夫：《陳果夫關於中央文化事業計劃委員會成立以來工作狀況的報告》，《中華民國史檔案資料彙編》，第五輯第一編，文化（一），江蘇古籍出版社，第 31 頁。

〔註24〕公孫秋鴻：《國防戲劇在蚌埠》，《中央日報》1936 年 9 月 4 日。

〔註25〕潘公展的文章在：《寒友》季刊，一九三七年第一期。此處潘公展的論述轉引自，聞軍：《路線鬥爭決不能休戰——評王明、劉少奇、周揚一夥鼓吹「國防文學」的反動性》，《紅旗》，1971 年 3 期。：《紅旗》上這篇文章是以潘公展的支持國防文學表態來作爲國防文學口號投降性的證據，筆者僅拿潘公展的觀點做國民黨發明認可國防文學的依據，並不做國防文學就是投降主義的推論。

正如夏衍後來總結的，國防文學「這個口號通俗易懂，容易爲廣大的文藝工作者所接受，甚至連國民黨人也不敢公開反對」。〔註26〕由此可知，在當時國防政府主張爲各方擁護的基礎上，國防文學也獲得了大範圍的認可。

小　結

中國左翼文學從階級話語轉向民族話語，率先來自於對蘇聯文學的介紹和模倣。因爲蘇聯有軍人作家進行「國防文學」的創作，密切關注蘇聯文學的周揚也開始呼籲中國「國防文學」的出現。儘管周揚最初對於「國防文學」的闡述仍然囿於階級的視域，但左翼文學口號中首次「國」的出現，成爲中國左翼文學開始從階級話語轉向民族話語的一個信號。不過由於周揚初次「國防文學」的提倡是出自個人文藝喜好，加之闡述不清，所以並沒有引起太多關注。「國防文學」眞正成爲文學界一個引人注目的文學口號是和黨的政策轉變有關。1935 年黨的《八一宣言》和共產國際代表蕭三的信相繼傳入國內，左翼文學界把它們都看做是黨的政策來做文藝上的貫徹。據此新政策，以周揚爲首的上海左翼文化界黨團以組織名義討論通過了「國防文學」的提法，並以黨團名義層層往下傳達，形成了社會上探討「國防文學」的熱潮。這體現出左翼文學界在由階級話語轉向民族話語時，主要不是依靠理論話語優勢，畢竟有關文學民族話語的倡導國民黨和右翼文學界早已爲之了，左翼採取的是有組織的統一行動。這種有組織的集體行爲，自然會在社會上形成較大影響力，與先前較爲鬆散的民族主義文藝派相比，左翼文學界從階級話語轉向民族話語伊始，就已佔據了上風。

另外，「國防文學」是配套「國防政府」政策提出，共產黨的「國防政府」主張獲得了左中右廣泛認可，同理延展到文學領域中，「國防文學」也獲得大多人的讚賞，甚至包括一些國民黨文化官員和作家。當然，「國防文學」因國防政府主張而獲得認可，另一面，「國防政府」的主張中存在的問題也注定將影響到「國防文學」上。具體說來，共產黨領導人王明首先提出了以「國防政府」爲基礎的統一戰線政策，功不可沒。但他的新政策不是源自對於中國實際情形的感受，而是遵循蘇聯和共產國際政策的轉變。因而，使得原本應

〔註26〕夏衍：《懶尋舊夢錄》，生活・讀書・新知三聯書店，1985 年 7 月第 1 版，第 321 頁。

體現中國民族主義統一戰線的政策卻流露出濃厚的蘇俄痕迹，這種情形自然在受政策指引的「國防文學」這一口號上也有所反映。

第二章　從《對馬》看「國防文學」

　　「國防文學」最初是一個純粹的文藝問題，不過它再一次被提起以及流行開來卻有著背後的政治政策支撐作用。儘管「國防文學」因配套國防政府而再次提出，但在文藝領域裏一經提出，畢竟就有了文藝上的界定和把握。即什麼樣的文學作品屬於「國防文學」，什麼樣的作品不屬於，「國防文學」應該寫什麼，如何寫？只有通過對這些問題的考察和分析，才能理解左翼作家們如何從階級話語逐漸轉向民族話語。

　　過去我們在談論國防文學時，更多關注其政治路線是非的釐定，然後以此來做文學上的判定。建國後尤其是「文革」期間，「國防文學」命途多舛都跟政治形勢相關聯。新時期又在黨糾正之前錯誤路線的基礎上，「國防文學」在文學領域裏也獲得相應的平反。其實不論是「文革」時期「國防文學」的受打壓抑或是新時期開始後的重評，都仍然是政治主導文學評介模式的體現。今天，現代文學研究界早已展開了對於上世紀 80 年代以來「重評」模式的反思和超越，對於「國防文學」以及由此引發的爭議我們也不應停留在是是非非的反覆平反上。我們在探討「國防文學」時，包括它的發生、發展、流行，不能忽視其背後的政治政策因素，但這畢竟祇是一個方面，政治因素無論如何不可能也不應該取代我們對於「國防文學」的認知和評價。

　　不論是第一次周揚在文藝上提出的「國防文學」，還是之後在黨的政策主導下左翼文藝界對於「國防文學」的重提，都有對它在文藝上的認知和界定。而這兩次提出的「國防文學」都有一個共同點，那就是具有濃厚的蘇聯痕迹。不僅周揚的「國防文學」口號是因襲模倣蘇聯文藝界而來，其後重提的政策依據如前文所述也由蘇聯所主導。這一點反映在對於「國防文學」的認知上，那就是不少人都把蘇聯的小說《對馬》作爲中國寫作國防文學的樣本。因此，

要瞭解中國國防文學的發生——左翼文學從階級話語轉向民族話語的第一步，我們不能不仔細分析和解讀《對馬》。

第一節　作爲「國防文學」範本的《對馬》

　　周揚最早提出「國防文學」的口號是由《對馬》引出。1934 年 10 月，他在《大晚報》發表的《「國防文學」》，文章首段就大談《對馬》的內容和意義，然後再引出《對馬》一類的作品在蘇聯是被稱之爲「國防文學」的，再接著才談到國防文學的意義和中國也應該提倡《對馬》一樣的「國防文學」。

> 　　作者是親自參加過日俄之戰的，故寫來特別眞實生動，又因爲作者現在是一個前進的作家，所以對於反映在海軍上的沙皇俄國的腐敗與矛盾能作尖刻的分析。《對馬》如實描寫了 Roxhdesvensky 艦隊的情形。可笑的檢閱和操練，在道格海岸對漁船的驚惶射擊，艦隊的巡視各地，海軍大將、官吏和水兵以及他們的情緒。它記敘了他們的生活故事，他們的相互關係，衝突和階級利益。在這當中所展開的不祇是 Roxhdesvensky 艦隊在對馬附近的沈沒，而且是整個沙皇帝國的崩潰的開端。

> 　　這種作品，在蘇聯是屬於「國防文學」（Literature of Defence）一類的。國防文學，如 D · Mirsky 所說，並不是資本主義國家的市民所熟知的那種狂妄的「愛國文學」，它和大戰後的和平主義文學也不同。它的任務是在於防衛社會主義國家，保衛世界和平。它揭露帝國主義怎麼樣圖謀發動戰爭，怎樣以科學爲戰爭的武器。〔註1〕

　　這是最初周揚個人對於《對馬》的介紹和述評。此後，重提「國防文學」口號時，儘管有了政治上新政策的依託，也有了組織上的決議通過，但是早期的一些「國防文學」提倡者在文藝上還是保持和一年多前周揚國防文學提法的一致性。他們不僅同樣把「國防文學」的口號來源指向「赤衛海陸軍文學同盟」（「洛卡夫」），致力於對蘇聯的國防文學樣板作品的介紹，也和周揚一樣極力推崇《對馬》。梅雨在《國防文學的內容》中提到，「蘇聯許多國防文學就是

〔註1〕　周揚：《「國防文學」》，《周揚文集》第 1 卷，人民文學出版社 1984 年第 1 版，第 118～119 頁；另參見：《兩個口號論爭資料選編》署名企的：《「國防文學」》，人民文學出版社 1982 年第 1 版，第 1～2 頁。

從史實裏掘得它的題材的,《對馬》就是一例」。〔註2〕田漢在《國防戲劇與國難戲劇》的演講中提出了「國防文學的重要」,並進一步指出:「這個問題是由蘇聯作家出了一本小說《對馬》而引起的。這部小說的內容是描寫日俄戰爭在對馬島海戰的情形,作者親身參加過那次戰爭,戰敗被俘。就把當時的情形記錄下來,然後加以整理,以小說的體裁發表的。(出版後九個月加引了二十幾版。日本早有翻譯)」〔註3〕周立波在《非常時期的文學研究綱領》中提到:『國防文學』在蘇聯的有名的收穫,是普里白伊的《對馬》(中國還沒有譯本)和鐵霍洛夫的《戰爭》(中譯本快出了,茅盾譯),還有許多的長篇,短篇和詩。」〔註4〕此外還有周鋼鳴等人也都提到了《對馬》是國防文學的代表作。

正是由於左翼文學界高贊《對馬》,並把它作為要提倡的國防文學的模倣樣板,這就促使了它在中國的譯介和流傳。1937 年梅雨(梅益)依據英語版的《對馬》把它翻譯成中文,起初上海的《現世界》半月刊連載了上半部。《現世界》由「文總」宣傳委員錢俊瑞主編。同年 7 月,《對馬》全書由上海引擎出版社出版發行,1946 年新知書店重新出版,1950 年三聯書店再版,1988 年經過譯者梅益訂正的新版《對馬》,由上海譯文出版社出版。

《對馬》主要講述的是 1905 年 5 月 27 日發生在對馬海峽的日俄之間的海戰,這場海戰是日俄戰爭中最關鍵的一次戰役,對於俄國和日本的社會都產生了巨大影響。1904 年日俄戰爭爆發,戰役基本上在中國土地上展開。2月,日軍偷襲旅順口成功,把俄國的太平洋艦隊封鎖在旅順境內。1904 年 9月,沙皇決計派盧傑斯特溫斯基指揮太平洋第二艦隊去解救旅順的危機,艦隊繞行大半個地球,前往中國的旅順和海參崴。經過大半年的航行,1905 年5 月 27 日,在對馬海峽遭遇日本艦隊,雙方打了一場昏天黑地的大海戰。兩天激戰下來,日本損傷微小,而俄國艦隊幾乎全軍覆沒,將士死傷無數,包括統帥盧傑斯特溫斯基在內的 6000 餘人被日軍俘虜。俘虜中有一位「奧里約」號戰鬥艦的水兵——諾維科夫‧普里波衣,時年 28 歲,後來成為了知名作家。他經歷了海戰的全過程,親眼目睹了俄國海軍的覆滅。普里波衣有良好的寫作習慣,把日常看到的聽到的都記錄下來,這些成為《對馬》海戰的珍貴文

〔註2〕　梅雨:《國防文學的內容》,原載:《時事新報‧每周文學》1936 年 1 月 11 日,《兩個口號論爭資料選編》人民文學出版社,1982 年,第 10 頁。

〔註3〕　田漢講述,彭家禮筆錄:《國防戲劇與國難戲劇》,《兩個口號論爭資料選編》,第 19 頁。

〔註4〕　立波:《非常時期的文學研究綱領》,《兩個口號論爭資料選編》,第 36 頁。

獻。不幸的是，戰俘們受到挑撥，普里波衣等被視爲受到日本支持的「政治煽動者」而受到同胞們打壓，有關對馬海戰的資料也被焚毀。出於對對馬海戰的痛苦體驗，普里波衣在熊本監獄安定後，開始憑著記憶重寫失去的對馬海戰材料，並在戰俘營中有意識地收集戰友們的經歷資料，以完善自己有關對馬海戰的記錄，準備爲這場海戰留下一份史詩。被遣返回國後，因國內政治環境緣故，凡談論揭露對馬海戰的，即受到追殺，作者藏匿了曾經的文稿和資料，流亡海外，後來自己也忘記資料藏匿地點。1928 年，普里波衣重返故鄉時，幸運地找回了失蹤 20 年的文稿和資料，在史實材料的基礎上，終於完成了自述紀實風格的長篇小說《對馬》。

這部小說上部題爲「航程」，講述了俄國艦隊南下繞道好望角，途經北海、大西洋、印度洋和南中國海，長達 18000 海里，歷時半年之久的航行。作者事無鉅細地描寫了俄艦隊遠航的方方面面，包括人際關係、日常生存狀態，甚至沿途風光、世態百樣等等。下部「海戰」記錄了對馬戰役的全過程，詳盡描述了雙方決戰的場面、雙方戰術的布置、官兵的表現、俄國各艦隊潰敗的命運，以及隨後被關押在戰俘營的詳細情形等等。小說的敘述都出自於當事人的親身經歷，讓人感覺更像是報告文學作品。尤其是對於海戰的敘述讓人驚心動魄，對於俄國人失敗慘狀的描繪使人觸目驚心，讓人讀後有身臨其境之感。正如作者所說：「每章都由這些親身參戰的人精密考究過」，「要不是我親身參戰，目擊這歷史上無雙的悲劇——『對馬海戰』的話，本書是決不會寫成的」。〔註5〕

《對馬》1935 年在蘇聯出版後大受歡迎，根據上文引述田漢的說法，出版後迅速「加印了二十幾版」，田漢演講時爲 1936 年，如果他所言非虛，那麼短短兩年多時間加印二十幾版，可見《對馬》在蘇聯受歡迎的程度。而且在 1941 年，《對馬》榮獲斯大林文學獎金。斯大林文學獎堪稱蘇聯文學界的最高獎項，斯大林逝世後更名爲蘇聯國家獎金。以國家名義頒發的獎項，也證明了《對馬》確有張揚國家話語的國防文學意義。

第二節　《對馬》是蘇聯的「國防文學」作品

作爲社會主義國家的「前進的作家」，普里波衣的創作應該體現蘇聯所宣

〔註 5〕 普里波衣：《對馬是怎樣寫成的》，普里波衣著，梅雨譯，《對馬》上部，新知書店出版，1946 年，第 27 頁。

揚的對於無產階級意識的描繪和張揚，而不應關注民族意識這一類資本主義的意識形態的東西。事實上，《對馬》作者的確有用階級意識來分析他們的艦隊——沙俄社會的縮影。作者的確曾描繪了艦隊內部長官和士兵之間，進步者和反動者的對立；作品也嘲笑和諷刺了統治者的昏庸無能，腐朽不堪；在小說中也有過反戰敘述的流露，也有俄國下層士兵和日本士兵的「融洽相處」的描繪，也表達了這場戰爭是俄日的統治集團之間的戰鬥，而非兩國下層士兵民眾間的仇恨這一層意味。這些都是很多人之所以稱讚這部作品為進步作品，是體現「保衛社會主義、保衛和平，反對帝國主義、反對戰爭的主題」的原因。但很顯然，所有這些進步的社會主義的意義也都只能在蘇俄國家意識的統攝之下來展開。即在所謂的揭露了俄國舊社會專制的本質和失敗的必然性這一主題背後，《對馬》是對於新蘇聯合法性的書寫，隱含著如果是先進的社會主義蘇聯，就不會敗給日本人的主題。因此，階級話語的表述、保衛和平的宣揚決不是普里波衣的主要創作意圖，也並不符合在 1935 年後蘇聯民眾對於它的閱讀期待。上文詳盡敘述了《對馬》成書的背景，儘管 20 多年後才重新整理寫作的原因是作者丟失了文稿，但不論怎麼說，《對馬》發表的 1934年，蘇聯國內的階級矛盾幾近乎無，而當時蘇聯人關注的正是日蘇之間在中國東北地區的又一次角逐。在這個背景下，《對馬》的出版喚醒了蘇聯人恥辱的民族失敗記憶，這也是《對馬》在蘇聯之所以流行的原因。作品中的確表達了舊沙皇在新興的資產階級日本帝國面前的必然潰敗，不過也暗含了新蘇聯必將重新獲得日俄之間戰爭勝利的期待。

　　《對馬》隱含著普里波衣強烈的民族主義情緒，這是顯而易見的事實。對俄國人而言，日俄戰爭失敗的屈辱深深地銘記在他們心底，不管是革命者還是反革命者，不管是沙皇的臣民還是後來蘇聯的新人，不管是對馬海戰中的水兵普里波衣還是蘇聯當時最高領袖列寧和斯大林，他們的民族主義情緒都是一樣的。

　　當然，站在各自民族國家立場上來說，蘇聯人的這種情緒並非不可以被理解。問題在於，日俄戰爭如果僅僅是日俄之間的衝突，上述的解釋多少可以成立。可實際上日俄戰爭基本上是在中國的土地上展開。《對馬》裏提到的地點決不是蘇俄的「國防」範圍，薩哈林島即庫頁島，符拉迪沃斯托克即海參崴，旅順依然是旅順。俄國的艦隊繞行大半個地球，解救被日本人困在中國旅順口的俄國太平洋艦隊，這是怎樣的「國」與「防」啊！

當我們談論民族主義時，以及由它所主導而在中國出現的國防政府和「國防文學」時，都離不開對於民族國家的疆界的考慮。在這裡，筆者不想談有關國家領土爭議等敏感話題，但是，民族情緒和民族話語一定是以特定的民族疆域爲依託。還是引用黨的領導人對此的認知，王明曾在後來的民族統一戰線論述中談到過中日戰爭的歷史。他認爲，日本帝國主義侵略中國的歷史可以分爲四個階段，第一個階段從 1894～1895 年的中日戰爭到 1914～1915 年的第一次帝國主義大戰。「在這個時期內，日寇搶去了中國本身及其藩屬的下列領土：琉球群島，臺灣，澎湖群島，高麗。」〔註6〕

姑且不談中日甲午戰爭以來大量報刊以及小說創作中關於朝鮮和中國幾乎爲一體的描繪，也姑且不談普里波衣筆下的對馬海戰究竟當時是在日本海峽還是朝鮮海峽發生的爭議，僅就作者的敘述語氣來看，似乎海參崴、旅順等地都理所當然地被視爲原本是無人管轄的，俄日誰爭得就屬誰。作品中甚至處處流露了對於日本先進的技術和制度羨慕，作者寧願把僅有的尊敬投給打敗他們的日本國和日本人，而投向中國和中國人的只有蔑視。作者的敘述態度表明，旅順曾是沙俄的，現在應是蘇聯的，似乎沒有中國這個國家。順便提及一點，除了《對馬》奪得 1941 年斯大林文學獎之外，1944 年斯傑泮諾夫的《旅順口》再獲此殊榮，《旅順口》的譯者爲大名鼎鼎的紅四方面軍政委陳昌浩。《旅順口》更是號召蘇聯社會主義國家的民眾爲恢復先輩們曾經浴血奮戰的領土旅順而戰鬥。作此補充是爲了更清晰地表達蘇聯人對於日俄戰爭描寫的一貫態度，在社會主義作家的筆下，追憶過去的歷史記錄時，他們有對於日本下層士兵的「階級友愛」，而幾乎沒有對於中國人的階級同情。我們還是看看《對馬》中爲數不多的描寫中國人的一段，那是被擊潰的俄艦「毅勇號」逃亡到實實在在的中國海域，作品中就有了關於中國人的描繪：

> 五月二十日的早上，霧消了，像一個模糊的夢。無雲的天空呈蔚藍色，向海平線伸展開。微風在海面上織成璀璨的漣漪；海面像鑲著陽光的金線藍緞。一望無涯的遼闊，充滿著耀眼的光彩。成群的海鷗在頭上飛翔鳴叫，時而突然下降，帶來了離陸不遠的消息。然而「毅勇」仍然漂流著。食物和清水的缺乏，使得人們又消瘦又憔悴。他們的精神越發倦怠了，但還有些人很清醒，不斷地注視著海平線。

〔註6〕 王明：《日本侵略新階段與中國鬥爭新時期》，青年書報社，1937年版，第2頁。

「瞧！瞧！那是什麼？」

所有的人全轉向那個人所指的方向去。兩面白色的、脹大的中國平底帆船的船帆正迅速地移近來。起始，他們朝驅逐艦駛，但不久，顯然已轉了航路，會在相當的距離內開過去的。「毅勇」揚起了求救的信號。從各層甲板上，從艦橋上，從桅杆上，呼喊的人搖著手，揮著帽子以引起他們的注意。

但帆船不理會的駕駛過去。因此炮手薛莫林對艦長說：

「閣下，請准許我們放下小艇，劃過去掙一隻帆船來，給我們的火爐找些木料。要是他們這麼殘忍地不搭理一隻受難的船，我們幹什麼要對他們客氣。」

但伊凡諾夫中校回答說：

「不，不，我們不能這樣做，我們不是海盜。在船鐘上敲三聲，再放幾枚空炮彈。」

鐘忽急而驚惶地響起來，艦尾的炮也放了，但全部都無效。過了一會，兩隻帆船便在遠處消失去了。

稍後，又有兩隻帆船開了過來，他們同樣地開過去，毫不搭理那求救的信號，呼援的叫聲，和空炮的發射，顯然中國人是害怕那面聖·安特列夫旗的。〔註7〕

這段對中國人的描寫，雖不像蘇聯後來描寫俄日戰爭中另一部小說《旅順口》那樣更露骨地醜化中國人，但也似乎祇是說明了中國人的自私、膽小、軟弱、無能、落後。中國人在自己的領海上，看見掛著聖·安特列夫旗的船隻猶如偷偷入侵到他人領海一樣，慌忙躲避，而沙俄船艦即便落難之中，仍似乎是主人的語氣。更絕妙地是，後來俄國人得救了，是一艘名為「桂林」號的英國商船把「毅勇」號拖到上海去了。這樣的描述怎麼看都和西方資本主義文明國家對待原始野蠻人的態度相同。

的確，在日俄戰爭中，腐敗的清政府軟弱無能，眼睜睜看著兩個大國為爭奪中國地盤、在中國土地上大打出手而無動於衷。中國人也是一副置身事外，麻木不仁的態度。我想當後來的中國人包括今天的我們讀到類似《對馬》這樣

〔註7〕 普里波衣著，梅雨譯，《對馬》上部，新知書店出版，1946年，第471～473頁。

的描繪時，應該會感受到魯迅曾經經歷過的「幻燈片」事件的切膚之痛。提到魯迅，我們就來看看魯迅對於《對馬》的態度，《對馬》在蘇聯很流行暢銷的時候，對於當時很注重譯介蘇聯文藝的魯迅來說，不可能對此一無所知。1935 年，魯迅給蕭軍的信中談到普里波衣和《對馬》，「Novikov-Priboi 是現在極有名的作家，他原是水兵，參加日俄之戰，曾做了俘虜，關在日本多時——這時我正在東京留學。新近做了兩大本小說，叫做《對馬》（Tsusima，島名），就是以那時戰爭為材料的，也因此得名。日本早譯出了，名《日本海海戰》，但因為刪節之處太多（大約是日本吃敗仗之處罷），所以我沒有買來看。」〔註8〕從給蕭軍的信中可以看出，魯迅之所以對《對馬》不怎麼感興趣，是因為日文翻譯有刪改，但我想，除此之外，更重要的是他對這段歷史的理解和記憶太深刻了。儘管題材並不能完全決定作品主題的取向，但對魯迅來說，日俄戰爭作為題材的作品，不論是站在日本人立場（如魯迅解釋日譯本刪節）或者是蘇聯人立場，對於中國人的情感終歸是一種傷害。

　　總而言之，作為中國左翼學習的「國防文學」樣板《對馬》，的確名副其實，但名副其實是針對蘇聯人而言的。儘管蘇聯是社會主義國家，秉承的是馬克思主義。按照馬克思主義的態度來看，民族主義是資本主義社會的意識形態，工人無祖國，社會主義和共產主義將來要消滅的就是民族國家。任何把無產階級分屬為一個個民族國家的想法，都會使得各個民族國家的統治者從中獲利，都是統治者欺騙和統治國內民眾的手法。不過，當我們進入到對《對馬》的分析時，我們明顯可以感受到作者在階級話語和民族話語的傾向上，毫無爭議地是偏向後者。但是，《對馬》中的民族主義對於中國人的民族情緒毫無疑問是一種傷害。當然在此我們並不是要站在狹隘民族主義立場上對於歷史來做一次清算。而中國左翼文學界是如何接受《對馬》的？如何處理《對馬》中不利於民族話語的部分？又是如何回應別人對此的質疑並把它樹為「國防文學」的學習典範？這些才是我們關注的關鍵。

第三節　左翼文學界對於《對馬》的接受

　　儘管《對馬》在階級意識和民族意識之間，是傾向於後者，不過，蘇聯

〔註8〕　魯迅：《350325 致蕭軍》，《魯迅全集》13 卷，人民文學出版社，2005 年，第422 頁。

作家在評介《對馬》時，仍然用社會主義和帝國主義的對立來把蘇俄國家話語掩蓋起來，或者注重強調蘇聯取代舊俄的階級鬥爭主題。這也影響到了中國左翼文學界對它的認知和評價。例如前文周揚的文章中，就曾援引了 D·Mirsky（通譯米爾斯基，筆者注）的觀點，認為《對馬》主題是在於「防衛社會主義國家，保衛世界和平」，「揭露帝國主義發動戰爭」等。〔註9〕黃峯在他的《國防文學在蘇聯》一文中，詳細介紹了蘇聯對待國防文學的態度，尤其是蘇聯關於《對馬》的評價，而黃峯也大部分引述為自己的態度：

> 我在前面提到了許多的含有國防意味的蘇聯的作品，但在各方面研究起來，最直接最明確的國防文學作品首推《對馬》和《戰爭》。

> 《對馬》所敘述的，是帝俄的艦隊在日本海的對馬海峽中被日本轟壞，追逐，以及俘虜的經過。作者諾維珂夫普利鮑衣（NoviKov-Priboy）是這次歷史事變中的直接參加者，是一個被派去當炮灰的水手。狄納莫夫（Dinamov）曾寫文批評說：

> 「他（指作者）敘述對馬一役的歷史，同時又敘述了人們怎樣擺脫了陳舊的，盲目的信仰沙皇的心理……這篇小說，充滿著事實，其中沒有捏造的東西，它是根據歷史的，完全是有證有據的，它帶有一種軍事報告書的色彩。可是這個故事報告書寫得有聲有色，富有內容，貫徹著新階層的藝術家的世界觀。」

> 這裡本書的高度的估價是相當平允的吧。這一部書教訓了封建制度下俄羅斯的人民，有創造新社會制度的必要。因為「有這種覺悟，才有今日蘇聯的伏羅希洛夫式的射手，保衛著結滿自由之花的樂園，使一切的野蠻的『豬嘴』在三十年後的今日，不敢輕易地妄動。」〔註10〕

黃峯筆下的「豬嘴」指代帝國主義，自由的花園象徵蘇聯新社會，這種說法估計是來自蘇聯。因為周立波也曾談到，《對馬》的國防意義體現在防止

〔註9〕 周揚：《「國防文學」》，《周揚文集》第 1 卷，人民文學出版社 1984 年第 1 版第，118～119 頁；另參見：《兩個口號論爭資料選編》署名企的：《「國防文學」》，人民文學出版社 1982 年第 1 版，第 1～2 頁。

〔註10〕黃峯：《國防文學在蘇聯》，《文學界》1 卷 2 號，1936 年 7 月 10 日，第 62～78 頁。

「帝國主義的豬鼻子」突進蘇聯「花園樣的新世界」。〔註11〕

蘇聯人對於《對馬》的接受是因為它弘揚蘇聯的民族意識，儘管評論家們一本正經地說它體現了階級新意識。然而，奇怪的是，中國左翼文人要從階級話語轉向民族話語書寫，卻更看重它的新意識。如果說在蘇聯人那裡，《對馬》所體現的進步社會主義思想只能在蘇俄國家意識的統攝之下來展開，而在中國左翼文人這兒，文學上的民族話語只有在階級背景下才有其應有的意義。所以，我們看到的都是左翼文人對於《對馬》的「前進作家」的「前進意識」的讚揚。但是，《對馬》描述的日俄戰爭終究和中國有很大關係，而且好像從《對馬》中也看不出帝國主義的「豬鼻子」是準備怎樣拱進蘇聯的「花園」，我們能看到的祇是蘇聯的「新人」和「舊人們」以及其他的一些帝國主義「豬鼻子」怎樣肆意地突入到中國這片原始叢林中來。

如果說，「國防文學」的提倡者是通過《對馬》來揭露中國舊統治者是如何敗國辱國，如何眼睜睜看著俄日兩個大國為爭中國地盤大打出手而無動於衷，這樣通過對於民族恥辱感的強調，以喚醒、加強國人抗擊外國入侵者的決心，這還有可以理解的地方。然而遺憾的是，他們唯讀出了《對馬》中揭露俄國沙皇的腐敗，而沒有意識到這場戰爭本身就是中國人的國恥。至於讀出《對馬》和資本主義的「愛國文學」不同、和戰後的「反戰文學」不同，是因為它體現「在於防衛社會主義國家，保衛世界和平」，這與文本相差實在太遠。為何「國防文學」提倡者的看法會和文本有如此大的出入呢？在我看來，大概有以下兩種可能性。

第一，很多提倡「國防文學」的人儘管列舉了大量的蘇聯作品為樣板，但很有可能沒有讀過作品本身，他們所有的觀點和態度都祇是參考蘇聯文藝界的觀點和評述。不論是周揚第一次提出「國防文學」時對於《對馬》所做的介紹，還是後來周立波以及黃峯等人的認知，都基本上沒有看到自我的解讀和真實感受，基本上是大段援引蘇聯文藝界的評價來作為自己的觀點。蘇聯文藝界熱捧《對馬》，中國一些人也跟著讚頌；蘇聯文藝界說《對馬》是在「保衛」「社會主義」，也有人跟著一起讚頌《對馬》的新意識，讚揚它的進步的民族意識。由此看出，提倡「國防文學」的一些左翼文人不僅缺乏對於中國實際民族情緒的感受和理解，甚至對於他們所提出的「國防文學」作品樣板也沒有仔細閱讀。這種人云亦云的「國防文學」提法看似符合當時的社

〔註11〕 立波：《非常時期的文學研究綱領》，《兩個口號論爭資料選編》，第36頁。

會潮流，但它實際上與中國的實際社會人生體驗，與中國人眞實的文學感受
都有不小的距離。

　　第二，有人即便是讀過了《對馬》，可能也有一些民族情緒上的看法。但
是他們可能更看重黨的政治態度、政策方針。例如作爲《對馬》譯者的梅雨
在上世紀 80 年代中後期爲新版的此書所作的附記，仍然引用列寧對於日俄戰
爭的權威看法來評析《對馬》作品，認爲它反映「專制制度在軍事上的徹底
崩潰」，「《對馬》對沙俄專制統治和它的代表人物的官僚主義、專橫暴戾、愚
昧無知（主要表現爲對新事務、新技術的拒不接受和妄自尊大、故步自封），
以及吹牛拍馬、任人唯親等都有入木三分的描寫。」〔註12〕前文已經有詳述，
左翼文學界在提倡「國防文學」時，曾因黨的政策支撐而獲得大範圍的認可，
也因有組織地整體性轉變使得他們在民族話語權上顯示出優勢。但在另一方
面，這種模式和行爲也會影響到他們每個個體作家的獨立感受和理解，包括
他們的民族意識和民族情緒的表達。正如王明的國防政府主張依據蘇聯政策
的調整，左翼文學界對於「國防文學」作品的看法也不能不依賴於蘇聯的態
度和黨的政策。對待蘇聯和中國之間的民族意識分歧來說，左翼作家不是沒
有自己的認知，而是不得不有意迴避；對《對馬》中傷害中國民族感情的書
寫，只要看過原作的人應該能感受得到，左翼作家之所以對此保持小心翼翼
而不涉及，是因爲對於作爲黨團員或要求政治進步的作家們來說，一不小心
出言就可能被陷入到政治的批鬥中。這不是沒有過先例，陳獨秀因「中東路」
事件上帶有民族意識的表態而成爲「托派」的罪證之一，蔣光慈也因不合時
宜的《麗莎的哀怨》而被迫退出「左聯」，乃至被開除黨籍。「中東路」事件
事關中蘇之間的戰事，中國共產黨的主張尚且全力「擁護蘇聯」，當時左翼作
家的創作也只能依據此，〔註13〕左翼作家對於《對馬》的評價又怎敢越雷池
批評蘇聯的沙文主義呢！事實上，在「國防文學」的提倡中，後來曾不斷擴
大聯合對象包括曾經的對手國民黨，但對於不認同黨的政策的黨內同人或者
左翼文學界同人，那是定殺無赦。所以，我們不難理解左翼文學界在進行自
身的民族話語闡述時，都嚴厲指責「托派」，甚至認爲「托派」是比日本帝國

〔註12〕梅雨（益）:《對馬·新版後記》，普里波伊著，梅益譯，《對馬》，上海譯文出
　　　　版社，1988 年，第 503 頁。
〔註13〕有關左翼文學創作中對於「中東路」事件的書寫，參看冷川:《「中東路」事
　　　　件在左翼文學中的表現》，《廣播電視大學學報》，2008 年第 2 期，第 54～58
　　　　頁。

主義更危險的敵人。這也預示出，在左翼內部，但凡不配合政策路線的，必將遭受被批判的命運，而且受批判的程度甚至超於左翼文學界之外的人士。

第四節　蘇俄意識與中國民族話語

左翼文學界從階級話語轉向民族話語，如何看待蘇聯將是一個不小的難題。過去中國左翼提倡的革命文學和俄蘇有密切的淵源，對此人們會視爲理所當然，畢竟蘇聯是第一個成功實現的社會主義國家。可是，當左翼文學界提倡民族話語時，如何處理外來的意識和本土的情感之間的矛盾，就顯得非常重要。尤其對於像《對馬》類的作品，直接涉及在中國領土發生的日俄戰爭，對類似這樣的作品和文學現象的分析，對於左翼來說將會是一個不小的挑戰。儘管左翼文學界小心翼翼地迴避《對馬》中蘇聯意識對中國民族感情所造成的傷害，他們更多揭露日本帝國主義的侵略行徑。但是日本人入侵中國是事實，蘇俄人侵犯中國也是無法迴避的事實。左翼文人在評述《對馬》時或因簡單引述蘇聯觀點或因政治禁區而不願觸及蘇俄意識和中國民族話語之間的矛盾，但並不意味著別人尤其是與他們觀點相抵的右翼文人不會拿此大做文章。

自周揚介紹《對馬》作者普里波衣用了「前進的作家」修飾語，此後右翼文人包括一些不信任蘇聯的中間文人常用帶有引號的「前進」來諷刺左翼文人的轉變。儘管我們上文談到了一些國民黨方面對於「國防文學」的不反感，但並不意味著他們眞就相信了左翼文人的轉變。恰恰相反，他們可以接受左翼文學的口號「國防文學」，但對於口號下的態度尤其是不斷地高捧蘇聯作品爲榜樣的行爲充滿懷疑和諷刺。1936 年 2 月 12 日，國民黨中宣部發表告國人書，題爲《爲集中意志共赴國難》，告誡「知識界應隨時宣揚政府之意旨，切勿受反對者利用爲民族公敵」，「萬惡共黨借救國口號作掩護」，並勸誘「受赤色漢奸蠱惑者速來自拔」，「其有怙惡不改當加嚴屬制裁」。〔註14〕也有人撰文告誡民族主義文藝者「謹防國防文學者的掛羊頭賣狗肉」。〔註15〕

1936 年 9 月，國民黨文人王平陵以史痕爲筆名，發表了《中國現階段的文藝運動》。文章開篇就是不忘「舊怨」的嘲諷之詞：「自從染有潔癖的『左派神仙』們，好像在昨天才開始感覺到×帝國主義者有積極侵略中國這事實，

〔註14〕：《中央日報》1936 年 2 月 12 日。
〔註15〕公炎：《文藝界的淨化》，《奔濤》第 1 期，1937 年 3 月 1 日，第 11～14 頁。

逼迫著他們不得不放棄定形性的潔癖，慨然投身『汙池』，加入民族鬥爭的陣營，肩膊上興高采烈地扛著一面民族主義文藝運動的大旗，異常認真地呼號民族解放，吶喊國防文藝以後，這久已消沉了的中國文壇，忽然又熱鬧起來了。」王平陵緊接著提到這些左派的刊物仍然不斷為「死去的高爾基騰出全書三分之二以上的篇幅」，這情形讓他懷疑「『左派神仙』們確確實實有著一種說不出的苦衷，不得不另換一面比較容易號召的旗幟，周旋於中國有血性的青年們之間了」。〔註16〕王平陵顯然並不真心相信「左派」的轉變，他反覆聲稱對於左派的「反封建、反帝、反漢奸」的口號雙手贊成，但他始終對「左派」在口號之下的態度充滿警惕。在他看來，「左派」解散自己的文藝組織，向民族主義的轉向，這些都是蘇聯的示範和指令的作用。王平陵進一步提出，第一，學習蘇聯的主義和思想正是沒有民族性的體現，甚至暗示此行徑無異於漢奸：「**而且，我覺得所謂漢奸的範圍，更應該擴大一些**，我們所要反對的漢奸，決不僅是海藏樓的大名士鄭孝胥，以及屈膝稱臣的殷汝耕，凡是盲目地崇奉外國過了時的主義和思想，而企圖把這些主義和思想生吞活剝地混淆國民的視聽，分離民族的團結，動搖立國的根本思想的人們，這可說是思想上的漢奸；還有把握著一般國民的欲望，投其所好地提出一種似是而非的態度，高唱著不顧實際環境的高調，策動群眾上屠場，作無意義的無代價的犧牲，使僅存的一點力量——所賴以維持最後的國脈而不至於立刻中絕的力量，不及補充於準備，即被逼迫著作孤注的一擲，而那些人到了極度的危難時，不但不踴躍赴難，反是暗暗地儲蓄另一副力量，到必要時便豎起一面漂亮的旗幟來渾水摸魚，趁火打劫的人們，這可說是行動上的漢奸。」（著重為原文所有，筆者注）王平陵提出，真正的民族主義者「不得不本著藝術家的良心」，「揭開他們掩蔽的假面具」。〔註17〕另外，王平陵批評中國的「左派」文人們沒有認真學到蘇聯文藝的真正精神，而什麼是蘇聯真正的文藝精神呢？就是蘇聯文藝界和政府的一條心。王平陵的言下之意就是要文藝家擁護政府的主張，配合政府的國防，文藝界和全國全民一道忍辱負重，不要抱怨，不要指責，更不應煽動群眾給政府添亂，只有這樣才是真正的民族主義文學。

〔註16〕史痕（王平陵）:《中國現階段的文藝運動》,《文藝月刊》1936 年 9 月 1 日，
　　　　第 9 卷 3 期。
〔註17〕史痕（王平陵）:《中國現階段的文藝運動》,《文藝月刊》1936 年 9 月 1 日，
　　　　第 9 卷 3 期。

很顯然，王平陵對於國防文學的諷刺顯然與左翼文人熱捧蘇聯作品，尤其無視蘇聯意識對於中國民族的危害有關。可能是看到左翼評述《對馬》相關情形，王平陵很有針對性地指出，不僅應把日本人看做是我們民族的敵人，也應視蘇聯人為我們民族的威脅者。對於左翼提倡類似《對馬》那樣宣揚和現有政府對抗的，都是有害民族國家的行為，都是漢奸。

比王平陵的思路更直接，吳漱予認為左翼文人的民族政策是受到蘇聯、共產國際的影響，左翼在愛國口號表面之下是「賣國」。「我們終於明白『前進』（？）作家們所以提倡『國防文學』的深意，是因為蘇聯的『洛夫卡』已經提倡在先，所以就不得不如此了；同時還把我們整個民族帶便出賣給蘇聯，叫我們也同蘇聯一起去『防衛蘇聯』。」〔註18〕很明顯，吳漱予這段話是完全針對左翼樹《對馬》為「國防文學」而做出的諷刺。

也有右翼文人雖然認可「國防文學」，例如孔均，即張少峰，此人先後寫了《國防文學與民族意識》、《民族危機與國防文學》、《由民族主義談到國防文學》、《人民陣線與中國》等一系列看似支持「國防文學」的文章，但他們對於「國防文學」的解釋和周揚等人有很大差別，「不過，我們所提倡的國防文學並不同於蘇聯」，「凡是中華民族，決不偷降赤白兩色帝國主義而甘心當漢奸，做亡國奴，及出賣國家民族的人，而保障中國領土之完整者，均是國防文學的戰友。」〔註19〕「所以建設國防文學，首先要靠民族主義的信仰者，以恢復中國固有的文化及復興中國民族的意識兩原則下，而培養國防文學的長成。至於一方面反對中國固有的文化，一方面否認民族，而以社會主義為基礎，而談國防文學的，那根本就不明瞭中國國情及中國民族性，更不明瞭國防文學是什麼東西呢。」〔註20〕

右翼文人可能也沒有瞭解多少蘇聯的作品，也不知道蘇聯「國防文學」的詳細內容，但他們就僅針對左翼作家提出的《對馬》等作品，以及對於國防文學的闡述，敏銳地捕捉到左翼文學民族話語和蘇聯意識之間的自相矛盾，並拿此當做攻擊左翼文學民族話語的口實。實事求是地說，右翼文人確

〔註18〕吳漱予：《「國防文學」訪問記及其它》，《文藝月刊》1937年1月1日，第10卷1期。

〔註19〕孔均：《國防文學與民族意識》，《文藝戰線》1936年12月1日，第5卷第2期。

〔註20〕孔均：《由民族主義談到國防文學》，《文藝戰線》1937年5月1日，第5卷11期。

實打中了左翼文學界國防文學提倡者的要害，尤其是面對類似《對馬》等關涉蘇聯和中國之爭的作品。實際上，中東路事件以來，共產黨和蘇俄在國內的聲譽並不是很佳。從國內的一些大型媒體當時的輿論導向來看，幾乎是和國民政府一個立場，要求對抗帝俄以及消滅「赤匪」。根據《申報》在 1928 年 7 月底到 8 月初所做的民意測驗來看，反俄反共幾乎高達 100%，〔註21〕「赤匪」和「赤帝」成爲中東路事件後報紙雜誌常出現的關鍵字，說明了國民黨通過宣傳把「剿共」引入到民族主義的策略上來。不過，隨著日本不斷加強對於中國的侵略，國內輿論都認定日本是中國最大的威脅，同時因爲斷定蘇聯和日本必有一戰，出於對付共同的敵人，國內輿論對於蘇聯的認知有大爲改觀，把蘇聯作爲「國家」的典範，中國將來發展的標本，對於蘇聯的五年計劃幾乎給予充分的讚揚和肯定。王造時在談到他的國家觀時，大談蘇俄國家行爲。「蘇俄在理論上，或要高唱工人無祖國，蘇俄在事實上，卻成爲國家組織最發達，國家功用最廣闊，國家觀念最深厚的國家。蘇俄的五年計劃，不是複雜的國家組織，哪能實行？」〔註22〕

　　儘管左翼對於《對馬》的介紹評價以及「國防文學」的提倡中有太濃厚的蘇聯痕迹。但對於中間文人和一般的社會大眾而言，他們看重的是《對馬》宣揚強烈的反日主題。人們可能不會在意《對馬》是不是體現進步的民族主義或者是保衛社會主義的主題，只要和國內當時強烈的抗日意願相吻合，就讓大家覺得把《對馬》一類作品當做「國防文學」，學習蘇聯的「國防文學」沒有什麼不妥。這就使得，原本是左翼文人缺陷的依賴蘇聯意識反成了他們民族話語宣揚中的一個優勢。

小　結

　　「國防文學」本應該是中國民族話語的體現，但最早的倡導者都把蘇聯的「國防文學」作品作爲樣板，來規範左翼內部的創作。尤其讓人費解的是，最受「國防文學」提倡者青睞的作品《對馬》有很多有悖於中國人民民族感

〔註21〕：《市民訓練部報告反俄民測驗第二次統計》，1929 年 7 月 28 日：《申報》4
　　　　張 13 版。更詳盡的關於中東路事件後到抗戰爆發前國內對於中蘇關係輿論認
　　　　知參見陳延湘：《1928～1937 年：《大公報》等報刊對中蘇關係認識的演變》，
　　　　《近代史研究》2006 年第 3 期。
〔註22〕王造時：《對國家的認識》，見：《荒謬集》，自由言論社，1935 年，第 81 頁。

情的描寫。蘇聯把《對馬》看做是他們「國防文學」的典範,授予其國家獎勵——斯大林文學獎。《對馬》之所以在蘇聯受到歡迎並獲得國家政權認可,不僅在於揭露沙皇俄國必然潰敗的事實,更在於它對日俄戰爭慘敗的書寫,旨在喚醒民族恥辱的記憶,提醒蘇聯民眾致力於蘇日 20 世紀 30 年代在中國東北又一次爭鬥。儘管蘇聯評論家一致讚賞《對馬》的「前進」意義——保衛社會主義、保衛世界和平的意義,但很顯然作品並不是主要宣揚共產國際主義精神,而是蘇聯國家主義的體現。

對於中國左翼文學界來說,他們不得不面臨自我所樹立的《對馬》是中國「國防文學」的典範和作品中宣揚蘇聯國家主義之間的尷尬。但是,很多左翼作家、理論家有意無意忽略《對馬》中的蘇聯殖民話語,轉而強調蘇聯社會主義國家的進步民族主義觀。這只能說明,中國左翼作家在倡導民族主義時,最初就存有不小的悖論。一邊是中國民族主義的張揚,一邊是唯蘇聯及其政治政策(政治政策也服膺於蘇聯)馬首是瞻。左翼作家們解決悖論的方式用組織模式替代個人理解和感受。事實上從很多左翼作家的評論來看,當時高讚《對馬》是進步民族主義體現的很多人並未真正讀過原作,他們的觀點不過是從蘇聯的作品評論或者對於對馬海戰的評價而來。儘管如此,左翼作家們仍有組織的一致宣稱《對馬》的進步民族主義,這就注定了左翼內部的民族話語的分歧和國共之間民族話語之爭的形成。

不過,儘管國民黨右翼文人不斷攻擊類似《對馬》作品中的蘇俄意識,諷刺左翼提倡「國防文學」就是要像《對馬》一樣保衛社會主義國家蘇聯,進而揭批左翼的「國防文學」實質是「賣國文學」。但是,《對馬》其強烈的反日主題肯定會引起很多人的共鳴,這樣,原本不利於左翼文學民族話語的蘇俄意識,在當時的社會情形下,反倒成為左翼文學民族話語的一個優勢。

第三章　民族話語中的「岳飛式」和「水滸式」

　　左翼文學從階級話語向民族話語轉變過程中,《對馬》作爲蘇聯的作品,被奉爲是左翼提倡的「國防文學」的樣板。但是,如何在樣板的示範作用下創作能完全體現自己民族話語的作品,這才是衡量左翼文學民族話語價值的關鍵。而創作的第一步,就是關於題材的選取以及由此展開的主題的定立。在「國防文學」的提倡中,最熱門的題材有歷史上抗擊異族的戰爭如岳飛的事迹等,還有當時義勇軍的抗日事迹等。從文後圖表可以看出,岳飛類題材獲得認可度較高,共計 5 處以上(有一處是郭沫若等人集體討論認可),它引發的左翼內部爭議也很大,另外岳飛題材也是備受國民黨右翼文人青睐的題材,所以我們選取了對於民族話語中「岳飛式」進行分析考論。在「國防文學」的提倡中,和「岳飛」題材時間背景都大致相當的《水滸傳》也被提出是「國防文學」的代表,儘管這樣的提法當時只有周木齋一個人,[註 1] 但它當時引發了左翼內部的爭議,並且後來成爲延安所欣賞的一個題材。因此,探討分析民族話語中的「水滸式」,尤其把它和「岳飛式」相比較,有利於我們更好的認知左翼文學從階級話語到民族話語的複雜性,以及左翼文人和右翼文人在民族話語上的針鋒相對。

第一節　左翼文學民族話語中的「岳飛式」

　　在國防文學的提倡中,不少人認爲岳飛題材是「國防文學」的絕好材料。

〔註 1〕　周木齋:《水滸傳與國防文學》,《文學界》創刊號,1936 年 6 月 5 日,第 134
　　　　　～139 頁。

何家槐提議，「我們的民族英雄值得復活的，如岳武穆，文天祥，薛仁貴，花木蘭，蘇武，史可法，馮子材，蔡公時，鄧鐵梅」。〔註2〕周鋼鳴在《民族危機與國防戲劇》中呼籲道，「岳飛，文天祥，史可法等民族英雄」應該在舞臺上被表現出來，秦檜，吳三桂，曾國藩等賣國賊的行爲，「用批判的方法整理」。〔註3〕

左翼文學界不少人談到復活民族英雄岳飛、文天祥等，這很有可能是受到蕭三來信的影響。我們上文已談到了蕭三信和左翼文學由階級話語到民族話語轉向的關係，「國防文學」口號的誕生和流行也和蕭三信有關。蕭三提出了在組織上解散「左聯」的建議，在創作上也提出了一些指導性意見，並且額外強調文壇上的策略，也就是他給國內左翼的關於轉向民族話語的第三條建議：

> 第三在策略方面。我們對付敵人應用以毒攻毒及利用其招牌的方法，比方他們提倡「民族主義文學」，我們不必空口反對他們這一招牌，而應把它奪過來占爲己有，即充實它的內容。多寫民族救國英雄，如東北義勇軍事實，復活岳飛，文天祥，史可法……痛罵秦檜，吳三桂，袁世凱……使成爲革命民族戰爭時代的革命民族文學。〔註4〕

從蕭三信中可以看出，左翼文學由階級話語轉向民族話語時，策略就是要把敵人的招牌奪過來爲己所用，這裡，蕭三所說敵人的招牌就是指「民族主義文學」的口號。另外蕭三對於義勇軍之外的岳飛等民族英雄的重視，也可看出，國內的岳飛形象塑造是一個文學熱點，甚至蕭三也很清楚重視岳飛題材原本是「民族主義文學」的一個特點（有關國民黨和「民族主義文藝」派的岳飛形象塑造，下文詳述）。毫無疑問，曾被作爲黨的文藝問題指示的蕭三信爲很多人所接受，因而就有了「國防文學」提倡中的復活岳飛民族英雄說。但是，先前的「民族主義文藝派」曾經在文學主張上受到了左翼文學界的批判，包括他們所塑造和宣揚的岳飛形象。尤其是魯迅，曾不遺餘力地批駁「民族主義文藝派」對於岳飛的書寫。

1931年九一八事變後，國民黨政府一面奉行不抵抗政策，另一面卻是政府支持下的「民族主義文學」運動的興起。爲此，左翼文學界對「民族主義文學」

〔註2〕 何家槐：《作家在救亡運動中的任務》，《時事新報·每周文學》1936年1月11日，《「兩個口號」論爭資料選編》上，第15頁。

〔註3〕 周鋼鳴：《民族危機與國防戲劇》，《生活知識》第1卷10期，《「兩個口號」論爭資料選編》上，第42～47頁。

〔註4〕 蕭三：《給左聯信》，北京大學等編：《文學運動史料選》，上海教育出版社，1979年6月，第328～333頁。

展開了激烈的批判，其中魯迅先後發表了著名的揭批文章《「民族主義文學」的任務和運命》、《沉滓的泛起》等，「日本佔據了東三省以後的在上海一帶的表示，報章上叫作『國難聲中』。在這『國難聲中』，恰如用棍子攪了一下停滯多年的池塘，各種古的沉滓，新的沉滓，就都翻著筋斗漂上來，在水面上轉一個身，來趁勢顯示自己的存在了。」魯迅所列舉的沉滓都是當局政府和民族主義文學派在文化領域中的表演，「有的去查《唐書》，說日本古名『倭奴』；有的去翻字典，說倭是矮小之意；有的記得了文天祥，岳飛，林則徐」。這裡魯迅把國難中復活民族英雄岳飛稱之為「沉滓」之一，認為「不過是出賣舊貨的新廣告，要趁著『國難聲中』或『和平聲中』將利益更多的榨到自己的手裡的。」〔註5〕魯迅敏銳地覺察到，利用岳飛做旗幟，主要不是塑造什麼民族精神，而是鞏固當權者的統治，岳飛式的愛國，正是奴才式愛國的典範。魯迅後來在《眞假堂吉訶德》對於「岳飛式」民族話語做了更尖銳地解析：

> 他們何嘗不知道什麼「中國固有文化」咒不死帝國主義，無論念幾千萬遍「不仁不義」或者金光明咒，也不會觸發日本地震，使它陸沉大海。然而他們故意高喊恢復「民族精神」，彷彿得了什麼祖傳秘訣。意思其實很明白，是要小百姓埋頭治心，多讀修身教科書。這固有文化本來毫無疑義：是岳飛式的奉旨不抵抗的忠，是聽命國聯爺爺的孝，是斫豬頭，吃豬肉，而又遠庖廚的仁愛，是遵守賣身契約的信義，是「誘敵深入」的和平。而且，「固有文化」之外，又提倡什麼「學術救國」，引證西哲菲希德之言等類的居心，又何嘗不是如此。〔註6〕

尤其讓魯迅覺得難以接受的是，這種「奴才式」的愛國大量出現在小孩子的讀物中。針對社會上把岳飛、文天祥並列為少年兒童學習之楷模，魯迅清醒地指出，這種自欺欺人的宣傳，無助於民族國家救亡，而且給小孩子看更是登錯地方的文章：

> 印給少年們看的刊物上，現在往往見有描寫岳飛呀，文天祥呀的故事文章。自然，這兩位，是給中國人掙面子的，但來做現在的

〔註5〕　魯迅：《沉滓的泛起》，《魯迅全集》第4卷，人民文學出版社，2005年，第331～334頁。

〔註6〕　魯迅：《眞假堂吉訶德》，《魯迅全集》第4卷，人民文學出版社，2005年，第534～537。

少年們的模範，卻似乎迂遠一點。

他們倆，一位是文官，一位是武將，儻使少年們受了感動，要來模倣他，他就先得在普通學校卒業之後，或進大學，再應文官考試，或進陸軍學校，做到將官，於是武的呢，準備被十二金牌召還，死在牢獄裏；文的呢，起兵失敗，死在蒙古人的手中。

宋朝怎麼樣呢？有歷史在，恕不多談。〔註7〕

魯迅這裡提出一個很深刻的命題，就是大家爲什麼都不追究岳飛的歷史事實，他最終到底是報國了沒？爲什麼會這樣？岳飛被召回屈死在牢獄中，不僅沒有實現報國，反而因「忠君」枉送性命。儘管近代以來「國家」已徹底取代「君王」，但是對於「岳飛式」愛國提倡，明顯是符合統治集團的國家主義而遠離立人的啓蒙主張。對於秉承「立人」思想的魯迅來說，岳飛式愛國所包含的國家話語和奴才道德永遠讓他無法接受。曾有「北平大學教授兼女子文理學院文史系主任李季谷氏」提出《一十宣言》，即王新命等十教授的《中國本位的文化建設宣言》，這位李季谷即李宗武在末尾提出道，「爲復興民族之立場言，教育部應統令設法標榜岳武穆，文天祥，方孝孺等有氣節之名臣勇將，俾一般高官戎將有所法式云」。針對此，魯迅諷刺道：「凡這些，都是以不大十分研究爲是的。如果想到『全而歸之』和將來的臨陣衝突，或者查查岳武穆們的事實，看究竟是怎樣的結果，『復興民族』了沒有，那你一定會被捉弄得發昏，其實也就是自尋煩惱。」〔註8〕

在涉及民族話語中的岳飛形象時，魯迅總是警惕地指出，但凡如此拿岳飛作旗幟提倡民族主義、愛國主義而實質上是讓大家忠順。有關魯迅對於民族話語中岳飛形象的反感我們不再一一羅列，他還曾有一首諷刺詩，題爲《好東西歌》，諷刺所謂武岳飛和文秦檜們的同流合污。〔註9〕總之，魯迅對於民族危機中大樹特樹岳飛爲典範一直持反感態度。因而，最早看到蕭三信的魯迅，對於蕭三的「策略」上復活岳飛建議不以爲然，而且在接受記者採訪他關於聯合意見時，他針鋒相對地「戰略」上把岳飛類民族英雄歸在不「正確」，

〔註7〕 魯迅：《登錯的文章》，《魯迅全集》第6卷，人民文學出版社，2005年，第591～592頁。

〔註8〕 魯迅：《「尋開心」》，《魯迅全集》第6卷，人民文學出版社，2005年，第279～282頁。

〔註9〕 魯迅：《好東西歌》，《魯迅全集》第7卷，人民文學出版社，2005年，第397頁。

不「現代」的一類。

　　　　民族危機到了現在這樣的地步，聯合戰線這口號的提出，當然
　　也是必要的，但我始終認爲，在民族解放鬥爭這條聯合戰線上，對
　　於那些狹義的不正確的國民主義者，尤其是翻來覆去的投機主義
　　者，卻望他們能夠改正他們的心思。因爲所謂民族解放鬥爭，在戰
　　略的運用上講，有嶽飛文天祥式的，也有最正確的，最現代的，我
　　們現在所應當採取的，究竟是前者，還是後者呢？這種地方，我們
　　不能不特別重視。在戰鬥過程中，決不能在戰略上或任何方面有一
　　點忽略，因爲就是小小的忽略，毫釐的錯誤，都是整個戰鬥失敗的
　　泉源啊！〔註10〕

　　很顯然，魯迅這段話是針對蕭三信的「建議」以及眾多接受蕭三建議而
大談「復活嶽飛」的文章而發。不過，在解釋魯迅對於民族統一戰線中有關
嶽飛形象的界定之前，先要談談這段引文的相關背景。上述這段文字並未被
收入到《魯迅全集》中，也就是說，學界似乎並沒有怎麼認可這篇文章是魯
迅所著。的確，這段談話出自《幾個重要問題》，刊登在 1936 年 6 月 15 日《夜
鶯》1 卷 4 期。根據《夜鶯》編者的附記，「魯迅先生病得很厲害——氣管發
炎，胃部作痛，不能執筆。本文是《救亡情報》記者的一篇訪問記，因爲所
談的都是幾個重要的現實問題，故加上一個題目轉載於此。」〔註11〕筆者就
此線索搜尋，原來這篇《幾個重要問題》是根據《救亡情報》上的《前進思
想家魯迅訪問記》〔註12〕改寫而成，作者署名爲「本報記者芬君」，最初發表
於 1936 年五月卅日第 4 期的《救亡情報》。魯迅逝世後，《救亡情報》在 1936
年 11 月 1 日的「悼魯迅先生特輯」中，引用了訪問記中魯迅話語的部分內容
包括上述引文的一段，題爲《魯迅先生生前救亡主張》。〔註13〕再往後，1936
年 11 月，登太編撰了《魯迅訪問記》一書，選錄了芬君的文章並以此爲書名。
根據筆者搜集到的《魯迅訪問記》版本來看，此書 1936 年 11 月初版，由春流

〔註10〕　魯迅：《幾個重要問題》，《夜鶯》1 卷 4 期，1936 年 6 月 15 日；另見：《魯迅
　　　　　最後遺著》，莽原書屋，1936 年 11 月，第 27～30 頁。

〔註11〕　魯迅：《幾個重要問題》，《夜鶯》1 卷 4 期，1936 年 6 月 15 日。

〔註12〕　芬君：《前進思想家魯迅訪問記》，《救亡情報》第 4 期，第 2 版，1936 年 5
　　　　　月 30 日。後來登太編選此文章時，題目省去了原報最前排的「前進思想家」
　　　　　字樣，故本書後面爲求統一，都採取：《魯迅訪問記》做標題。

〔註13〕　：《魯迅先生生前救亡主張》，《救亡情報》第 24 期，第 1 版，1936 年 11 月 1
　　　　　日。

書店出版，長江書店總售經。後來中國社科院文學研究所魯迅研究室編撰的《1913～1983 魯迅研究學術論著資料彙編》中收入此文，他們沒有搜尋到上述指出的《救亡情報》上的原刊稿，採用的就是登太編《魯迅訪問記》一書中的收錄文章，但他們把此書的總售經的長江書店當成出版者，算是一個小失誤。登太編寫的《魯迅訪問記》1937 年 4 月再版，可見此書在當時的影響力。而且還需著重提及的是，1939 年文化勵進社「盜版」了此書，書的封面頁爲「茅盾等」著，版權頁爲「編者登太」，出版者爲「文化勵進社」，發行者爲「上海大夏書店」，內容和春流書店版一模一樣，後來也有不少人把此書誤認爲是大夏書店出版。簡單介紹了這篇文章的流轉情形和版本概況，再來看這篇訪問記的內容。雖說是署名記者芬君的採訪文章，可是根據文尾的注釋，「本文抄就後，經魯迅先生親自校閱後付印」。〔註 14〕由此可見，文章中援引魯迅的話部分基本上可視爲魯迅自己的創作。而《夜鶯》上發表的編者自擬的《幾個重要問題》，和《救亡情報》上的《魯迅先生生前救亡主張》一樣，就是把芬君採訪文章中的魯迅原話部分摘錄了出來，《夜鶯》上把作者署名爲「魯迅」，故可以算作是魯迅的著作。也正是基於這樣的原因，1936 年 11 月，魯迅逝世後不久，莽原書屋編寫《魯迅最後遺著》，收錄了《夜鶯》上的《幾個重要問題》，把它視爲魯迅臨終前的重要作品之一。〔註 15〕綜合考量，筆者認爲《魯迅全集》應該收入《幾個重要問題》。

回到魯迅的文章本身，魯迅提出的民族解放鬥爭的「戰略的運用」，「有岳飛文天祥式的，也有最正確的，最現代的」。這是魯迅對於救國團體提出的「聯合戰線」問題的態度，也是針對蕭三的「策略」──利用民族主義文學的招牌，復活岳飛文天祥等民族英雄。魯迅對此顯然秉承一貫的見解，他過去把國民黨和「民族主義文藝派」提倡岳飛爲民族英雄的說法視爲「沉滓」，而對於現在黨的領導人和左翼文學界復活岳飛的提法也認爲是和正確的、現代的民族話語相對立。

不過，魯迅對於「岳飛式」的愛國和民族話語的批駁，引起了另外一些人的不同意見。這不同意見並不是出自最早提倡復活民族英雄的「國防文學」

〔註14〕芬君：《魯迅訪問記》，《救亡情報》1936 年 5 月 30 日，第 2 版；另見登太編寫的：《魯迅訪問記》，春流書店 1937 年 4 月再版，第 130～134 頁；再另見，茅盾等著，登太編：《魯迅訪問記》，文化勵進社 1939 年初版，第 130～134 頁。

〔註15〕魯迅：《幾個重要問題》，《魯迅最後遺著》，莽原書屋，1936 年 11 月，第 27～30 頁。

提倡者，而是來自在日本以郭沫若爲首的東京左聯同人。郭沫若重視岳飛等歷史民族英雄的題材可能是出於自己對中國古代歷史文化的熟悉和掌握，和蕭三信和國內黨組織傳達過來的「國防文學」相關情形沒有多大關係，我們無法確切得知任白戈是否把蕭三的建議，尤其是利用民族主義文學所重視的岳飛「策略」傳達給郭沫若等人，但是作爲傳達人任白戈的相關文章和討論講話中，並未看到對於岳飛題材的表述，所以重視岳飛形象在民族話語中的作用就是郭沫若自身的文化趣味選擇。郭沫若的看法似乎比較簡單明確，不是要不要提倡岳飛的愛國行爲，而是要分辨哪些是打著岳飛旗號的秦檜。「這幾年來的事實擺在那兒，究竟誰個是中行說，誰個是秦檜，誰個是賈誼，誰個是岳飛，誰個是眞眞正正地在臥薪嘗膽，誰個是堂堂皇皇地在賣國殃民？」〔註16〕這是郭沫若爲支持國防文學寫的第一篇稿子——《在國防的旗幟下》，這篇文章沒有寫完，也比較不成熟，後來在此基礎上，郭沫若擴充完成了《國防・污池・煉獄》一文，後者也比前者早發表，可以視爲郭沫若的最早公開聲明。在這篇文章裏，郭沫若再次批評了那些打著岳飛「精忠報國」的旗號的秦檜們，即民族主義者和國家主義者，並把他們看做汙池式的愛國主義。

> 污池式的愛國主義在中國自然並不乏人。譬如所謂「國家主義者」的一群，他們一面高唱著「外抗強權」，另一方面又和軍閥勾結起來把認眞「外抗」著「強權」的人認爲「國賊」而要「內除」，事實上他們自己在不識不知之間便成了替「強權」做內應工作的「國賊」，而他們所愛的「國」其實是帝國主義的國。又如「痛哭流涕」的中行說，「精忠報國」的秦檜，臥著鋼絲床，嘗著龍肝鳳膽的句踐主義者，一向也是遍地皆是的。〔註17〕

正是魯迅和郭沫若在岳飛是民族英雄與否態度上有所分歧，東京左聯在有關的「國防文學集談」中，專門涉及了「岳飛式的國防文學」這一話題。林林首先表態：「說到典型問題，國內有所謂岳飛式的典型，好像從前民族主義文學者也曾提出的。不過，我們不是狹義的國家主義者。在這民族危機之下，我們愛國主義者的岳飛，我們尤其愛社會主義的岳飛。在這裡，我們提

〔註16〕郭沫若：《在國防的旗幟下》，《文學叢報》1936 年 7 月 1 日，《「兩個口號」論爭資料選編》上，第 410～412 頁。

〔註17〕郭沫若：《國防・汙池・煉獄》，《文學界》第 1 卷第 2 期，1936 年 7 月 10 日，第 I-IV 頁。

出反對韓光第式的典型。因爲他是替帝國主義進攻『以平等待我的民族』蘇聯。當然，我們的國防文學不應該單以『岳飛式』的姿態出現。」〔註 18〕很顯然，林林所要做的努力是把岳飛爭取到左翼這邊，同時極力發掘「愛社會主義的」現代岳飛。不過，對於這一問題，還是郭沫若來得比較直接，他指出：「魯迅先生把國防文學分爲岳飛式與非岳飛式而立在後者的立場，我看這是有點語病的。我們應該分爲『眞岳飛式』與『假岳飛式』。眞正的岳飛我們是應該歡迎的。只要不是掛羊頭賣狗肉的愛國者，不管是岳飛還是文天祥，我們都應該歡迎的。」〔註 19〕

從郭沫若的這段話，我們可以體察到，郭沫若與魯迅民族話語問題上認知態度的差異。魯迅一貫對岳飛尤其是對於利用岳飛作權勢統治之用不以爲然，蕭三提出「策略」性的迎回岳飛時，魯迅針鋒相對地把岳飛放在了民族話語中「不正確」「不現代」的一類；郭沫若自己對中國歷史文化包括岳飛在內有極大興趣，當魯迅提出對於民族話語中的岳飛復活的異議時，郭沫若針鋒相對地指出了魯迅的「語病」，強調歡迎「眞正的岳飛」。從對待岳飛的不同態度，就可發現魯迅和郭沫若在文化趣味上的差異，郭沫若強調從中國的歷史文化傳統中獲取民族認同的信心和勇氣，而魯迅更強調現代中國的實際鬥爭；作爲曾親身經歷過軍事鬥爭和政治鬥爭的郭沫若來說，他較爲關注政治策略的成敗得失，而對於一直堅守思想啓蒙的魯迅來說，它更強調思想「戰略」上對於中國人的現代塑造。

郭沫若的鮮明表態直接影響了東京左聯贊同國防文學的同人，林林馬上接著郭沫若歡迎「眞正的岳飛」表態說：「郭先生所說的岳飛和魯迅先生所說的岳飛不同，我們歡迎郭先生所說的岳飛。」郭沫若又跟進說：「是應當歡迎岳飛的，現在中國不能不談國防。」〔註 20〕在「集談」結束的總結中，郭沫若再一次強調：只要能反帝的人在目前同是我們的朋友，故爾岳飛也好，文天祥也好，陸秀夫也好，張倉水也好，都值得我們歡迎，我們謳歌。〔註 21〕東京左聯同人在有關「國防文學」的座談會之後，林林繼續大談岳飛爲民族

〔註 18〕郭沫若輯：《國防文學集談》，《「兩個口號」論爭資料選編》下，第 849～850頁。

〔註 19〕郭沫若輯：《國防文學集談》，《「兩個口號」論爭資料選編》下，第 853 頁。

〔註 20〕郭沫若輯：《國防文學集談》，《「兩個口號」論爭資料選編》下，第 853～854頁。

〔註 21〕郭沫若輯：《國防文學集談》，《「兩個口號」論爭資料選編》下，第 873 頁。

精神的象徵。他在《詩的國防論》中稱讚岳飛是「我們中間的一個」,「岳飛的世界觀,是停留在忠君報國上面,但在當時,他確是盡一個最尖端最積極的任務的,岳飛這偉大性格的詩人,我認爲值得目前救亡戰士所崇拜者,有三點」,這三點分別是,「第一點——反抗性,他抱著『精忠報國』的壯志,始終未嘗忘卻了『還我河山』這句標語。」「第二點——智性,他在當時看出了敵人以『中國攻中國』(岳飛語)的奸計,深信抗戰的正當,深信自己的勝利。」「第三點,他完全和士兵人民大眾的利益要求相一致。」林林進一步昇華了岳飛的現代意義:

> 岳飛因爲受著那時代的限制,他的世界觀,不能超過時代的界
> 線,因此,精忠報國的精神,已在前引的《滿江紅》詞中的「朝天
> 闕」,和「歸來報明主,恢復舊神州」這詩句上面充分表現著。但這
> 不能取消了岳飛可紀念的意義。在今日國防戰線的瞭解上,這種「天
> 闕」應該是人民大眾的政府,而「明主」,應該是代表人民大眾利益
> 去抗敵救國的巨大人物。中國已無君可忠,只有國可報,岳飛設生
> 在今日,他定不會忠於君,而忠於人民大眾的吧,他這種眞正的愛
> 國主義,必定是一個徹底的反帝國主義者的。〔註22〕

林林提倡復活岳飛時,既吸收了郭沫若「眞岳飛」的主張,也參考了魯迅的「現代」提議,與魯迅批評岳飛題材的「非現代」不同,林林希望把岳飛思想中的陳腐觀念用現代理念去代替,用人民大眾替換君王。應該說,這是一個美好的構想,問題在於如何貫徹到文學的實踐中,這恐怕不是一個簡單的問題。

總而言之,左翼文學界從階級話語轉向民族話語轉變過程中,提出了重視岳飛題材和恢復岳飛民族英雄的主題。它首先是由蕭三寫信作策略上的建議提出,對於蕭三信國內左翼很多人是當做政策指示來執行的,因而在國防文學倡導中相應地提出了重視岳飛題材的主張。不過,很顯然這種主張受到了過去一直批判「岳飛式」愛國的魯迅的反對。在魯迅看來,過去國民黨及其右翼文人提倡岳飛書寫表現的是一種奴才文化、忠順道德;現在左翼人也提出並讚賞岳飛的愛國行爲,這種「非現代」的行爲可能會會成爲民族解放鬥爭失敗的源泉。這體現出了魯迅對於啓蒙運動的堅守,對於國家主義可能造成壓制「人」的行爲的警惕。因而,在魯迅眼裏,不論是哪方提出復活岳飛的主張,都是沉滓的

〔註22〕林林:《詩的國防論》,《質文》第 2 卷第 2 期,1936 年 11 月 10 日,《「兩個口號」論爭資料選編》下,第 947～960 頁。

泛起，都是非現代的奴才文化的體現。而郭沫若出於對中國傳統文化的喜愛，也因爲對民族話語爭奪中策略的重視和運用，提出了和魯迅針鋒相對的「眞岳飛」主張。由此也可看出，在向民族話語轉變過程中，魯迅和郭沫若的文學趣味、關注焦點、思維方式都有很大的不同，這也體現在他們後來在民族話語上的分歧。林林企圖在綜合魯迅和郭沫若的態度上，提出了把岳飛形象中的民族話語和左翼文學的價值觀、和社會主義價值觀連接起來。應該說，這是很美好的構想，卻不容易實現。因爲，但凡某一類題材的流行，它勢必會形成一種價值傳統，不是說左翼人就不能夠在流行的岳飛題材上重新建構一種新的價值觀，但問題就在於左翼人對於岳飛民族形象的提倡只停留在理論探討的階段，而根本沒有進入到文學的創作實踐中去。而當時，社會上已經形成了大規模的岳飛題材傳統，結合蕭三的建議和魯迅的批評我們可得知，岳飛原本是國民黨和「民族主義文藝」的傳統題材，因此當我們評析左翼文學界內部關於「岳飛式」民族話語的分歧時，我們不能不跳出左翼文學來關注岳飛題材流行的原因尤其是右翼文人對於岳飛的書寫。

第二節　國家主義話語中的「岳飛」宣傳

　　岳飛類題材著作在民國時期非常受歡迎。根據筆者搜集到的民國時期編著的有關岳飛題材類著作，最早是孫毓修著的《岳飛》，這本書是面向少年兒童和普通民眾的。它由商務印書館 1913 年 9 月初版，筆者同時還搜集有 1915 年 10 月的第三版，1917 年 9 月的第五版，1922 年 6 月的第十版，此後民族危機更嚴峻時估計還應有若干版本。1944 年，商務印書館在孫毓修原編寫的基礎上，由郭箴一改編出版了新的《岳飛》，新版的《岳飛》歸屬於商務印書館出版的「少年叢書」。此書出版後幾乎年年再版，並後有改版，可見《岳飛》一書影響之大，尤其是作爲少年叢書的影響力。此書大致講述岳飛生平，流露出濃厚的漢族中心主義思想。同時面向兒童的還有 1936 年章衣萍編著的《岳飛》，〔註 23〕由兒童書局出版發行，此書 1936 年 7 月初版，筆者搜集到的還有 1939 年 8 月的第十三版，1940 年 3 月的第十四版，1949 年的第十六版。

〔註 23〕此書的版權頁爲章衣萍編著，發行者爲張一渠，印刷出版爲兒童書局，不過書的封面編著者卻是他的妻子吳曙天，看來那個時候也有一種成果多種演算法的方式了。

這本《岳飛》隸屬於兒童書局出版的「中國名人故事叢書」系列，也主要是
針對少年兒童的通俗讀物。此書在戰時出版業不景氣的情形下，再版近 20 次，
同樣可見其影響力之大。大體說來，最早的最有影響的一些岳飛類書都主要
是面向少年兒童的——魯迅所批評過的，登錯地方弄錯對象。此外，民族危
機嚴峻時，面向少年兒童的更多。褚應瑞的《岳飛抗金救國》〔註24〕和《精
忠報國的岳飛》〔註25〕都由上海民眾書店出版，其中《精忠報國的岳飛》還
被世界書局作爲「中國歷史故事」系列初版，扉頁還印有「小朋友這些書都
是你最喜歡的，高小初中及民眾學校適用」。〔註26〕白動生的《岳飛》，由正
中書局在 1936 年出版，後在重慶重新出版，此書爲「正中少年故事集」中的
「歷代先賢先烈故事集之五」。〔註27〕孔繁霖的《岳飛》，是針對青年的思想
培養，此書爲青年出版社的「青年模範叢書」之一，初版本不詳，筆者搜集
到的是 1946 年的再版。本書除了介紹岳飛生平事迹外，最後一章是談岳飛對
於當今的影響，題爲「岳飛留給我們的，是什麼？」作者總結了 5 點，第一
點「是他的艱苦奮鬥」，尤其是在「剿匪」方面的艱辛努力。第二點「是他事
親的孝順」，第三點「是他持身的清廉」，第四點「是他寬宏的度量」，第五點
「是他治軍的嚴明」，尤其是岳飛的治軍要訣，「仁、智、信、勇、嚴，缺一
不可」，作者認爲，當時的人們應該學習岳飛的優秀品質，「繼續爲保衛國家
民族而奮鬥」！〔註28〕

　　岳飛類書非常暢銷尤其是面向少年兒童的，這樣出版岳飛類書成了一些
大型的商業出版機構的自然選擇。除此之外，涉及岳飛題材出版的就是和國
家政府關係密切的一些出版社如正中書局、青年出版社等。事實上，在普及
和宣傳岳飛民族英雄形象的過程中，國家政府起到了極爲重要的作用。尤其
是在中日民族矛盾嚴峻的時刻，利用岳飛來進行民族的動員和宣傳，成爲國
家主義話語的一個主要表現形式。1933 年由管雪齋編述、白鳳軒發行、漢口
文德印刷公司印刷了《岳武穆》一書，內容同樣是介紹岳飛生平，馬占山、
王以哲、蔣光鼐等人爲此書題辭，在武漢地區很是流行。1935 年由審選者李
劍虹、編輯者袁清平出版的四大民族英雄故事系列《岳文戚史集》，此書由軍

〔註24〕褚應瑞：《岳飛抗金救國》，上海民眾書店，1939 年。
〔註25〕褚應瑞：《精忠報國的岳飛》，上海民眾書店，1942 年。
〔註26〕褚應瑞：《精忠報國的岳飛》，世界書局印行，出版時間不詳，見扉頁。
〔註27〕白動生：《岳飛》，由正中書局在 1936 年初版，1943 年重慶第 4 版。
〔註28〕孔繁霖：《岳飛》，青年出版社，1946 年再版，第 109～113 頁。

事新聞出版社 1935 年初版，1936 年再版，由古今圖書社發行，臺北新文豐出版公司 1979 年再次出版。岳飛研究會編撰專門研究岳飛文章，引用此書時，把此書的發行者古今圖書社誤作出版者。〔註 29〕《岳文戚史集》中岳飛章節大致講述岳飛生平事迹，並附有岳飛詩詞、奏疏等，書的前面有馮玉祥親筆題字「民族模範」（見文後附圖），封底有宣傳字樣：「各軍政機關學校團體所必備；是復興民族挽救危亡的必讀之書！」〔註 30〕由無夢、易正綱編著的《中國軍神岳武穆》，此書 1935 年 5 月由汗血書店出版，爲汗血小叢書之一。汗血書店於 1934 年成立，是民族主義文藝派的專屬出版機構，辦有《汗血月刊》、《汗血周刊》、《民族文藝》月刊、《國民文學》等民族主義文藝派雜誌；汗血書店還有和《中國軍神岳武穆》同時出版的，旨在宣揚愛國主義甚至還有類似軍國主義傾向的一些書籍，如《縱橫歐亞的成吉思汗》、《秦始皇之民族的功業》、《唐太宗之精神及其事業》、《平倭名將戚繼光之生活批評》、《漢武帝》、《抗金護宋的民族英雄李綱》《史可法的精神事業》等等。〔註 31〕在《中國軍神岳武穆》的第一部分就探討「民族和民族英雄」，民族英雄對於一個民族是不可或缺的，民族英雄不論成敗，「皆是使民族精神吐著萬丈的光芒，民族意識由消沉而振作。」〔註 32〕

除上述之外，介紹岳飛生平故事的還有，范作乘的《岳飛》，中華書局 1935 年初版，1943 年 6 月在重慶重新出版；〔註 33〕彭國棟的《岳飛評傳》，由商務印書館在 1945 年 9 月重慶初版，1945 年 11 月上海初版，1947 年上海再版，〔註 34〕後臺北中正書局重新出版，並再版數次；由《古本小說集成》編委會編撰的「古本小說集成」系列中，關於岳飛的就有《岳武穆盡忠報國傳》和《武穆精忠傳》。此外，還有大量的「民族英雄」類書籍，如當時較爲流行的《民族英雄百人傳》、《民族英雄故事》（雅苑出版社）、《民族英雄剪影》（戰

〔註 29〕見岳飛研究會選編：《岳飛研究》，浙江古籍出版社，1988 年 1 月第 1 版，第 427 頁。
〔註 30〕李劍虹審選、袁清平編輯：《岳文戚史集》，軍事新聞出版社，1935 年初版，正文前頁和封底頁。
〔註 31〕有關汗血書店和民族傳統英雄的闡釋是一個很有意義的話題，留待他文詳述。
〔註 32〕無夢、易正綱編著：《中國軍神岳武穆》，汗血書店出版，1935 年 5 月，第 3～4 頁。
〔註 33〕范作乘：《岳飛》，中華書局 1935 年，1943 年重慶版。
〔註 34〕彭國棟：《岳飛評傳》，由商務印書館在 1945 年 9 月重慶初版，1945 年 11 月上海初版，194 7 年上海再版。

時文化社）、《民族英雄史話》（黃埔出版社）、《中國歷代民族英雄傳》（大方書局）、《中國歷史上之民族英雄》（商務印書館）等書中，岳飛當仁不讓的佔據重要位置。

由此可見，在民國時期尤其是 20 世紀 30 年代以後，伴隨著民族危機的加劇，弘揚岳飛民族氣節的傳記在社會上大量出現，有旨在針對少年兒童的、有意在塑造青年模範的、有針對軍事團體的、也有面向普通民眾的。出版岳飛類傳記叢書的有運作很好的商業出版社，也有和國民黨政府關係密切的「官方」出版機構。總體而言，在宣傳岳飛的民族話語中，國家體制和商業運作走在了一起，共同奠定了岳飛的民族英雄楷模地位。

但很顯然，不論是針對哪一類讀者群體，在岳飛形象的塑造和宣傳上，國家話語佔據了主導地位。在岳飛式的愛國描寫中，安內剿匪和外抗強敵被同等重要的宣傳出來。例如，在章衣萍的《岳飛》中，提到岳飛的愛國精神時強調對內對外兩方面，「他知道金兵準備攻打中國，他知道國內有許多盜匪，中國的地位是很危險的，他是一個中國人，當然應該擔負救中國的責任。」〔註35〕孔繁霖的《岳飛》中，佔據篇幅最多的是「為安內掃除強盜」一章，強調岳飛在剿匪方面的卓有成就。書中的諸如此類描寫，「政府對於剿匪工作，要他一面以軍事的力量擊滅愚頑不化的惡匪；一面又以政治的方法寬懷他們，只要他們棄惡就善，政府絕不追究既往，容許他們自新，總之，希望很順利的在最短時間把這個大患掃除。」〔註36〕和其他岳飛傳記中剿匪側重不同，作者強調的是岳飛如何先掃除「江西的」、「最壞的匪首」，然後再去收拾「福建」的匪徒。這些描述誠然是岳飛時代宋史的闡釋，但很顯然針對當時的政治，映像意味昭然若揭。

第三節　右翼文學中的「岳飛」書寫

正是由國家意識話語所主導的岳飛宣傳，直接影響到了岳飛題材的文學創作，尤其是對當時傾向國家主流意識形態的右翼文學而言，岳飛故事成為他們最青睞的題材。例如「民族主義文藝」的重要刊物《奔濤》雜誌上多有刊載岳飛類題材小說，共計有魏韶蓁的《刺背》和《遺恨》，竹均的《朱仙鎮》

〔註35〕章衣萍編著：《岳飛》，兒童書局，1936 年 7 月初版，第 24 頁。
〔註36〕孔繁霖：《岳飛》，青年出版社，1946 年再版，第 39 頁。

等。《奔濤》是由魏韶蓁創辦的一份文藝刊物，魏韶蓁也成爲書寫岳飛故事最得力的一位。《刺背》敘述少年岳飛拒絕楊麽派人來動員入夥的拉攏，楊許之金錢珠寶，岳飛的回答是，「想乘我現在窮困的時候，來動搖我的意志，汙我的清白，他們太瞧不起人了。」「承你的好意，感激得很！但可惜你們看錯了人，我岳飛只知道忠義，豈是利祿所能動搖的嗎？我不能做國家的罪人，請你收起吧！」母親和岳飛商量，爲了讓姦人們死心，爲明志，特在背上用針刻下四個大字，「精忠報國」，並淋醋和墨，這樣就永不褪色。刺背的過程中「岳飛感覺背上一陣奇痛，不由自主的牙關咬緊。但是，他並不覺得苦，反而感著非常的暢快，在他的眼前，四個紅字——『精忠報國』，慢慢地，慢慢地擴張了開來，現出一個光明燦爛的境域。」〔註37〕《遺恨》講述岳飛部將施全刺殺奸賊秦檜未遂，被捕後大罵秦檜，後撞死於秦檜轎柱的故事。〔註38〕此外發表在《奔濤》1卷5期上，由竹均創作的《朱仙鎮》，取材岳飛接到召回金牌後離開朱仙鎮的情形，描寫岳飛如何不顧部將和工商士農爲代筆的朱仙鎮百姓的挽留，明知返京有危險毅然爲忠孝所驅。竹均的小說對於岳飛的忠孝觀念都給予了充分肯定。

比較有影響的關於岳飛的文學書寫當屬戲劇領域中顧一樵的《岳飛》和谷劍塵的《岳飛之死》。

顧一樵不怎麼爲人所知，他的原名顧毓琇卻爲人們所熟識。顧毓琇是鼎鼎大名的科學家，國際公認的電機權威和自動控制理論的專家，4年時間拿到麻省理工學院的科學學士、碩士、博士學位，創造該院記錄，也是第一個獲得該校科學博士的中國人。當然，人們更熟知他則因爲他是江澤民敬重的老師。不過，人們往往忽略的是他的文學人生和他對於中國現代話劇的開創意義。1921年1月，作爲「文學研究會」的首批成員，顧毓琇積極參與了外國小說和戲劇的譯介工作，1923年創作四幕劇《孤鴻》，刊載於《小說月報》，〔註39〕頗受好評。1923年留學美國後，和留美的聞一多、余上沅、熊佛西等往來密切，意氣相投，共同倡導「國劇運動」。1929年回國，目睹中國民族危機的加劇，相繼寫下歷史劇《項羽》、《蘇武》、《國殤》、《西施》等，尤其是目睹1932年的一二八戰火後，顧義憤填膺，於3月9日完成四幕劇《岳飛》，5月4日重新改舊劇本《西施》。

〔註37〕魏韶蓁：《刺背》，《奔濤》1卷1期，第24～27頁。
〔註38〕魏韶蓁：《遺恨》，《奔濤》1卷4期，第184～188頁。
〔註39〕顧一樵：《孤鴻》，《小說月報》，第14卷3號，1923年3月。

1932 年七月，顧毓琇把《荊軻》、《項羽》、《蘇武》、及《嶽飛》結集一起，名爲《嶽飛及其他》，〔註40〕交由新月書店出版。1939 年，顧修改《嶽飛》，並於 1940 年 4 月由重慶商務印書館出版單行本，後再出 2 版、3 版，〔註41〕4 月 1 日至 4 月 5 日，《嶽飛》由國立戲劇學校在重慶國泰大戲院公演。「5 日早場，由國民外交協會招待英、美、法、蘇大使及其他外交使節，並各贈以『還我河山』紀念旗幟，尤空前盛況。」〔註42〕據作者事後回憶，「英國駐華大使卡爾爵士特函余上沅致謝道賀。」〔註43〕《嶽飛》還曾被改編爲京劇在北碚上演，顧親臨觀賞，此外還曾被改編成各種地方戲上演。還有一點需要提及，那就是自全面抗戰爆發後，顧一樵就上調教育部任次長，由此可說明他和當時國家主流意識的密切關係。

　　《嶽飛》共計 4 幕，第 1 幕講述朱仙鎮大捷，其中金軍軍師哈迷蚩被活捉、受審是第 1 幕最精彩的片段，其中的「中蕃」之別可見作者的民族主義表述：

　　　　　（張憲押哈迷蚩上，哈穿著諸葛亮式道袍，但總不免有些番氣。

　　牛皋見了番賊，正如餓虎見了羊一般。）

　　牛：番賊還不下跪嗎？

　　哈：（態度倔強，說著番音的中國話）我看你們早晚要投降我們大金
　　　　朝的，還是好好待我以上賓之禮，我將來包管還可以保證你們
　　　　陞官發財呢？

　　牛：胡說，還不下跪，你要到太歲爺頭上動土嗎？（說著便要自來
　　　　動手）

　　哈：不要這樣麻麻虎虎。

　　牛：我牛皋從來不麻麻虎虎，今天非剜你的心肝不可！（眞要動手了）

　　哈：（跪下哀求）元帥，饒命罷。

　　　　　（眾皆看著好笑，牛皋放了手坐起堂來。）

　　牛：不要做醜態了。本將軍且不殺你，快快通報姓名來。

　　哈：我叫……

〔註40〕顧一樵：《嶽飛及其他》，新月書店，932 年 7 月初版。
〔註41〕顧一樵：《嶽飛》，商務印書館，1940 年 4 月初版；另，1943 年 8 月第二版，
　　　　1945 年 12 月第三版。
〔註42〕顧一樵：《嶽飛初演後記》，《嶽飛》，商務印書館，1940 年 4 月初版，第 81 頁。
〔註43〕顧毓琇（顧一樵）：《戲劇與我》，《顧毓琇戲劇選》，商務印書館，1990 年 3
　　　　月第 1 版，第 354～358。

牛：番賊，不許稱呼我……我……的！

哈：那麼……該稱呼什麼？

牛：應該自稱番賊，小賊或是小番才對。

哈：小番……小番名叫哈迷蚩！

牛：(聽了笑不可抑) 好一個名字……哈……哈哈……哈迷蚩，哈哈，
　　哈哈。

哈：岳爺爺在上，小番哈迷蚩有禮了。

韓：下面小番倒是知禮。

岳：這就是金兀術的軍師，哈迷蚩。〔註44〕

　　這段對白自大中透著自卑，戲謔中隱藏著無聊。其中對於中國語言、文化、習俗認同的優越感和自豪感淋漓盡顯，對於所謂的「藩氣」、「藩名」的嘲笑和貶低也可看出民族主義的固守一面；對於辱罵藩人為孫子的描繪也看出民族話語中對於人的尊嚴的蔑視。不管怎麼說，劇作對於中藩之別的強調也體現出作者培養國人民族精神的苦心，中藩之別最重要的在於道德。作者對於岳飛道德氣節的高度讚揚，認為其是中國文化精神的代表，有這樣的精神發揚，中國豈能亡。而秦檜夫妻之所以賣國叛國，就在於他們把中國的傳統道德淪喪。不過，顧一樵終究是留學歐美，中國道德文化的眷戀和西方自由文明的嚮往，曖昧不清地投射到交戰的大宋和金國雙方。劇中有一段關於哈迷蚩見秦檜夫人描寫，哈說你們貴國男女很不自由，那麼夫人見我豈非不合禮節呢？秦檜夫人的回答是，軍師是金邦人，我也依金邦的規矩。這時哈看到了秦檜夫人的婢女若蘭，於是有了下面一段精彩對白：

哈：夫人，請問這位是誰？

夫人：是我的小婢。

哈：什麼叫小婢？

夫人：就是丫頭。

哈：什麼是丫頭？

夫人：哦，外國沒有這個丫頭的制度？丫頭就是不自由的少女，在
　　　家侍候老爺太太的。

哈：哎，這不但不自由，並且不平等！

〔註44〕顧一樵：《岳飛》，商務印書館，1940年4月初版，第11～13頁；另見顧一樵：
　　　　《岳飛及其他》，新月書店1932年7月初版，第8～10頁。

　　夫人：是的，金邦沒有丫頭就是平等。〔註45〕

　　僅從這段對白來看，秦檜夫人依照金邦的規矩不避諱男女的種種規矩，並且認可「自由平等」的人與人之間的準則，這似乎是一段現代普世價值對於中國民族文化痼疾的勝利。至少可以看出留學美國多年的作者於中西之間，在普世的價值理念和傳統的文化觀念之間的複雜態度。不過，作者很快戳破了所謂的金邦的平等自由以及秦檜夫人對此的嚮往，秦檜夫人願意把若蘭打賞給哈迷蚩，以免秦檜要納妾若蘭，她還提出在把岳飛弄死並在宋金議和成功後，要求把四太子韃辣貝勒賞給她幾天。

　　這樣，作者通過對於秦檜夫婦淫蕩行徑的誇張式強化，激發人們對於他們的憎惡，淫行禍國自然又讓讀者上陞到一種道德的譴責。在作者看來，岳飛的「精忠」和秦檜夫婦的「失德」形成鮮明對照，儘管劇中也曾有所暗示秦檜之上還應有宋帝負責，不過作者過多對秦檜夫婦道德淪喪的譴責，尤其是秦檜夫人淫蕩失德的描述，在一定程度上削弱了對於岳飛悲劇實質的把握。也可以說，作者探討的並非是岳飛悲劇的問題，而是通過對於岳飛的「精忠報國」悲壯行為的讚頌，激發國人對於中國傳統文化美德的認同和對於劣德的摒棄。僅就客觀效果而言，最早寫成於一二八事變之後，發表在十九路軍出征之際的《岳飛》，本應有更好的主題展開，遺憾的是作者並未很好的把握，但恰逢其時的劇作題材引起轟動反響則是可預料到的。抗戰時期，作者重出單行本，和顧一樵來往密切的余上沅親自部署戲專學生趕排此劇赴重慶公演，並招待外國使節觀看。這可看出，國家意識形態不僅把此劇作為民族主義的國內動員，也把其視為向外表明自我民族氣概的體現。

　　谷劍塵是中國現代戲劇界又一個重要的人物，20世紀20年代他和應雲衛等成立上海戲劇協社，在洪深之前首任排演主任，是該社的早期負責人。後在江蘇省教育學院擔任戲劇講師和教導員，抗戰爆發後任教國立戲劇專科學校。谷劍塵一直致力於民眾戲劇實踐活動和理論探索，著有《民眾戲劇概論》，〔註46〕影響很大。谷劍塵和民族主義文藝派的關係比較密切，似乎可以算作20世紀30年代民族主義文藝派中的一員，例如他的《怎樣去幹民族主義的民眾戲劇運動》，發表在民族主義文藝的著名刊物《前鋒月刊》1卷4期。〔註47〕

〔註45〕顧一樵：《岳飛》，商務印書館，1940年4月初版，第41～42頁。
〔註46〕谷劍塵：《民眾戲劇概論》，民智書局，1934年。
〔註47〕谷劍塵：《怎樣去幹民族主義的民眾戲劇運動》，《前鋒月刊》1卷4期，第188

在《岳飛之死》的引言中谷劍塵也提到寧願被罵為「民族主義的走狗」，也要把岳飛的「忠實」表現出來，而不願用過新的「進步的世界觀」來認定「岳飛是一個軍閥」。〔註48〕

在劇本中，作者筆下的岳飛確實非常切合民族主義文藝觀，例如岳飛中毒臨死前留給兒子岳雲的遺言就可見一斑：

> 當時，……聖上啟用我……的時候，我就主張「攘外必先安內」的政策，……所以，我第一步，就剿滅了楊麼，第二步便是……攻破……僞齊劉豫，……楊麼死了，劉豫敗了，我以爲內是已經安了。可萬萬想不到還有比楊麼和劉豫更惡萬分的秦檜在朝廷！……我沒有本事徹底安內，做一番清君側的工作，……所以我才有今天的結局，……雲兒，……我生平沒有什麼忘不了的事，只有……這一點可算是我的遺憾了！〔註49〕

這其中的「攘外必先安內」正是當時國民黨的政策。不過，這不僅僅是作者有意來迎合時局，根據作者的說法，「寫《岳飛之死》曾做過這些功夫，讀過和這些題材有關係的書籍」無數，包括當時社會流行的記載岳飛生平事迹的書，如商務印書館的少年叢書《岳飛》。當然，作者也聲稱他的《岳飛之死》雖依據大量的史實材料，但也考量當時的社會環境和戲劇的舞臺效果，是把有關岳飛的正史和野史以及演義類小說的材料綜合起來運用。〔註50〕岳飛口中的「攘外必先安內」這一說辭是當時國民黨的主流思想，但是作者依據的也是岳飛的真實態度。岳飛時代的社會現實和20世紀30年代的民國有很大的類比性，一樣內亂外患。

在當時，岳飛面對內亂外患的現實，他主張先全力剿除內寇，不可有仁心招安之念。爲此岳飛曾上奏道：「臣竊惟內寇不除，何以攘外；近效多疊，何以服遠。比年群盜競作，朝廷務廣德意，多命招安；故盜亦玩威不畏，力強則肆暴，力屈則就招。苟不略加剿除，？起之眾未可遽殄。」〔註51〕內寇

～204頁。

〔註48〕谷劍塵：《岳飛之死》，中華書局1936年6月，引言第1～12頁。另，說岳飛是軍閥的觀點，見呂思勉最早寫的是：《白話本國史》，其中提出岳飛是軍閥，呂思勉：《白話本國史》三，商務印書館，1923年。

〔註49〕谷劍塵：《岳飛之死》，中華書局，1936年6月，第137～138頁。

〔註50〕谷劍塵：《岳飛之死》，中華書局，1936年6月，引言第1～12頁。

〔註51〕〔宋〕岳珂編，王曾瑜校注：《鄂國金佗稡編續編校注》上，卷第五，中華書

剿除是精忠報國第一步，其次才是抗擊外敵，收復失地，迎回二聖。在岳飛看來，攘外必先安內。岳飛曾在翠岩寺題詩云：「秋風江上駐王師，暫向雲山躋翠微。忠義必期清塞水，功名直欲鎮邊圻。山林嘯聚何勞取，沙漠群凶定破機。行復三關迎二聖，金酋席卷盡擒歸。」〔註52〕對於當時的皇帝高宗來說，對內剿匪他肯定贊同，而外抗胡虜則不必用盡全力，至於迎回二聖，衹是岳飛的不識時務之舉。因而後人常讚頌，尤其是民國時期高贊的岳飛「精忠報國」更多是因爲他對內的剿匪。並且爲此，高宗曾御賜岳飛衣甲、兵器等無數，並「賜御箚於旗，曰『精忠岳飛』，令行師必建之。」高宗親筆書寫「精忠岳飛」四字繡成一面軍旗，此後這面「精忠岳飛」軍旗就成爲岳家軍的法寶，盜匪望此旗，無不聞風而逃或乞降歸順，岳家軍由此也越來越壯大。〔註53〕這面旗幟大概就是後人讚頌岳飛的「精忠」由來，並由此混淆岳飛背上刺字「盡忠報國」，成爲「精忠報國」。〔註54〕

由此可見，寫作《岳飛之死》前曾深入研究岳飛的谷劍塵，很清楚地知道，「攘外必先安內」的思想可能爲岳飛首倡。其實，蔣介石所提出的「攘外必先安內」很有可能也出自岳飛那裡。據蔣介石自己公開宣稱，他最佩服的歷史人物就是岳飛，九一八之後，蔣介石常以岳飛自勵，以安內爲先。國民黨裏，常有不少人自比岳飛，對內剿匪，對外抗敵。在這個背景下，再來看《岳飛之死》的主題，毫無疑問是貼近國民黨的主流意識。通過劇作，作者傳達出來的是，危害民族國家的是內賊而非外敵，強化統治者的統治力可能才是這部劇作眞正的主旨。

其實不獨谷劍塵戲劇中的岳飛如此，但凡涉獵岳飛題材的小說、傳記，大都是爲了強化國家統治權威和民族認同。所以過去書寫岳飛題材的常常被指責爲民族主義文藝派，這也並非無的放矢。儘管在《岳飛之死》引言中，谷劍塵對於別人的指責不以爲然，但從主旨來看，他的創作卻是和民族主義

　　　局 1989 年 2 月，第 176 頁；另見：《鄂國金佗稡編續編校注》下，中華書局 1989 年 2 月，卷第十，《招曹成不服乞進兵箚子》，第 836 頁。
〔註52〕〔宋〕岳珂編，王曾瑜校注：《鄂國金佗稡編續編校注》下，卷第十九，《題翠岩寺》，中華書局 1989 年 2 月，第 979 頁。
〔註53〕〔宋〕岳珂編，王曾瑜校注：《鄂國金佗稡編續編校注》下，卷第十九，中華書局 1989 年 2 月，第 1420～1421 頁。
〔註54〕〔宋〕岳珂編，王曾瑜校注：《鄂國金佗稡編續編校注》上，卷第四，中華書局 1989 年 2 月，第 67 頁。

文藝派很是接近，而且他的回應似乎也驗證了他自認爲民族主義文藝派的一員。民族主義文藝派大都把岳飛的「安內剿匪」和「攘外抗敵」看得同等重要，甚至前者比後者更緊急。例如《奔濤》雜誌上幾篇岳飛題材的小說主題也是如此，很多岳飛的傳記故事集也大都含有這樣的主題。

通過對於諸多岳飛題材的文學作品考察分析，我們不難發現，岳飛是傾向國民黨的右翼文人的天然好題材。岳飛的史實事迹，精神理念也很符合當時國民黨的政策。所以，國家和政府一方面大力宣揚岳飛，文藝創作上也有相應的配合創作。而且這些岳飛題材的作品以及岳飛傳記，都更多是強調岳飛的剿匪之功，肯定剿匪即爲「精忠報國」的最大體現，這樣的創作主題恰恰也符合如我們上述所考證的岳飛「精忠報國」的由來。這的確是加強國家統制在文藝創作上的體現，但這理念明顯和啓蒙思想背道而馳，有悖於現代民主觀念。這也是爲什麼魯迅不遺餘力批評岳飛以及岳飛題材創作的緣由，儘管郭沫若提出「眞岳飛」，林林倡導創作出社會主義的岳飛，但他們更多停留在口號的呼喊上，如何把岳飛史實納入到左翼視野的創作中，恐怕是一件很難完成的命題。

第四節　左翼從「岳飛式」到「水滸式」民族話語的演變

岳飛民族英雄的題材創作很明顯不利於左翼，以它爲題材的文學作品和傳記恰恰體現出用民族主義的立場，對於左翼「匪亂」的指責。左翼文學界儘管很想策略性地利用岳飛書寫來擴展自己在民族話語上的權利和影響力，儘管理論上倡導得很熱鬧卻無法付諸文學實踐。就在這當中，一個很個別的寫作倡議出現在左翼文學的民族話語中，這就是周木齋提出的《水滸傳》是「國防文學」的代表，可以圍繞著水滸英雄進行民族話語的表達。1936 年 6 月 5 日，周木齋在《文學界》上發表《〈水滸傳〉和國防文學》。《文學界》的創刊號堪稱「國防文學」的一個專刊，上面發了一組提倡「國防文學」的理論文章，有何家槐的《文藝界聯合問題之我見》、周揚的《關於國防文學》、茅盾的《想到什麼就寫什麼》，以及周木齋的《〈水滸傳〉和國防文學》，除此之外，還有詳細論述《賽金花》爲「國防文學」標本的《〈賽金花〉座談會》，這部分內容下章詳述。

　　周木齋在文章開篇提到，「《水滸傳》是反抗官僚的文學作品，也是國防文學的作品。」很顯然，水滸英雄們雖然也面臨嶽飛式的忠君，但他們比嶽飛更多一層強烈的抗爭統治者的精神，尤其是被後人們演繹的神乎其神的水滸英雄的俠義之風，爲積弱的宋朝帶來尚武之力。嶽飛剿匪被認爲是「精忠報國」，這顯然是統治者的態度；水滸英雄們抗擊官僚的忠義，這顯然符合下層民衆的期待。周木齋也在文章中認爲，「《水滸傳》的一百單八個好漢，大致可以說是流氓無產者的集團，他們都講義氣，這個誰也承認。他們反抗官兵，怎麼也能說忠呢？原來他們所反抗的，祇是貪官污吏，土豪劣紳，這就表示他們忠於國家，忠於民族，他們的忠才是眞正的忠，不是統治階級用以統治，欺騙，麻痹的忠。」周木齋指出儘管「他們受時代的限制，沒有形成正確的國家觀念和民族意識」，但往後人們每逢民族危機之時，常常「秋風思猛士」，這也就是《水滸傳》被稱爲「國防文學」的原因。周木齋似乎對於《水滸傳》頗有研究，包括對於《水滸傳》的版本演化，旁徵博引，指出《水滸傳》爲何到《忠義水滸傳》。周木齋的意思很明顯，反抗官僚的水滸英雄看似「不忠」但恰是忠於民族國家的體現。〔註55〕

　　當然，周木齋提出《水滸傳》爲「國防文學」，是否有意針對當時社會上的嶽飛類題材，我們不得而知。也可能僅僅是周木齋對水滸感興趣，反正有人來邀他寫支持「國防文學」的文章，他就以自己所長示之，根據筆者搜集，周木齋曾在《文學》上發表《金聖歎與七十回〈水滸傳〉》；〔註56〕又或許，作爲國防文學主要陣地的《大晚報》的編輯兼《火炬》副刊的負責人，他的這篇文章僅僅祇是一個並無多少深意的表態。不過以今天的後見之明來分析，嶽飛和水滸英雄誰更稱得上民族英雄，這的確是饒有趣味的對比。水滸英雄和嶽飛所處時代基本一致，他們骨子裏的「忠君」（抑或換成愛國）一致，但表現形式卻有較大差異。嶽飛把剿匪當做愛國和民族大義體現，而水滸英雄則把抗擊官僚甚至對抗政府看做是民族大義的體現。由此，左翼文人和右翼文人的選擇傾向則無須多說了。

　　事實上，雖然周木齋提出《水滸傳》爲國防文學是一個極其特殊的個案，曾受到左翼文人內部的冷嘲熱諷，自己人也覺得底氣不足，但這並不妨礙水滸

〔註55〕周木齋：《〈水滸傳〉和國防文學》，《文學界》創刊號，1936 年 6 月 5 日，第 134〜137 頁。

〔註56〕周木齋：《金聖歎與七十回〈水滸傳〉》，《文學》第 3 卷 6 期，1934 年 12 月。

後來成爲左翼陣營中的一個熱門題材。當然時間、地點以及政治背景不再是1935～1937年間的上海，而是抗戰時期的延安等抗日民主根據地，即後來所稱之爲的解放區。再沒有比梁山及水滸英雄們能更貼切地隱喻延安及其共產黨事業，如果說上海的民族話語更多是全國性的、甚至糾纏著殖民的世界性的，那麼岳飛所主導的國家主義式的愛國自然會受到重視，而偏居延安的共產黨人則肯定欣賞被逼迫盤踞於梁山的英雄們。當然還有一個無法忽略的重點，蔣介石最佩服的是岳飛，而毛澤東最喜歡的則是敢於反抗的梁山好漢，這又是一組頗有意味的對比。毛澤東喜好《水滸》，人所皆知，他幾乎是逢人就推薦《水滸》，打土豪後首先搜尋的是《水滸》書，長征路上帶著的也不是馬克思、列寧的著作，而是水滸英雄們的傳奇故事。〔註57〕有關毛澤東喜好「水滸」的例子不勝枚舉，不過需要特別提到的是毛澤東對於岳飛和水滸英雄們的態度比較，毛澤東曾向他的「過激派」老師李漱清先生談起他的讀書感想：

> 歷代遺留下來的這些歷史小說和神話故事，精華與糟粕並存，有的地方他的確非常喜歡，然而有的地方又讓人看了很是掃興，還有的甚至叫人很生氣。他很喜歡李逵、武松、魯智深這些不畏強暴的英雄好漢，十分痛恨高俅、童貫、蔡京這些欺壓百姓的奸臣。他認爲牛皋比岳飛有氣魄，岳飛比不上他。岳飛明明知道秦檜要加害於他，卻偏要跑到風波亭去送死；牛皋的膽子大得多，他敢於拉起人馬，上太行山落草，造皇帝老子的反……〔註58〕

在毛澤東看來，岳飛似乎是讓人掃興的糟粕之所在，而水滸英雄們也包括類似的落草牛皋都是他的所愛。不難預見，毛澤東本人對於《水滸傳》的強烈喜好、水滸英雄的造反精神都會成爲共產黨人文學創作的熱門話題。延安平劇研究院就是在毛澤東的支持與帶動下，先後完成了戲劇《逼上梁山》〔註59〕和《三打祝家莊》。〔註60〕1944年1月9日，毛澤東看了延安平劇院編演的歷史

〔註57〕毛澤東喜好：《水滸傳》的情形可參見，李銳著：《毛澤東早年讀書生活》中的「讀：《水滸傳》」專節，遼寧人民出版社1992年第1版；徐中遠著：《毛澤東讀評五部古典小說》中的「：《水滸》要當作一部政治書看」專章，華文出版社，1997年。

〔註58〕尹高朝：《毛澤東和他的二十四位老師》，中央文獻出版社，2001年8月第1版，第84頁。

〔註59〕延安平劇研究會集體編寫：《逼上梁山》，華中新華書店，1946年4月；另見延安平劇研究院集體創作：《逼上梁山》，新華書店，1949年5月天津第1版。

〔註60〕平劇研究院集體創作：《三打祝家莊》，海洋書屋，1947年11月第1版。

劇《逼上梁山》以後，當即高興地給編導們寫了這樣熱情讚譽的信：「看了你們的戲，你們做了很好的工作，我向你們致謝，並請代向演員同志們致謝！歷史是人民創造的，但在舊戲舞臺上（在一切離開人民的舊文學舊藝術上）人民卻成了渣滓，由老爺太太少爺小姐們統治著舞臺，這種歷史的顛倒，現在由你們再顛倒過來，恢復了歷史的面目，從此舊劇開了新生面，所以值得慶賀。你們這個開端將是舊劇革命的劃時期的開端，我想到這一點就十分高興。」〔註61〕《逼上梁山》「逼」完之後，在毛澤東的期許之下，延安平劇研究院繼續創作了毛澤東最喜引用的《三打祝家莊》，此劇同樣受到毛澤東的高度讚揚。

　　《逼上梁山》來自於《水滸傳》中林沖如何被逼上梁山的故事，這故事內容眾所皆知，在此無需贅述；毛澤東肯定「被逼」的主題也常常為人所樂道，在此也無需進一步說明。不過，筆者所關注的是，延安改編的水滸故事是如何處理民族意識和階級意識之間的複雜糾纏。很顯然，改編的《逼上梁山》對此是有所關注和思考，在劇作中，林沖和高俅父子的最初衝突就來自民族大義。戲劇的第一幕主要描繪官兵如何驅趕、鎮壓逃難的百姓——他們眼中的「流寇」。從高氏父子的對話中可見，以林沖為首的禁軍在鎮壓百姓方面不僅不出力，反而時常站在百姓一邊。高氏父子因此就要向林沖施壓，於是就有了第一幕第五場的「閱兵」戲，其中有一段高氏父子和林沖的對話，值得注意：

> 衙：爹呀，我想這八十萬禁軍，不過是為了鎮守京師保衛皇帝的，擺擺樣子也就算了。什麼鋤頭鍬頭，都是鄉下佬刨莊稼的傢夥，擺在皇帝面前也不好看哪！就算有個衝鋒打仗，也不過是剿伐盜匪，什麼外寇不外寇的，這不是胡說嗎！？
>
> 俅：我兒言之有理。林沖，目前金國強盛，眼看就要南下滅遼，遼亡之後，這燕雲土地，豈不歸我大宋所有，故而朝廷定了這聯金之策，金宋和好，那個還敢侵犯我邦！
>
> 林：大人，此言差矣！想那遼國衰弱，無力南侵，金寇強大，頗有吞併中原之意，望大人詳察。
>
> 俅：林沖！你不過是一個小小教頭，懂得什麼軍國大事。金宋親善，乃是既定國策。似你這等，金寇長金寇短，豈不妨礙邦交？今

〔註61〕毛澤東1944年1月9日致揚紹萱、齊燕銘信，見毛澤東：《毛澤東書信選集》，人民出版社，1983年12月第1版，第222頁。

後不許你們這樣胡亂議論軍國大事，違令者斬。左右，帶馬回
府。〔註62〕

高氏父子和林沖談不攏走後，還有一段林沖和老兵的對話：

林：（唱）實指望大展才能把外寇打，不曾想禁軍營內遇見了他。

老：禁軍弟兄要提起打外寇，人人高興。可是高太尉一上任就讓弟
兄們打災民，你想咱們禁軍弟兄們誰不是莊家戶出身？誰下得
手去打自己的父母兄弟呀？他要是這麼下去，我們就給他一個
不服從軍令，看他怎麼辦吧！〔註63〕

此外，戲劇的後面，在高衙內陷害林沖以及林沖上梁山之前，還有一段
民族大義的強調。高氏父子派人燒草料場一則嫁禍害死林沖，另外因和金國
有來往，「破壞邊防，便利金國進攻」。原作之中並無此事。不難看出，在林
沖被逼上梁山的故事中，戲劇改編者刻意在林沖的私怨之上，即林沖妻子被
高衙內看中所以陷害林沖，加上了林沖和高氏父子之間的愛國與賣國之爭，
這更為林沖的上梁山增添了捍衛民族大義的正當性。因而延安平劇研究院改
編的《逼上梁山》重點不在於林沖是否能代表無產階級、勞動人民的爭議，
而在於以林沖為首的梁山英雄們和以高俅為代表的統治者們，哪個是愛國，
哪個是賣國？這其中所喻示的國共在民族話語權上的爭奪一目了然，很顯
然，對於延安來說，運用水滸的題材比岳飛要得心應手多了。

張揚水滸英雄們的民族大義，除了在延安這一特殊的地域受到重視外，國
民黨的首都重慶也有人持同樣態度。這就是最深諳讀者閱讀喜好，也是最流行
的連載小說大師張恨水，他敏銳地拾起了水滸題材，創作《水滸新傳》。《水滸
新傳》最初在 1940 年 2 月 11 日～1941 年 12 月 7 日上海《新聞報》連載，寫
成 46 回，上海淪陷後，於 1942 年冬寫完最後 22 回。這並不是張恨水第一次書
寫水滸故事，早在九一八事變後，張恨水曾寫《水滸別傳》，以阮小七故事為核
心，旨在喚起禦侮意識，用他自己的話來說：「我寫作的意識，又轉變了個方向。
由於這個方向，我寫任何小說，都想帶點抗禦外侮的意識進去。例如我寫《水
滸別傳》，我就寫到梁山招安以後，北宋淪亡上去。」〔註64〕寫於 1940 年代的

〔註62〕延安平劇研究會集體編寫：《逼上梁山》，華中新華書店，1946 年 4 月，第 15
～16 頁。

〔註63〕延安平劇研究會集體編寫：《逼上梁山》，華中新華書店，1946 年，第 17
頁。

〔註64〕張恨水：《寫作生涯回憶》，人民文學出版社，1982 年，第 46 頁。

《水滸新傳》，更具有抗戰的精神。作者著重寫宋江等招安之後，和主戰派張叔夜等一起英勇抗金的故事。不論是忠義的宋江、盧俊義、武松，還是偷雞摸狗的時遷、品行不端的董平，在張恨水筆下都可謂頂天立地的民族英雄。在張恨水的新傳中，一些主要人物及故事情節和水滸全本中大致相同，例如武松斷臂擒賊，宋江、李逵中毒身亡，不一樣的地方在於武松斷臂擒住的不是方臘而是金軍首領鐵郎；宋江飲酒不是顯示忠君，而是寧死不願意屈從漢奸張邦昌和金賊，並爲其他梁山兄弟示警。最值得稱道的是，張恨水筆力更多放在傳統水滸中一些末流的下等英雄上，這些人物形象和故事都有了很大的改動，例如：品行不端的董平成爲不畏強敵、以身殉國第一位梁山好漢；偷雞摸狗的時遷潛入燕京作細作毒殺金軍元帥斡離不，後遭擒飲鴆從容就義。時遷之死，作爲全書最後一章一個重要英雄事迹，他代言作者道出了全書的主題。時遷被高俅本家哥哥所審判，高自誇得意並責罵時遷等梁山好漢爲偷雞摸狗之賊。時遷大喝一聲道：「閉了你那鳥嘴，你道我們是偷雞盜馬賊，不過，老爺們是偷過雞盜過馬。但老爺們比你們懂得廉恥，不像你這般良心喪盡，向敵人叩頭。你弟兄不偷雞盜馬，卻把中原都盜賣了。」〔註65〕《水滸新傳》寫水滸英雄們抗擊異族，這本已是對於傳統名著最大的改編，而作者尤其著力寫時遷這一路小兄弟們的民族氣節，正如作者後來總結說更能凸顯出「是以愧士大夫階級」〔註66〕主題。不難理解，毛澤東看到這部小說頓生知音之感，他讚揚到：「《水滸新傳》這本小說寫得好，梁山泊英雄抗金，我們八路軍抗日。」〔註67〕後毛澤東赴重慶時，專門單獨接見張恨水，和其一番暢談。毛澤東理所當然地把張恨水這部作品看做是爲共產黨書寫的一部著作，這固然不是張氏創作的初衷，但也並不牽強。因爲在抗日的大背景下，張恨水這部作品的映像意義顯而易見，例如一開始講到宋江等人之所以願意歸順正規軍，就在於通過張叔夜所說的小義與大義的辨別，張叔夜致信宋江等，「足下嘯聚山寨，榜其堂曰忠義，忠寧有過於愛國？義寧有出乎愛民。」〔註68〕這讓人不難聯想共產黨人接受改編爲八路軍和新四軍。再例如書中有一漢奸名叫「水兆金」，很容易讓人猜到指的是汪兆銘汪精衛。不過，要在歷史的書寫和現實的隱喻中找到一一對應關係，有時候卻不那麼能自

〔註65〕張恨水：《水滸新傳》，中國民間文藝出版社，1986 年，第 676 頁。

〔註66〕張恨水：《寫作生涯回憶》，人民文學出版社，1982 年，第 63 頁。

〔註67〕張占國、魏守忠編：《張恨水研究資料》，天津人民出版社，1986 年，第 136 頁。

〔註68〕張恨水：《水滸新傳》，中國民間文藝出版社，1986 年，第 121 頁。

圓其說。如果真按毛澤東所說，水滸英雄抗金就象徵八路軍抗日，那麼我們應當如何看待收編水滸英雄的張叔夜呢？要知道，根據張恨水的說法，《水滸新傳》來自《宋史》中的「張叔夜傳」，〔註69〕而且在張氏筆下，張叔夜更是完美的民族英雄，看來要一一索引對應的話，那麼張叔夜難道就是蔣介石？當然，張恨水是不是要表現八路軍的抗日，自當另議，但毛澤東的評價可以看出他心目中自比水滸英雄的情結，也可看出，延安共產黨人對於水滸愛國的共鳴。

張恨水的《水滸新傳》以史喻今，具有無限開放性，除了共產黨人從中讀出自我認知外。還有學者陳寅恪從中另一時間針對當時的時事讀出民族的傷感與無奈，陳寅恪在西南聯大時，雙眼已盲，但仍請人找來張恨水的《水滸新傳》。1945 年 8 月，結合當時的時事，寫下一段感賦，題為《乙酉八月聽讀張恨水著水滸新傳感賦》，「誰結宣和海上盟，燕雲得失涕縱橫。花門久已留胡馬，柳塞翻教拔漢旌。妖亂豫麼同有罪，戰和飛檜兩無成。夢華一錄難重讀，莫遣遺民說汴京。」

宣和結盟，燕雲之地重得，前文提及的《逼上梁山》中曾出現過，是在林沖和高俅父子對話時出現，不過《逼上梁山》裏是高俅父子主張結盟金國，而林沖認為遼快亡，而金國強盛，意欲圖謀不軌，乃我國之大敵。陳寅恪先生寫於 1945 年 8 月的這首詩，寫在蘇聯願意出兵中國東北打擊日本的時代背景下，遼與金的指涉一目了然，「妖亂豫麼」的影射同樣顯而易見。在抗戰即將勝利的喜悅背景下，陳寅恪「戰和飛檜兩無成」的清醒與沉重格外突出。陳寅恪對張恨水《水滸新傳》的解讀，和毛澤東的解讀，和延安平劇研究院的《逼上梁山》，幾乎是針對同樣的歷史書寫，卻透析出截然不同的時事指涉和觀感，同樣都是借助歷史做出民族話語的表達，卻大相徑庭彼此間相差萬餘里，讓人別有一番感慨上心頭。

小 結

為了進一步爭取在民族話語上的主導權，左翼文學界開始策略性地利用岳飛題材來做自身民族話語的宣傳。從蕭三的來信到「國防文學」的提倡，復活岳飛民族英雄形象成為左翼文學界最看重的一個題材。然而，岳飛類題材在當時本和國民黨和右翼文人民族話語宣傳息息相關。這樣，左翼介入到

〔註69〕張恨水：《水滸新傳》，中國民間文藝出版社，1986 年，「自序」第 1 頁。

岳飛題材書寫中，一方面面臨和國民黨的爭奪，另一方面面對左翼內部的異議。因為，先前國民黨和右翼文人提出民族主義文學來對抗左翼的階級話語時，岳飛就是一個重要的來宣傳他們民族話語的工具。為此，當左翼提倡復活岳飛民族英雄時，魯迅反覆指出這種提法是「非現代」的，也是戰略上的錯誤選擇。魯迅「落伍」地堅持對於左翼岳飛式民族話語的批評，遭到了左翼內部「國防文學」提倡者郭沫若等人的反批評。由此可見，左翼內部國防文學提倡者和魯迅在民族話語提倡上有很大的分歧。當跳出左翼文學界而在更廣闊的社會範圍內考察岳飛類題材創作時，就可發現，魯迅對於岳飛式民族話語的「非現代」批評並非多餘。岳飛民族英雄的塑造，暗含了國民黨國家主義的宣揚，尤其是諸多岳飛類傳記、小說和戲劇中對於岳飛剿匪和抗擊異族同等重要的書寫，不僅映像國共的政治鬥爭，更重要的是對於「愚忠」的奴隸道德的宣揚。因此，左翼文學界提出的復活岳飛民族英雄的構想既難落實到文學實踐中，又有滑落到提倡奴隸道德的危險道路上去。由此我們不難理解，魯迅後來曾批判「國防文學」提倡者的奴隸工頭本質。

　　毫無疑問，國共兩黨在爭奪岳飛的形象塑造上，是國民黨方面國家話語佔據了優勢和先手。然而在向民族話語的轉向中，左翼有人提出了和岳飛大致同時代的水滸英雄的「國防」意義。儘管這衹是左翼文學民族話語提倡中極為少見的個例，但卻蘊含了極其深遠的意義。水滸英雄的造反事迹成為了共產黨人自身形象的投射，而把水滸英雄和民族大義焊接起來，恰好是左翼文學應該要努力的方向。果真，在抗戰爆發後的延安和國統區的進步文化界，都青睞水滸題材的創作，都著力於水滸英雄民族大義的書寫。延安很有影響的《逼上梁山》就展現出鮮明的左翼民族話語，而國統區張恨水的《水滸新傳》中描寫梁山英雄受招安後去抗擊異族，這種對於原作的改寫受到了共產黨人的高度讚揚，並認為張恨水的水滸就是對於共產黨的書寫。與國民黨重視岳飛形象相比，共產黨突出水滸英雄的民族情懷，由此可知國共兩黨在民族話語上的爭奪。很顯然，在這場爭鋒中，隨著抗戰的深入與發展、國民黨統治的腐敗和社會不平等的加劇，民眾對於水滸英雄抗爭精神和原始平等理念更為欣賞。正如老資格的紅軍將領，後來的開國上將陳士榘所總結的：「蔣介石禁了不少馬克思主義等革命書籍，他犯了個大錯誤就是沒有禁《水滸傳》。」「因為很多農民根本接觸不到馬克思主義的書，而且你給他看他也看不懂，如讀天書，而《水滸傳》通俗易懂，情節吸引人，個個人物栩栩如生，

又特別符合中國貧富差別大、廣大農民仇恨爲富不仁的國情。我們很多將軍、士兵都是看了《水滸傳》才想到上山的。」〔註 70〕因此，從提倡岳飛到重視水滸英雄題材的創作，共產黨人把水滸英雄的劫富濟貧的俠義和保家衛國的民族大義相互結合起來，成爲其在民族話語操作上的一個成功範例。

〔註70〕金汕、陳義風著，陳人康口述：《一生緊隨毛澤東——回憶我的父親開國上將陳士榘》，人民出版社，2007 年，http://lz.book.sohu.com/chapter～8009～4～1.html。

第四章　《賽金花》與「國防文學」

　　《對馬》不論給我們怎樣的「國防文學」創作啟示，它畢竟是蘇俄的文學創作，更何況《對馬》中還有傷害中國人民族感情的書寫；「岳飛式」民族英雄是民族話語中的一個熱點題材，但左翼文學界也終究停留在理論的討論和提倡上，而無法付諸於文學創作實踐，更何況國民黨及其右翼文學界在塑造岳飛形象上已經取得了優勢地位。因此，對於左翼文學界而言，對於「國防文學」的提倡者而言，怎樣從自己人當中找到描寫我們自己國家題材、又能寄託民族愛國情感的作品成為當務之急。就在這樣的期待中，夏衍的《賽金花》被塑造成為「國防文學」的代表作，不過左翼內部很多人持有不同意見，國民黨方面對於《賽金花》也是堅決打壓，這也使得《賽金花》成為中國現代文學史上最富爭議的作品之一。

第一節　《賽金花》：左翼「國防文學」的標本

　　《賽金花》發表在 1936 年 4 月《文學》雜誌 6 卷 4 號，發表之後，根據統計至少獲得 30 人次認可，稱其為「國防文學」的代表作（統計見文後附表）。

　　根據夏衍自己的說法，他創作《賽金花》是「喚起大眾注意『國境以內的國防』為主題」，[註1]「國境以內的國防」，夏衍原文中打有引號，卻並未說明出處，後來不少稱讚《賽金花》的評論都有肯定其「國境以內的國防」的意義。鑒於作者及其眾多左翼文人都強調「國境以內的國防」意義，這至

〔註1〕　夏衍：《歷史與諷喻——給演出者的一封私信》，《文學界》創刊號，1936 年 6
　　　　月 5 日，第 233 頁。

少表明，左翼作家的民族主義路線真正落實到本土立場上。這也可能是對於過去民族話語倡導中濃厚的蘇俄影響的一種反撥吧！從倡導「國防文學」的文章來分析，我們可發現，自《賽金花》出版以及公演後，蘇聯的作品，類似《對馬》就很少再被稱為「國防文學」的典範，取而代之的是大量肯定和讚賞《賽金花》的「國防文學」的代表作。

最早肯定《賽金花》為「國防文學」代表作來自一次集體座談會。1936年4月16日，《賽金花》劇本在《文學》上發表後不久，劇作者協會專門召開了《賽金花》座談會。參會的都是戲劇界知名理論家、劇評者，有周鋼鳴、凌鶴、章泯、張庚、尤競等11位。周鋼鳴做主持，他首先發言，「這個劇本我們認為是建立在『國防戲劇』被提出後，第一次收穫到一個很成功的作品。為了使得『國防戲劇』的劇作更健全堅實地成長，我們對《賽金花》這一劇作，應給以嚴格的和較高的評價。想來這對於作者和讀者都有很大的意義。大家已經看過，請發表意見。」〔註2〕周鋼鳴開場白就為《賽金花》定了基調，並且以「我們」的名義發出，顯然這不是他一個人的意見，而是代表了一群人的態度。那「我們」指哪些人？為什麼座談會一開始就有一個強勢的定調？周鋼鳴，1932年加入左聯，1934年加入中國共產黨，時任左聯黨團書記的周揚是他的入黨監誓人。這次座談會由劇作者協會發起，而該會是由夏衍直接領導負責。座談會的內容和經過發表在《文學界》的創刊號上，《文學界》是由周揚和夏衍等人費力籌劃的雜誌，雜誌的直接領導人是戴平萬，編委有徐懋庸和沙汀。《文學界》的創刊號堪稱是一個「國防文學」專號，極力宣傳「國防文學」，批評反對者。周揚就是在《文學界》發表了他的《關於國防文學——略評徐行先生的國防文學反對論》。由這些相關背景，就很容易看出，以周揚和夏衍等人為首的「國防文學」提倡者，以黨組織的集體名義，宣揚推介《賽金花》為「國防文學」。大力讚揚《賽金花》主要也是為了回應我們的「國防文學」只有理論而無實際作品的尷尬。後來，周揚在另一篇文章中也讚揚到，《賽金花》是作者夏衍「給國防劇作開闢了一個新的園地」。〔註3〕可以預料的是，在周揚和組織上決定推出《賽金花》的標本之後，左翼文藝家中贊同國防文學的大都給予《賽金花》極高的評價。因此，參會的人員儘管對於

〔註2〕 周鋼鳴、張庚、凌鶴等：《賽金花座談會》，《文學界》創刊號，1936年6月5日，第224～232頁。

〔註3〕 周揚：《現階段的文學》，《光明》1卷2期，1936年6月25日，第97～103頁。

《賽金花》的題材處理、主題表達有一些爭議，但並不妨礙凌鶴以大家的名義做出一個集體結論，雖列舉了《賽金花》創作中一些不足，但給了一個總體肯定的評價，「除此之外，我們毫不否認的，這劇作是在中國提出建立『國防戲劇』的口號後，第一次收穫到的偉大的劇作，我們十分希望努力劇運的舞臺人，把它演出介紹給中國千萬的觀眾。」〔註4〕

除了《文學界》雜誌社舉行的座談會之外，在《賽金花》上演之後，《大晚報》也舉辦了一次座談會，就《賽金花》的劇本創作、演出效果、演後影響進行了全方位的探討評析。《大晚報》是「國防文學」提倡者的又一個重要陣地，最早的國防文學文章大都刊於此。在這次《賽金花》的座談會上，到會的阿英、錢亦石、夏徵農、柯靈、鄭波奇等人都給了《賽金花》很高的評價。阿英作的附記首先指出，「在國難嚴重的現在，《賽金花》的演出，是很有意義的。就中國的文化前途，以及整個的民族解放運動上講，是一件可喜的事。」〔註5〕更有意味的是，各位參與者一致同意：「本座評全部稿費捐入援綏運動」，這一句話本身就使得對於《賽金花》再如何讚美都不爲過。連評論《賽金花》本身的行爲都被運作成爲愛國抗日的一部分，那麼《賽金花》的國防和愛國意義還需用質疑麼？

此外，專門的《電影‧戲劇》雜誌，也專門刊登了《賽金花公演小評》，作者認爲：「夏衍賽金花劇本的產生及其演出，在一九三六年的中國戲劇運動上是一件最值得注意的事。從運動的本身方面說，由於這劇本的產生，『國防戲劇』的理論開始得到了實踐。由於它的公演也證實了廣大的觀眾，對於國防戲劇的需求是如何的熱烈。從觀眾對《賽金花》熱烈的擁護上，可以看到，它是如何加強、穩定並開始話劇運動的前路的。《賽金花》事實上是成爲中國戲劇運動史上的一個里程碑，也是國防戲劇的一塊奠基石。」〔註6〕

綜上可知，正如「國防文學」口號的提出一樣，樹《賽金花》爲「國防文學」標本也屬於有組織的集體行爲，儘管不同的個人對於作品可能有一些個人的見解，但不能否認它作爲「國防文學」標本的意義。至於大家認可《賽

〔註4〕周鋼鳴、張庚、凌鶴等：《賽金花座談會》，《文學界》創刊號，1936 年 6 月 5 日，第 224～232 頁。

〔註5〕錢亦石、阿英等：《〈賽金花〉評座》，見安徽大學中文學教學參考書，《夏衍〈賽金花〉資料選編》，1980 年，第 26 頁。

〔註6〕若英：《賽金花公演小評》，見安徽大學中文學教學參考書，《夏衍〈賽金花〉資料選編》，1980 年，第 39 頁。

金花》爲「國防文學」的緣由，在於作品的「暴露」和「諷刺」意義。〔註7〕
夏衍自己也認爲，他創作的主旨在於通過歷史題材達到「諷喻」的效果。

第二節　《賽金花》引發左翼文學界內部的爭論

　　儘管左翼報刊上大量討論《賽金花》國防意義的價值之所在，即不斷肯
定其暴露和諷刺的意義。但很顯然，並非所有的左翼人都是同樣的看法。魯
迅和茅盾等人對於《賽金花》則明顯是諷刺和批評。諷刺批評的理由是因爲
《賽金花》樹妓女爲民族英雄。

　　根據茅盾後來的回憶，魯迅看了《賽金花》後，投去的是嘲諷：

> 至於周揚他們的口號內容實質到底是什麼，我還要看看他們的
> 口號下賣的是什麼貨色。後來夏衍的《賽金花》發表了，有人寫文
> 章把它樹爲「國防文學」的標本，魯迅見了哈哈大笑道，原來他們
> 的「國防文學」就是這樣的。〔註8〕

　　除此之外，魯迅還公開著文諷刺周揚和夏衍等人提出的國防文學包括他
們的標本作品《賽金花》，「全是精華的刊物已經出得不少了，有些東西，後
面仍舊是『美容妙法』，『古木發光』，或者『尼姑之秘密』，但第一面卻總有
一點激昂慷慨的文章。作文已經有了『最中心之主題』：連義和拳時代和德國
統帥瓦德西睡了一些時候的賽金花，也早已封爲九天護國娘娘了。」〔註9〕

　　除魯迅之外，茅盾著有兩篇專門的批評文章，分別是《談「賽金花」》和
《賽金花論》，前者是針對夏衍劇作的批評，後者是對整個文壇上爭先以賽金
花爲題材的風氣的批評。對於夏衍劇作的批評，茅盾和魯迅觀點較爲相近，「以
賽金花爲中心寫成『國防戲劇』，但是越寫越『爲難』了，——因爲把賽金花
當作『九天護國娘娘』到底說不過去」。和魯迅不同的是，茅盾是在看過《賽
金花》的公演後做出的批評，他不僅僅針對劇本，而且指出了演出的實際情
況和國防文學主題的標榜之間的不符。茅盾在文章中談到了他看劇時，觀眾

〔註7〕　參見周鋼鳴、張庚、凌鶴等在：《塞金花座談會》中對於：《賽金花》諷刺清
　　　　廷官員醜態，暴露他們賣國實質的討論，《文學界》創刊號，1936 年 6 月 5
　　　　日，第 224～232 頁。
〔註8〕　茅盾：《我走過的道路》（下），人民文學出版社，1997 年，第 52 頁。
〔註9〕　魯迅：《「這也是生活」……》，《魯迅全集》第 6 卷，人民文學出版社，2005
　　　　年，第 625 頁。

兩次熱烈的鼓掌:「一次是在第三場末了,賽金花忿然對德軍官說:『不准動我的手!這隻手,握過你們飛特麗皇后的手的。』又一次在七場末了,刑部差官(即前記之魏邦賢)查抄賽金花贓物時,賽金花罵他是『不要臉的狗』,魏即反口道,『跟紅毛子睡覺,要臉嗎?』後一次掌聲比前一次又響又久。」對此,茅盾說,「至於那兩次鼓掌,我聽了簡直有點駭然。但是我也能夠瞭解觀眾鼓掌的心理:他們是來看『賽金花』的。」〔註10〕在茅盾看來,觀眾關注的不是國防與否,而是懷有獵奇的心態來欣賞賽金花。茅盾的後一篇文章,就是擴大到整個夏衍的創作之外,綜評了文壇上以賽金花為題材的作品,這一點我們下文著重論述。

事實上,魯迅和茅盾批評的並非是因為夏衍寫了妓女的題材,也並非因為夏衍等人給予賽金花以同情,而在於夏衍的「賽金花」書寫明顯是迎合觀眾的獵奇心態,卻要被打上「國防文學」的旗幟。與其他左翼作家和評論家不同,魯迅和茅盾都並沒有去關注作品中對於當權者辱國外交的暴露,而是批評諷刺了作品迎合低俗之風卻又自命神聖之間的反差。

除了作品的主題傾向認知差異外,左翼內部圍繞著《賽金花》話劇演員選擇產生了很大的分歧和爭議,這場演員風波更在未來產生了深遠的影響,它也成了「國防文學」派後來悲慘命運的最重要原因。《賽金花》最初交由業餘劇人協會排演,當時社內的金山和趙丹都要掙著扮演李鴻章,而王瑩和藍蘋也都要爭演賽金花。雙方為此各不相讓,最後章泯和於伶來找劇作人夏衍來解決這個矛盾,夏衍後來回憶說:「出於無奈,我出了一個糊稀泥的主意,認為可以分為 A、B 兩組,趙丹和藍蘋,金山和王瑩,讓他們在舞臺上各顯神通。這個設想章泯同意了,而於伶則面有難色。因為他知道藍蘋不論做戲還是做人,都有一絲一毫也不肯屈居人下的『性格』,而要她擔任 B 角,她肯定是要大吵大鬧的。」〔註11〕後來爭執激烈到不可調和地步,業餘劇人協會分裂,金山、王瑩等另組「四十年代劇社」,並取得《賽金花》首演權。1936 年 11 月,「四十年代劇社」排演的《賽金花》開始在上海上演,幾乎場場觀眾爆滿,引發社會強烈關注。後來,業餘劇社也公演了《賽金花》,不知何故,留下資料並不多,而且奇怪的是,李鴻章的扮演者是趙丹,女主角賽金花的演

〔註10〕茅盾:《談「賽金花」》,見安徽大學中文學教學參考書,《夏衍〈賽金花〉資料選編》,1980 年,第 7～10 頁。

〔註11〕夏衍:《懶尋舊夢錄》增補本,北京三聯書店,2000 年,第 225 頁。

員卻換成了李玳。〔註12〕不過，可以想像的是，在《賽金花》的演員風波中，最落寞的當屬競爭女主角賽金花失敗的藍蘋，藍蘋即後來中國歷史鼎鼎大名的江青。江青「文革」中清算 30 年代文藝問題時，就是從夏衍和《賽金花》打開缺口的。根據後來在中宣部文藝處工作的黎之（李曙光）描述，「記得有一次，在文藝界少數領導幹部會上，陸定一拿著一本舊本《賽金花》聲色俱屬地大批夏衍，在場的人爲之震驚。當時我只覺得陸部長這樣當面指責夏衍，太使人下不了臺。但不知爲什麼突然爲這本夏衍 30 年代的舊作（夏后來從未把《賽金花》收過他的劇作集）大發脾氣。後來聽陸定一說這個劇本是江青轉給他的，我還不太清楚江青爲什麼轉這個劇本給陸，轉劇本時說了些什麼，一直到『文革』結束，江青垮臺，才算弄出點眉目來。原來江青主動批《賽金花》是以攻爲守，既掩蓋自己的醜聞，又攻了夏衍兼而打了周揚。」〔註13〕江青正是拿魯迅對於《賽金花》的批評，大做文章，提出了所謂的「文藝黑線專政」論。

《賽金花》的演員風波原本無涉於作品的主題爭議，不過往往是一些偶然的事件，卻成爲決定歷史發展的重要因素。江青在《賽金花》中競爭女主角的失敗，也成爲《賽金花》作品、「國防文學」受批判的重要原因之一。

第三節　國民黨和右翼文學界眼中的「賽金花」

「國防文學」提倡者認爲《賽金花》的國防意義體現在它的暴露和諷刺作用上，而國民黨當權者顯然是他們諷喻的對象。對此，國民黨及其右翼文人也真是「對號入座」，他們對於《賽金花》的打壓也折射出國共兩黨、左翼作家和右翼文人之間在民族話語上的針鋒相對。

1936 年 11 月 30 日，國民黨的《中央日報》刊登出署名爲「庸」的評論文章，認爲《賽金花》沒有「一個中心的概念」，「它沒有一個核心把主要的意義展開」，「所得的效果將是輕鬆的笑聲抹去了那微薄的悲愴，而終於像一絲青煙沒有留下一線痕迹地散去了。」並且批評劇本以賽金花爲主題，「把賽金花過分地強調，使一個庸俗的妓女能有超越那時代的思想也近乎太想像化

〔註12〕根據筆者搜集到的「業餘劇社公演賽金花」的劇照來看，李玳飾演賽金花（見後文附圖），趙丹飾演李鴻章，而爲何不是原先的藍蘋飾演賽金花，此種緣由還有待進一步的材料來揭示。

〔註13〕黎之：《文壇風雲錄》，河南人民出版社，1998 年，第 456 頁。

了。」〔註14〕從這篇評述文章來看，劇評者似乎並沒有先入爲主地以意識形態作爲判斷的尺度，相反有很多的看法和左翼內部人士都比較接近，例如文章還批評了《賽金花》對義和團爲代表的中國民眾的愛國主義沒有充分的重視，肯定劇作對清廷大臣的「全盤暴露」，並總體上認可《賽金花》在困難時刻對於話劇運動的「絕大助益」。其實，從這篇劇評文章我們不難發現，對於「國防文學」的認可與提倡，在某種程度上也是得到了國民黨和右翼文人的回應。

　　眼看著左翼利用《賽金花》的轟動效應不斷造勢，國民黨的一些文化官員大爲不滿。1937 年 2 月中旬，《賽金花》來到南京公演，2 月 22 日晚，最後一場公演時，張道藩帶領一般人馬來演出現場搗亂，把痰盂扔上了舞臺，受到劇場觀眾的譴責。第二天，張道藩馬上寫了爲自己行爲辯解的聲明，《「賽金花」劇中侮辱中國人部分引起的糾紛》，刊登在 1937 年的《中央日報》上。張道藩一再聲明，他們是出自中國人的「良心」、「熱心」、「自尊心」而做出的行爲，引發糾紛的責任自然「應該歸之於著者或演出者或戲劇審查委員會」，張並呼籲有關部門追究相關責任。張道藩在國民黨報紙上的態度代表了國民黨宣傳文化部門的表態，果眞不久後，《賽金花》被列入禁演劇目行列。不僅是夏衍的劇作如此，就連北平熊佛西的同名劇目《賽金花》亦遭禁演。不過很顯然，賽金花死後，報紙雜誌鋪天蓋地的報導炒作，使得國民黨又一次站在了社會輿論的對立面，使得觀眾們原本並不怎麼關注的諷刺對象卻對號入座的更加凸顯出來。「禁演《賽金花》，全國輿論譁然。一時間，各報章雜誌上報導和批評這件事的文字，竟達六十萬言之多。」〔註15〕1937 年 5 月，在南京中央飯店的一次影視人宴會上，熊佛西同國民黨中央宣傳方面的負責人就賽金花的禁演展開了交鋒，有記者事後詳細報導了相關情形。國民黨中宣部部長邵力之多次談到《賽金花》，邵氏的講話透露出《賽金花》遭禁的原因，他說他不同意宣傳部以有辱國體而禁演，但他自己提出 3 點禁演的原因，第一是帶有普羅階級「風氣」，第二有在賽金花死後炒作的「生意經」意味，第三是當時國難非常時期提倡的應該是「玉碎」精神而不是「瓦全」精神。邵力子提出禁演原因的重點是最後一個，並舉例說如果現在還有外國人入侵

〔註14〕庸：《讀〈賽金花〉劇本以後》，《中央日報》1936 年 11 月 30 日。
〔註15〕上海戲劇學院熊佛西研究小組編：《現代戲劇家熊佛西》，中國戲劇出版社，1985 年 12 月第 1 版，第 27 頁。

來，寧願犧牲一個村莊的所有，而不願由村裏的一個婦女去向洋人討情而苟
全一時。不過，面對熊佛西的反詰，邵力之無力應答，似乎大有理屈之勢。
最後陳立夫講話總結有關《賽金花》禁演的辯說，「政治家與藝術家的看法往
往是不同的：藝術家是用最有力的方法發揮自己的情感，見解，而求得觀眾
的共鳴，但政治家則不然，還須顧到各方面。」〔註16〕

　　儘管這是一場熊佛西和國民黨宣傳部門有關他的《賽金花》的禁演而展
開的風波，但是從中可看出國民黨人對於整個「賽金花類」題材的態度。比
對熊佛西和夏衍的劇本，熊氏對於賽金花的美化似乎更進一層。在熊佛西的
劇本中，賽金花晚年落魄，仍然憂心民族國家，臨死前聽到炮聲，擔驚受怕
以為 30 多年前禍事重演，聽僕人說槍炮是自己軍隊的，賽金花說，「是我們
自己的軍號聲？是我們自己的馬蹄聲？——這我就放心了，這我就放心了，
這我就死也瞑目了！」這話完，賽金花也就死了。〔註17〕由此看出，熊佛西
比夏衍更進一步美化和肯定賽金花的民族英雄形象。

　　在此，我不是要多談夏衍和熊佛西劇本創作的異同，而是要表明，不論當
時的賽金花劇作，還是相關報導，都大書特書賽金花的愛國意義。儘管這樣的
「愛國」旗幟下的實質還需要我們進一步剝離和分析，但僅就當時的現狀而言，
書寫賽金花的民族主義價值是一個社會熱點。而在這場利用賽金花這一熱點題
材宣傳民族話語的交鋒中，左翼方面目光敏銳地抓住了當時廣受關注的賽金花
為題材，並強化宣傳其「國防文學」的標本作用，然而國民黨方面卻全面禁止
和賽金花相關的作品及其演出。兩相對比，孰勝孰敗，一目了然。

　　另外，國民黨禁演《賽金花》的做法也讓夏衍劇作中的「諷喻」價值進
一步凸顯出來。事實上，從前面左翼文人列舉的《對馬》作品，到後來左翼
一邊青睞的「水滸式」民族話語表達，再到《賽金花》中的「暴露」和「諷
喻」當權者的無能，可明顯看到，左翼讚賞的作品或題材有一明顯共同點，
那就是強調暴露與反抗是最具有民族主義意義的話語。其實，這不僅是左翼
文人的民族話語傳統，也是中國知識階層的一個民族主義傳統。在大多知識
份子的體驗和認知中，自晚清到民國的政府基本是對內壓制人民、對外尋求
某一些外國勢力支持以鞏固自身統治。所以，對抗政府、反對專制就成了他

〔註16〕A 記者：《中選部長和熊佛西氏談禁演「賽金花」之辯說憶記》，《光明》2 卷
　　　　12 期，第 1546～1660 頁。
〔註17〕熊佛西：《賽金花》，北平時報社，1937 年，第 58 頁。

們的民族主義訴求。從「排滿」到「討袁」，從反軍閥到反國民黨都是民族主義的表現，而且往往是反政權者比當權者更具有民族主義思想。這也就是為什麼西方的中國研究會有這麼一個傾向：「即認為國民黨比北洋軍閥更具民族主義，而共產黨在這方面又超過國民黨。」〔註18〕

第四節　租界民族主義傳統中的《賽金花》

　　周揚等為首的「國防文學」提倡者集體高贊《賽金花》，強調作品的國防意義在於暴露與諷喻；國民黨文人的破壞搗亂更反證了《賽金花》的這一主題。不過，為何魯迅和茅盾卻持有不同的見解和批評呢？這至少表明，《賽金花》劇本本身存有內部的「裂痕」，留給不同人不同的言說空間。「裂痕」說來自專門的戲劇史《中國現代戲劇史稿》一書中的總結。

　　　　劇作通過賽金花個人行止說明滿朝文武不如一個妓女，同李鴻章之流形成對比，又描寫她的不幸結局，客觀效果是讚揚、同情多餘批判。問題不在從人道主義觀點出發，賽金花是否值得同情，而在以賽金花為主角和劇名，同劇作者「歷史諷喻」的本意如何統一。「諷喻」腐敗政治的現實目的達到了，而主人公又偏離出「作者要諷嘲的奴隸」的焦點，暴露了劇本內在裂痕。劇本對於義和團的歷史作用的把握也不夠全面。〔註19〕

　　這是陳白塵、董健兩位研究者站在戲劇史的高度對於《賽金花》的總結，其他的現代文學史教材也大都談及了《賽金花》諷喻當權者者賣國投降和對於賽金花美化過多的裂痕。但是在這主題的裂痕中，究竟哪一邊是主導？要回答這個問題，我們不能不回到《賽金花》創作的時代背景中以及對於文本的仔細解讀中去。

　　在我看來，對於《賽金花》的評價中，茅盾的思路無疑值得我們注意。從評夏衍的劇本到對整個賽金花類題材的評述，茅盾希冀在更宏大的歷史背景和文化傳承中來分析賽金花，並藉此折射國人的文化心態。在茅盾看來，觀眾們主要是來看「賽金花」的，看賽金花傳奇曲折的人生，富有戲劇性的

〔註18〕羅志田：《昨天的和世界的：從文化到人物》，北京大學出版社，2007 年 1 月第 1 版，第 237 頁。

〔註19〕陳白塵、董健主編：《中國現代戲劇史稿》，中國戲劇出版社，1989 年，第 619 頁。

傳奇。茅盾在他的《賽金花論》中，對於他所知的以賽金花爲題材的文藝作品，進行了一一評析，他所列舉的有東亞病夫（曾樸）的《孽海花》、樊山老人（樊增祥）的《彩雲曲》、商鴻奎的《賽金花本事》、潘毓桂的《賽金花墓表》、徐懋庸的《賽金花論》，同時他也羅列了文人對待賽金花的不同態度，如有讚賞的，潘毓桂把賽金花和王昭君相提並論，稱之爲「二三千年來的奇女子」，並以她們爲例反駁「孰謂女色可以亡國」？也有批判的，如徐懋庸不客氣地把賽金花稱之爲「漢奸」。面對如此巨大差異的評價，茅盾是有意迴避在賽金花是紅顏禍國還是救國之間作選擇，他的主張是從社會學的意義來理解賽金花。他認爲曾樸的《孽海花》「從婦女不幸的地位上寄予了不少的同情，這可以代表一般新黨的適當的見解；至於老牌才子樊山老人和洋場才子劉半農都是肉麻的捧妓女捧佳人的那一套。〔註20〕

沿著茅盾的分析思路，我們不難發現，引發爭議的並不是夏衍的劇本，而是賽金花本人。所以不瞭解賽金花的概況以及賽金花題材在當時受關注的程度，就無法全面把握和評析夏衍的劇作。曾樸的兒子曾虛白在夏衍《賽金花》公演後，專門撰文《爲賽金花公演獻告父親》，詳述了從曾樸《孽海花》到夏衍《賽金花》的內在關聯性。〔註21〕因此，我們要完整理解和探討夏衍的《賽金花》，就不能不對自曾樸之後賽金花題材的著述做一簡要的概述分析。

自曾樸《孽海花》後，談寫賽金花在文壇上堪稱蔚爲大觀，除了茅盾上述列舉的著作之外，〔註22〕據筆者收集到的，有關賽金花題材的專門著作還有：虞麗醉髯的上下兩冊《賽金傳》〔註23〕、劍膽的《名妓李雲飛後身賽金花之歷史》〔註24〕、曾繁的《賽金花外傳》〔註25〕、瑜壽的《賽金花故事編年》、以賽金花名義出版的《賽金花》〔註26〕、杜君謀的《賽金花遺事》〔註27〕、沈雲

〔註20〕茅盾：《賽金花論》，見安徽大學中文學教學參考書，《夏衍〈賽金花〉資料選編》，1980年，第10～13頁。

〔註21〕曾虛白：《爲賽金花公演獻告父親》，蔣醒若：《賽金花》，上海戲劇出版社，1936年，第1～2頁。

〔註22〕茅盾上述列舉賽金花題材的著作中，括弧內的作者名稱係筆者注，另商鴻奎著：《賽金花本事》，確切地說應該是劉半農和商鴻奎合著，樊增祥的著作後來爲：《前彩雲曲》和《後彩雲曲》。

〔註23〕虞麗醉髯：《賽金花傳》，上海大通圖書社，出版時間不詳。

〔註24〕劍膽：《名妓李雲飛後身賽金花之歷史》，出版時間地點不詳，爲北京師範大學圖書館館藏。

〔註25〕曾繁：《賽金花外傳》，上海大光書局，1936年。

〔註26〕此書著作者版權信息不全，復旦大學圖書館館藏。

衣的《賽金花遺事》〔註 28〕、洪淵的《賽金花故事》〔註 29〕、曲江春的《賽金
花軼事彙錄》，上述多爲賽金花的生平和評價類；還有以賽金花爲原型的作品，
如袁祖光（別號袁瞿園）的《金華夢》、陝西易俗社的《頤和園》、新豔秋的《狀
元夫人》本戲等；此外還需著重提及熊佛西 1936 年出版的話劇《賽金花》。

　　大起大落的人生經歷、眞眞假假的獨家紀實、毀譽不一的是非論斷，賽
金花的人生經歷就是一部傳奇劇作。人們總想在繽紛的眾聲喧嘩中尋找一個
眞實的賽金花，而愈是如此，愈形成了對於賽金花的炒作，愈是增添了她的
人生傳奇。不論何時，只要事關賽金花，總能吸引觀眾的眼球，成爲眾人矚
目的焦點。這也就是爲何江青和王瑩爲爭演賽金花而鬧的滿城風雨，夏衍的
《賽金花》劇本和演出本身也成爲賽金花的傳奇之一。

　　夏衍《賽金花》的演出，除了演員爭執所引發的風波之外，更受人關注
的是，該劇的導演團隊堪稱史無前例的豪華陣容，彙集了當時也是後來中國
戲劇史赫赫有名的八位大導演：洪深、歐陽予倩、應雲衛、史東山、司徒慧
敏、尤競（於伶）、孫師毅、凌鶴。這些因素都讓觀眾們對於《賽金花》的演
出充滿期待。巧合的是，話劇公演不久，1936 年 12 月 4 日，賽金花病逝於北
平，《立言報》的率先獨家報導，成就了報紙當日的高額發行量。全國報紙紛
紛轉載，一時間賽金花攻佔了各大報紙的主要版面。賽金花死前貧病不堪，
死後卻熱鬧非凡。社會名流、賢達精英，爲她募捐入殮，喪事風光顯赫，葬
地爲古都著名的陶然亭，諸多文人爲其賦詩立碑。當時的新北平報同人，作
一輓聯云：「救生靈於塗炭，救國家於沉淪，不得已色相犧牲，其功可歌，其
德可頌。乏負郭之田園，乏立錐之廬舍，到如此窮愁病死，無兒來喚，無女
來啼。」〔註 30〕有報紙以《功不可沒》爲題，蓋棺論定賽金花的一生：「一個
普通的妓女，竟能替自己的國家與人民服務，保留了無數的生命，解除了外
交上的若干阻礙，只有賽金花能犧牲才做到的。」〔註 31〕更有人把賽金花比
作法國的民族聖女貞德，題爲《安息了的賽金花女士——比諸法國的貞德》，
高贊賽金花的愛國爲國，爲其在不幸的封建社會所受到的壓迫和悲慘命運打
抱不平，爲夏衍劇作塑造充滿愛國情操的賽金花而叫好。「在夏衍先生的劇本

〔註 27〕 杜君謀：《賽金花遺事》、上海大方印務局，1936 年 12 月出版。
〔註 28〕 沈雲衣：《賽金花遺事》上海出版社 1938 年。
〔註 29〕 洪淵：《賽金花故事》，廣益書局，1948 年，第二版。
〔註 30〕 杜君謀：《賽金花遺事》、上海大方印務局，1936 年 12 月出版，32 頁。
〔註 31〕 杜君謀：《賽金花遺事》、上海大方印務局，1936 年 12 月出版，34 頁。

裏，把賽金花寫成了一個有靈魂的人，在國家飄搖之秋，軍慌馬亂之際，一個妓女身上還閃爍著愛國熱情，尤其同那些鼠竊狗盜者比較起來，更顯得她的人格神聖偉大！記得幾年以前，張競生先生在《時事新報》上，把賽金花比諸法國牧羊女子貞德，貞德自說神附其身，帶領民眾抵抗英國，和賽金花的向瓦德西『說情』，雖不是同一的姿態，但其愛國熱情又復何異？」〔註32〕

　　我不想再一一羅列賽金花去世後社會上對於賽金花鋪天蓋地的讚揚，甚至是神話，把她提到民族國家代表的高度，這份死後的榮耀（熱鬧）也只有不幾個月前逝世的魯迅才有。也許有人會有很大的異議，在此我把魯迅和一個妓女相提並論。我要說明的是，這並非我刻意製造噱頭，而是翻閱報紙雜誌所呈現的事實。雖沒有確切地去統計，但是二人死後的報紙報導和紀念書籍方面不相上下。賽金花和魯迅在 1936 年這一個國家民族危機的時刻，迥然相異的兩個人卻被認為是民族精神的代表，他們都是分析當時國人民族主義情緒時不可或缺的「文本」。有關魯迅的逝世和紀念所呈現的民族儀式留待後文分析；1936 年的賽金花，左翼國防文學提倡者儘管刻意迴避把她看做民族英雄，但是把劇本《賽金花》當做是國防文學的標本，在很多社會民眾看來不是因為劇作的諷刺和暴露，而是對於賽金花事迹的書寫。

　　《賽金花》雖然被左翼人當做國防戲劇的代表推出，並主要肯定其暴露諷刺作用。不過，劇院門前立的廣告卻是，「三十七年前一段仇恨史，名妓賽金花的一生事迹」。正如有人所評述的那樣，「至於劇社方面，雖有人說，『國防戲劇的擡頭』，卻在大型的廣告，仍然登載著『名妓賽金花的一生豔迹』。」〔註33〕這就是當時一個無比奇特的現象，在報紙上，賽金花被強化成為民族英雄式的人物，在演劇中，在復活賽金花的人生鏡象時，凸顯的卻是其作為名妓的豔情軼事。一邊是報紙雜誌上聖女貞德一樣的神話，諸如賽金花為丈夫「守節」，〔註34〕包括夏衍《賽金花》劇本在內的多本書籍在封面刊登著賽金花的愛國語錄，「國家是人人的國家，救國是人人的本分」，〔註35〕但是，

〔註32〕杜君謀：《賽金花遺事》、上海大方印務局，1936年12月出版，51頁。
〔註33〕沈雲衣：《賽金花遺事》，上海出版社 1938 年，第 68 頁。
〔註34〕見杜君謀的：《賽金花遺事》中，專門收錄了賽金花談為最後一個丈夫守節，
　　　　上海大方印務局，1936 年 12 月出版，34 頁。
〔註35〕見夏衍：《賽金花》，生活書店版，1936 年，扉頁（見後文附圖），夏衍自己談
　　　　到：《賽金花》時，反覆強調，它從未想把賽金花描寫成一個民族英雄，但在
　　　　他出版的劇作的扉頁，專門刊登賽金花愛國語錄，「國家是人人的國家，救國
　　　　是人人的本分」，可見夏衍之說有言不由衷之處，這也就是我們反覆強調的劇

另一面有關賽金花的書籍內容卻幾乎都是她情事糾葛。正如茅盾所說的，觀眾不是來看國防，而是看賽金花，他們最關注的即所謂的「瓦賽公案」，賽金花和聯軍統帥瓦德西有沒有「姦情」，直到今天大量的賽金花文章依然圍繞此展開，這也就是茅盾所記述的觀眾最想看的，看時鼓掌最熱烈的地方。

《賽金花》一面是最高尚的國家民族主義的宣揚，一邊是最齷齪的情欲之事的暗示。這就是夏衍的貢獻，他把最嚴肅的主題和最庸俗的期待完美結合在了一起，這也決定了夏衍劇作和其他賽金花作品的不同。妓女、文人、民族國家，看似無法融合的因素卻糅雜在一起，這就是上海洋場，也是我們探討上海左翼民族話語時所必須注意的場景。

文人對於妓女的書寫，在中國是一個持續不斷的傳統。從白居易的「同是天涯淪落人」的感歎，我們可以看出中國文人對於妓女的書寫，其實是自我境況的一種象徵性表達。近代以來文人妓女書寫也並不例外，從曾樸的《孽海花》到夏衍的《賽金花》，文人對於妓女的書寫，也都是他們各自年代文人（知識份子）自我認知的一種隱喻體現。這也就是曾樸的兒子曾虛白在夏衍的《賽金花》出來後，所強調二者之間的關聯性。「你所說的革命氣氛，現在我們叫國防氣氛，事實上這是一而二的東西，只因為時代的變遷，有另換名稱的必要。您離開了我們雖不久，可是這一年半來，文壇上變遷已很有點桑滄之感了呢！為了環境的急轉，需要國防文學出現的呼聲已響遍了文壇，應著這呼聲而產生的作品雖不少，可是擔得起這國防使命的還是鳳毛麟角，而夏衍先生的這本《賽金花》，或可稱得起毛角中之一了。」〔註36〕從曾虛白對父之靈的告白來看，民族氣氛替換了革命氣氛，主角沒有變，依然是名妓賽金花，思路也大致相同，還是通過妓女表達不同時代作者的自我認知。這恐怕也是魯迅所批評的，在「激昂慷慨的文章」下面的陳腐。

不過，在此我要重點探討的不是「舊」或「新」的辨析，而是思考它們中間有哪些一致性，「新」又如何被強調塑造出來。儘管曾樸的「革命氣氛」和左翼眼裏的革命差之千里。但這給我們一個啓示，有關賽金花的創作，從晚清的革命到 20 世紀二三十年代左翼的革命，再到 30 年代後期的民族國防，

作在主題上的裂痕。另外見名為:《賽金花》的圖書扉頁也題有:「賽金花遺墨」，「國家是人人的國家，救國是人人的本分」，本書著作信息不全，為復旦大學圖書館藏書。

〔註36〕曾虛白:《為賽金花公演獻告父親》，蔣醒若:《賽金花》，上海戲劇出版社，1936 年，第 1～2 頁。

這其中的連線是無法被斬斷的。也許這將是我們把夏衍的劇本放在更長遠的時代背景中進行觀照時，對於左翼文人的革命話語、民族話語的會有一個新的理解。

文人們對於妓女的描寫，總是刻意強化其悲慘與無奈，賦予其無限的憐惜與同情。就整個妓女類題材來說，並無不可，不論是這時期老舍筆下的下等妓女小福子，還是曹禺所塑造的高等交際花陳白露，都是如此表達一個嚴肅的社會主題。但是，就賽金花而言，就我搜集到的賽金花類著作包括夏衍的劇本而言，似乎賽金花並不是一個被社會逼迫的「可憐人」。曾樸筆下賽金花旺盛的生命力和欲望，無疑體現了她強有力的支配性；夏衍的劇作也展示了賽金花的剛毅性格，在其他諸多同類作品中，賽金花也絕不是可憐兮兮的受剝削被壓迫者。還是以夏衍的《賽金花》文本為例來分析，夏衍的第六場戲以賽金花完美解決外交爭端結束，連德國人都認為是西太后和皇帝沾了賽金花的光，賽金花理應受到中國政府好好的嘉獎，甚至瓦德西提議讓賽金花要求李鴻章造個牌坊。〔註37〕第七場的標題為「可是他們給她的報酬呢」，這是賽金花落魄的結局一場，看看夏衍的劇作中是如何描繪的：

　　時：五年之後，一九〇五年初夏（光緒三十一年）

　　處：北京陝西巷賽金花南班妓院。

　　顧：哼，什麼大官大府講的話，還不及一個窯子裏的姑娘，講謊話！
　　　　（忿忿地）這算是對咱們二爺的報酬嗎？一點事情就抓到衙
　　　　門裏去！

　　小七：起初還不放我進大門吶，說程大人不在家，後來又要什麼名
　　　　　片兒，好容易塞了一點錢，才把那封信送上去，結果吶，一
　　　　　句話：「知道啦！」什麼下文也沒有！

　　顧：公使館去過了沒有？

　　小七：昨天送衣服到刑部衙門去的時候，二爺跟我說，不要差人到
　　　　　公使館去，她說，假如公使館派人來問，只說班子裏死啦一
　　　　　個姑娘沒有什麼事，二爺一兩天就出來的！

　　……

　　老婆子：都是風鈴這死丫頭！賣給了班子裏，誰能不挨打挨罵吶，
　　　　　　哪來的這股傻勁兒，吞了鴉片，死了還害人！

〔註37〕見夏衍：《賽金花》，生活書店版，1936年，第67頁相關描述。

小七：她自己有相好，跑不了就詐死，二爺又沒打過她。

妓一：像二爺這樣的手面，就是打了她又算得什麼？

打雜的：別說打，打死幾個也不算稀奇，二爺救了的人可不少吶，

　　　　滿京城的人，誰不說二爺是北京的大恩人！

　　上述所引部分就是第七場的開頭，全劇也是透過僕人顧媽和小七以及其他妓女、打雜的口來體現對於賽金花的同情。賽金花「挽救民族危難」後的五年夏衍空了過去，不過熟悉賽金花歷史的人都知道，從夏衍劇作的上下文也都可以斷出：賽金花成爲一家妓院的老鴇。顧媽口中的「一點事情」，也就是賽金花交代給小七的，「班子裏死啦一個姑娘沒有什麼事」。賽金花的落魄就是從這個官司開始，劇本的編排告訴我們，一些如孫家鼐的滿清虛僞而又頑固的官僚借機報復賽金花。不光夏衍的劇本如此，諸多賽金花的著作和劇本都基本上是如此表述。至於那個姑娘，名叫「鳳鈴」的姑娘是如何而死，大家都相信賽金花的自述，她本人是不怎麼知情，是冤枉的。〔註38〕儘管我們不能說下人們替賽金花辯護的態度就是夏衍自己的看法，但這些言語無疑表達出作者的某些下意識態度，尤其「可是他們給她的報酬呢」的標題，讓人覺得夏衍在對賽金花的同情和嘲諷之間態度的並不曖昧，就是前者重於後者。

　　這就是賽金花最可憐的體現，誠然有一些人借機敲詐勒索陷入官司風波中的賽金花，但這並不意味著賽金花吃官司這件事本身就是不合理，是對於賽金花的打擊報復。退一步說，即便是有人打擊報復賽金花，但是班子裏姑娘的死，賽金花絕不可能一點干係都沒有，而且毫無疑問，她是那個叫做鳳鈴的姑娘的悲劇製造者。賽金花既然曾經有恩於國家民族，黎民百姓，那麼她的一切罪過都應該受到豁免。夏衍曾經如此表白自己對待賽金花的態度，「不過我不想掩飾對於這女主人公的同情，我同情她，因爲在當時形形色色的奴隸裏面，而將她和那些能在廟堂上講話的人們比較起來，她多少的還保留著一些人性！」〔註39〕可是，那個屈死的姑娘呢？如果說賽金花曾被捧爲民族國家的救星，而她的罪行，包括逼死人命的罪過都可以被輕易地忽略，

〔註38〕這段的具體情況另參閱劉半農、商鴻奎著：《賽金花本事》以及熊佛西同名劇本：《賽金花》中的表述，這兩部作品中都描寫了，賽金花班子裏的姑娘因爲有了相好的，覺得前途無望而吞食鴉片自殺，而賽金花並無虐待姑娘之事。劉半農、商鴻達：《賽金花本事》，北平星雲堂書店，1934 年；熊佛西：《賽金花》，北平時報社，1937 年。

〔註39〕夏衍：《歷史與諷喻》，《文學界》創刊號，第 233～238 頁。

如此體現的民族精神還值得我們大書特書嗎？並不是說妓女不可以被樹爲民族英雄，也不是說不應給予妓女應有的同情，而是這樣的標準應是同一的。但是從夏衍的劇作包括其他諸多賽金花類作品中，都沒有看到對於屈死的姑娘的同情，相反更多是對於賽金花行爲的辯解與維護。難道僅僅因爲屈死的女子不知名而賽金花是名妓麼？從這裡，不難感受到夏衍的劇作和曹禺《日出》的差距，曹禺對於交際花陳白露和下等妓女翠花對照描繪，體現出曹禺的良苦用心。賽金花曾在八國聯軍侵華中或曾多少幫助北京城的百姓，制止過聯軍的暴行，她究竟是主動爲之，抑或是偶得機緣，這些都不應是她引發爭議的焦點。即便是眞眞切切的救國大英雄，哪怕就是曾經挽救過千萬生靈，但過後卻逼迫致死一人，不論這人是買來的妓女抑或別的什麼人，迫害者都要受到法律的懲罰、道德的譴責。遺憾的是，不論是劇本所展現的，還是評論家的意見中，這些都完全被忽略過去，有批評的也衹是說賽金花輕視了我們義和團作爲民族革命的主體力量。夏衍的劇本中，通過敲詐者的無恥反而襯托出賽金花的正義與可憐，這樣的編排無論如何都不能說是體現著現代民族國家精神的「國防文學標本」。

《賽金花》之所以被稱爲愛國的國防文學代表，據作者和很多評論家看來，就是在於作品的諷喻效果，作者畫出了庚子事變中清政府的奴才群像。這些說法和看法自然都沒有什麼問題，可是只要細讀文本，瞭解《賽金花》演出的臺前幕後，其實就可明白中心人物乃是賽金花，賽金花的行爲就是國防。作者夏衍對此一再否認，「不想將女主人公塑造成一個『民族英雄』」，但劇本扉頁的賽金花愛國語錄（如上文所述）就明顯是對夏衍自己的否認的否定，而且文本的相關描寫更是把賽金花當做救國英雄一樣書寫。例如在第四場的最後，瓦德西請賽金花幫忙籌措軍需，賽金花要求瓦德西制止聯軍在京城的暴行，雙方相互應允彼此。瓦德西說：「我感謝您，代表在北京的外國軍隊感謝您。」賽金花的回答，「（也興奮地）我也感謝您，代表北京千千萬萬的老百姓感謝您！」〔註40〕這一處，賽金花自封爲北京千萬民眾的代表，似乎不是要體現作者的諷喻，而是塑造賽金花爲民族英雄中最重要的一筆。「代表北京千千萬萬的老百姓」與其說是賽金花的自封，不如說是夏衍想像中的自我投射與饋贈。的確，在這部劇作中，我們不能把賽金花的言行都視爲夏衍自身價值觀的代表，也無法把賽金花當成是夏衍一類文人自身形象的隱喻

〔註40〕夏衍：《賽金花》，生活書店版，1936年，第42頁。

轉換。但很顯然，賽金花一類的名妓成為文人們自我認同的來源之一。

賽金花死後所葬之地為京都陶然亭，「這個去處，又是詩人墨客所詠歎的地方」，陶然亭位北京（當時的北平）城南，是清郎中江藻所建，雖遠離城內，不過不少文人恰恰把這與浮華城市不同之地作為理想的歸宿。陶然亭寫有所謂「北邙惟見塚千堆」，此句出自「乾隆六十年間，論詩者推為第一」的黃仲則的感歎。由此不難想像，陶然亭墓地多為富有才華文人的歸宿之地。而京都文人動議把賽金花葬於陶然亭，傳達出對於賽金花認同和自我的感慨。正如當時有人所感歎的，「賽金花一生事迹，可泣可歌，亦淒亦豔，現在把她葬在這個地方，是最好沒有的了。」〔註41〕據說，京都文人為賽金花的棺材上漆三道，墓地選在陶然亭的香塚旁，為其專立一亭，置賽生平最得意放大照片一張，以資永遠紀念，並建紀念碑。祭文由金松岑撰，楊雲史書，齊白石篆刻；另還有張大千繪彩雲圖。〔註42〕解放後，賽金花的墓遷出陶然亭，諸多名家遺迹都不可考，張大千的繪圖尚依稀可辨，賽金花的故事今天依然被津津樂道。由賽金花死後葬於陶然亭以及諸多後續事宜來看，顯然文人們是把賽金花認做其中一員。

北京文人對待賽金花後事的處理，引發上海的轟動甚至超過北京，上海除了連篇累牘的報導外，還有為不幸的賽金花捐獻行動，一如為國捐助一樣。由此可見，賽金花所指涉的民族主義精神部分，卻是體現了典型的上海租界民族主義情緒的特色。雖然賽金花一類的妓女絕不是可憐兮兮的角色，但是畢竟妓女出賣身體的職業決定了她們的依附性。在上海租界，包括知識份子在內的各個群體，一樣難以擺脫的是依附感。在慷慨激昂、風光無比的背後，在高呼民族國家，在大談國防意義的呼聲後面，是租界知識份子難以言說的惶惑與焦慮。還有比賽金花一類的妓女更好的書寫對象來作為上海租界知識份子的自我投射麼？來作為上海租界民族主義的指涉麼？

以女性身體指涉民族國家，以女性身體的遭蹂躪來喻示國家的受辱，這樣的描寫中外文學史上屢見不鮮，尤其在隨後中國抗戰時期作品中大量湧現。〔註43〕然而用來比喻國家受辱的女性身體通常都是純潔的，唯有此才彰

〔註41〕：《賽金花之葬地陶然亭》，洪淵編：《賽金花故事》，上海廣益書局，1948年7月新二版，第87～89頁；文中介紹賽金花和陶然亭的情形都來自此文。

〔註42〕見：《古都名士紀念賽金花》，杜君謀：《賽金花遺事》，上海大方印務局，1936年12月出版，第110～111頁。

〔註43〕當下有女性主義研究對於抗戰時期一些女性作家作品如蕭紅、丁玲等人作品

顯出入侵者的罪惡，以更有效地進行民族國家抗爭的動員。意外的例子當然是莫泊桑筆下的羊脂球，這也是眾多肯定夏衍《賽金花》作品的人常常列舉的一個例子。不過，莫泊桑筆下的羊脂球雖為妓女之軀，卻顯出堅貞一面，拒絕德國軍官對她身體的侵犯，更顯出羊脂球所喻示的民族國家的尊嚴。賽金花的情形似乎不是如此，夏衍塑造的也不是如此，賽金花對於德軍統帥是有意無意地迎合趨附，儘管夏衍劇作中沒有明寫賽金花和瓦德西的私情，但全劇做了足夠多的情欲暗示。

筆者並非仍要喋喋不休關注所謂的「瓦賽公案」，而是要考察以妓女身體作為民族國家喻示所折射出的中國民族話語裏的租界殖民因素，包括左翼的民族話語同樣如此。其實不論是曾樸的《孽海花》還是夏衍的《賽金花》，賽金花都被塑造成為國「捐軀」的英雄，靠的正是所謂有傷道德風化的「淫行」。最能體現夏衍為賽金花鳴不平的第七場中，作者透過顧媽和僕人的對話，強調賽金花受官司的刁難並不是因為逼死了一個丫頭「這點事情」，而是頑固的孫家蕭要辦「妨礙風化罪」。頑固派譴責賽金花出賣身體給洋人那是最大的傷害風化，其實這同樣是把賽金花身體作為國家喻示的一種體現。滿清官員以虛偽的道德作為擋箭牌，甚至暗含著賽金花為亡國禍水的斥責，這些斥責固然無理。但諸多文人對於賽金花的書寫，卻是在莊嚴的民族國家喻示和庸俗的情欲暗示之間做出雙向滑動的曖昧選擇，讓人再一次看到中國文人民族話語所體現出的弔詭。包括夏衍《賽金花》在內的作品，都無法把這民族國家的莊嚴神聖和粗俗不堪的淫行截然分裂開來，也讓人感念左翼文人民族話語的複雜和內在的矛盾。

儘管夏衍一再聲稱他不願過多把賽金花塑造成一個民族英雄，但讀者和評論家仍在夏衍《賽金花》公演後，結合夏衍創作，漫談賽金花的愛國：

> 一個妓女的故事，本來不足以關懷，多話；但是她為著了國家的危亡，把自身職業來利用，救亡；這是何等的重大！誰都要紅一紅臉的！

> 雖然是在一個滿清的時代，在現在的時代是變成了一戲劇，可是多少她能喚起深睡的大眾。她關懷民族國家的危亡，而舉出了偉

進行分析解讀，指出女性受辱來象徵國家受辱是男權話語的體現，女性作家並不是如此。參見劉禾的：《女性身體與民族主義話語：〈生死場〉》，《跨語際實踐》，北京生活·讀書·新知三聯書店，2002年，第285～307頁。

大的事，不可能看輕了她的職業。

　　妓女能在國家危亡的中間，利用自己的地位！在今日的時代，竟有堂堂皇皇的大學生，不能看見了國家的地位，長宵在──舞場的狂歡──可是沒有瞭解民族的危機，誰都應當起來。

　　……

　　然而我們今日的國家，應當多少表示她的英雄，有可能模範她的故事，──她不是一個平凡的女子，我們承認是一個英雄女子。〔註44〕

　　這段評價文字，蘊含了莊嚴與荒誕，自誇與自虐，應該說這段折射出上海文人的普遍心態，也體現出大家對於夏衍《賽金花》的接受態度。

　　透過對於夏衍《賽金花》劇本的分析，尤其結合整個賽金花類題材和相關評價來看《賽金花》這一「國防文學」的代表作，我們看到的分明是異常強大的洋場愛國傳統。當然，並不是因此來貶低夏衍，而是想要表明，在上海，不管是否屬於左翼，關涉到民族話語時都面臨著租界下依附者的尷尬。租界殖民本來是民族國家恥辱的象徵，卻成了自由表達民族國家呼喊的場所；賽金花本是「並不可憐」的妓女，卻成為知識者自我的象徵，民族國家的隱喻。這就是我們在考察上海左翼文人的民族話語時，除了黨的政策、蘇聯的榜樣示範之外，所不能忽視的上海租界民族主義的背景和傳統。據說在上海，《賽金花》「賣座之佳，實打破了1936年話劇界之記錄」，《賽金花》在上海金城大戲院上演一天的收入「千幾百元以上」，而周末兩天更是「共收入五千餘元」。〔註45〕上海的這種租界身份和商業城市特徵，決定了左翼在提出民族話語時，他們所面臨的強有力的挑戰和民族話語被消解的命運。不論怎麼說，夏衍《賽金花》劇作的發表以及演出的暢銷，畢竟擴展了左翼民族話語的空間，也擴大了左翼在民族話語方面的影響力。

小　結

　　左翼文學從階級話語轉向民族話語中又一個成功的範例當屬對於夏衍

〔註44〕杜君謀：《賽金花遺事》，上海大方印務局，1936年12月出版，第51～55頁。

〔註45〕杜君謀：《賽金花遺事》，上海大方印務局，1936年12月出版，第112～113頁。

《賽金花》的宣揚。左翼提出「國防文學」口號後，真正被樹立爲標本的是夏衍的《賽金花》。在左翼文學界看來，夏衍《賽金花》的「國防意義」是因爲它的「諷喻」價值，《賽金花》諷刺了清政府官員的喪權辱國，實際上是針對當權者國民黨的諷喻。與此同時，國民黨查禁《賽金花》也主動對號入座。不過很顯然，從讀者當時的接受來看，並不主要認可《賽金花》的暴露諷刺的「國防意義」，而是從主人公賽金花身上尋找民族主義的價值。其實夏衍的劇作也有意無意在讚賞賽金花爲民族英雄和諷喻當權者之間滑動，這也就是《賽金花》劇作在主題表現方面的裂痕。夏衍在《賽金花》中把窺視妓女豔事的庸俗心態和莊嚴肅穆的國家意識糅雜在一起，尤其是後來的演出明顯迎合觀眾的獵豔心態。茅盾、魯迅就是針對此，諷刺批評《賽金花》是「國防文學」旗幟下媚俗的妓女類作品。

通過對賽金花題材創作的整體考察以及對於夏衍劇作和演出的細緻分析，我們可發現，上海左翼文人的民族話語，除了黨的政策、蘇聯的榜樣示範之外，還受到上海租界民族主義傳統的制約。《賽金花》以妓女作爲依附性的知識份子和民族國家的象徵，把妓女豔事書寫、知識份子的自我投射、莊嚴民族國家的隱喻等糅雜在一起，讓我們感受到了左翼文學民族話語的複雜和弔詭。

第五章 「民族革命戰爭的大衆文學」的提出和「兩個口號」論爭的再解讀

　　正如上述幾章所論述，左翼文學界內部在民族話語問題上有分歧，尤其是對待上述的「國防文學」作品和題材存有認知上的差異，這就注定了左翼文學界內部在從階級話語轉向民族話語時會爆發出公開的爭論。這些分歧和差異主要體現在魯迅和「國防文學」提倡者之間，但是最後卻演變爲「國防文學」和「民族革命戰爭的大衆文學」的兩個口號之爭。的確，「民族革命戰爭的大衆文學」這一口號是圍繞著魯迅產生，但只要仔細考察，就可發現魯迅其實對於口號是最漫不經心的，那麼我們將如何看待這一迷思呢？要解開這個迷思，我們得對「民族革命戰爭的大衆文學」這一口號進行仔細考論，包括它和「國防文學」的關係，以及魯迅對於它的認知。過去我們總是把「民族革命戰爭的大衆文學」的產生以及由此引發的和「國防文學」的爭論理解成政治路線之爭，或者是宗派勢力之爭。其實這種似是而非的論述恰恰阻礙了我們對於左翼文學界從階級話語轉向民族話語複雜性的探究。

第一節　「民族革命戰爭的大衆文學」的提出

　　「國防文學」是依據黨的政策而提出，這也是「國防文學」提倡者覺得自己「理直氣壯」的緣由。那麼「民族革命戰爭的大衆文學」這一口號呢？它是怎麼產生出來的，依據是什麼？眾所周知，最早公開提出「民族革命戰

爭的大眾文學」是胡風，他於 1936 年 5 月 9 日寫成《人民大眾向文學要求什麼？》，發表於 1936 年 6 月 1 日《文學叢報》第 3 期。在這篇文章中，胡風第一次公開提出「民族革命戰爭的大眾文學」這一口號，從而引發了「兩個口號」的論爭。儘管胡風是「民族革命戰爭的大眾文學」這一口號的發軔者，但馮雪峰才是新口號的真正創意者。

胡風后來回憶說：「他（指馮雪峰，筆者注）要提一個口號試試看。我想了想，提出了『民族解放鬥爭的人民文學』。他說，不如用『民族革命戰爭』，這是黨中央早已提出了的口號；『人民文學』不如『大眾文學』。〔註1〕從胡風的回憶可知，是馮雪峰提出新口號的動議，新口號最初也是他和馮雪峰商議，依據的是黨中央早已提出的「民族革命戰爭」口號。馮雪峰後來的回憶也證明這一點，不過他對於新口號的政策依據解釋有所不同，「胡風說，『一二八』時瞿秋白和你（指我）都寫過文章，提過民族革命戰爭文學，可否就提『民族革命戰爭文學』。我說，無需從『一二八』時找根據，那時寫的文章都有錯誤。現在應該根據毛主席提出的抗日民族統一戰線政策的精神來提。」〔註2〕

根據筆者的查證，馮雪峰的確在一二八之後寫文章有提倡「民族革命戰爭的大眾文學」的意思。例如，馮雪峰在《民族革命戰爭的五月》中提到，「我們，革命文學者，在中國民眾這樣紀念著五月的民族革命戰爭中，應當攜帶文學的武器加入民族的革命戰爭，創造民族的革命戰爭文學。……要使文學上的革命戰爭激烈化，只有努力執行文學的大眾化！」〔註3〕馮雪峰的「民族革命戰爭的文學」說法，還有不忘大眾化的方向，已經勾勒出未來「民族革命戰爭的大眾文學」口號的原形。不過，馮雪峰更強調他的新口號是依據毛澤東的抗日民族統一戰線政策精神，而不是依據過去自己和瞿秋白的說法。這到底是馮雪峰後來交代材料中的粉飾之語還是事實如此呢？

1936 年四五月間，馮雪峰重返上海。他到上海的任務主要是打通上海黨組織和陝北中央的聯繫、宣傳黨的民族統一戰線政策。也就是說馮雪峰來上海之前對於黨的統一戰線政策是非常熟悉的。這就有一個前提需要搞清楚，

〔註1〕 胡風：《胡風回憶錄》，人民文學出版社，1993 年 11 月第 1 版，第 56 頁。

〔註2〕 馮雪峰：《有關一九三六年周揚等人的行動及魯迅提出『民族革命戰爭的大眾文學』口號的經過》，載：《雪峰文集》（四），人民文學出版社，1985 年 7 月第 1 版，第 513～514 頁。

〔註3〕 馮雪峰：《民族革命戰爭的五月》，《北斗》第二卷第二期，1932 年 5 月；另載：《雪峰文集》第 2 卷，人民文學出版社，1983 年 1 月第 1 版，第 340～343 頁。

那就是馮雪峰所帶來的統一戰線精神和先前周揚所理解的《八一宣言》精神是否存有很大的差異呢？過去學界很多人都認為「瓦窯堡會議」精神和《八一宣言》是一致的。筆者也基本認同這一觀點。的確，共產國際「七大」結束後，共產國際和中國代表團派遣張浩（林育英，林彪的堂弟）回國，尋找中共中央，傳達共產國際七大精神和《八一宣言》新政策。張浩歷經長途跋涉，於 1935 年 11 月 20 日之前找到了駐紮在陝北瓦窯堡的中共中央，並向張聞天傳達了共產國際七大會議精神和《八一宣言》。張聞天馬上會同其他中央領導人，認真學習和貫徹共產國際七大精神及《八一宣言》。12 月 17 日，在具有歷史意義的瓦窯堡會議上，中共中央通過了《中央關於目前政治形勢與黨的任務決議》，承繼《八一宣言》提出的國防政府和抗日聯軍主張，「國防政府與抗日聯軍的組織，不但是可以的，而且是必要的。」儘管決議中仍然提醒不要放棄對於右傾機會主義的鬥爭，但更強調「在目前形勢下，關門主義是黨內的主要危險」。（以上引文中著重號為原文所有）「一切反日反賣國賊的武裝隊伍，都可以加入抗日聯軍。國防政府與抗日聯軍是全中國一切反日反賣國賊力量的聯合戰線的政權組織，也是反日反賣國賊的民族革命戰爭的統一領導機關。」〔註4〕不僅如此，瓦窯堡會議通過的《決議》中對於國防政府主張的闡述比《八一宣言》更具體、更突出，範圍和作用都強調的更大。《八一宣言》所提出的「國防政府」祇是「救亡圖存的臨時領導機關」，而《決議》中已把「國防政府」上陞到「領導機關」的高度。在這之後，中央對於各級黨部的指示以及對外的公開宣言中都談到了「組建國防政府」的主張。這樣說來馮雪峰也應該比周揚等更熟悉黨的國防政府主張，如此推斷，他也應該對於和國防政府相配套的「國防文學」投贊成票了。不少談及「兩個口號」論爭的都是如此描述政策的一致，按照這樣的思維模式來扼腕、歎息「誤會」的發生。〔註5〕後來的「國防文學」也認為他們提倡的「國防文學」主張和陝北黨中央的政策一致，和毛主席的觀點相同，並時常引用毛澤東贊同「國防政府」的部分作為「國防文學」正確性的依據。

　　事實上，瓦窯堡會議通過的《決議》是有贊同「國防政府」主張，但也

〔註 4〕　：《中央關於目前政治形勢與黨的任務決議》，中央統戰部、中央檔案館編：《中共中央抗日民族統一戰線文件選編》中，檔案出版社，1985 年 7 月第 1 版，第 53、64 頁。

〔註 5〕　參見徐慶全的：《周揚與馮雪峰》中第四章「『兩個口號』大論爭」的相關表述，武漢湖北人民出版社，2005 年 1 月第 1 版。

有強調「民族革命戰爭」的地方，如決議中也有明確提出目前「黨的政策路線」是：「在亡國滅種的前面，中國人民決不能束手待斃。只有全國海陸空軍與全國人民總動員，開展神聖的反日的民族革命戰爭，以打倒日本帝國主義，以消滅中國有史以來最大的漢奸賣國賊蔣介石，中國民族才能得到最後的徹底的解放。」〔註6〕至於毛澤東同志，他是在不少場合談過擁護「國防政府」的主張，但是他談論「民族革命戰爭」的地方更多。根據筆者的統計，毛澤東公開發表著作中正面談到「民族革命戰爭」的有 14 處，〔註7〕而談及「民族革命」的那就更多。瓦窯堡會議除了通過上述《中央關於目前政治形勢與黨的任務決議》外，還通過了毛澤東起草報告的《中央關於軍事戰略問題的決議》，在這個決議中，毛澤東明確提出「民族革命戰爭萬歲」可作爲黨目前的口號。〔註8〕瓦窯堡會議後不久，毛澤東根據會議決議精神，於 12 月 27 日在黨的活動分子會議上作了《論反對日本帝國主義的策略》的報告，報告中明確提出，黨的基本的策略任務「不是別的，就是建立廣泛的民族革命統一戰線。」〔註9〕

由此可見，馮雪峰說他的「民族革命戰爭的大眾文學」是配合毛澤東的「民族革命戰爭」的統一戰線精神而提出，絕非虛妄之言。還有一個例證就是丁玲所記述的她和馮雪峰在上海的相逢：「他（指馮雪峰，筆者注）對我講

〔註6〕：《中央關於目前政治形勢與黨的任務決議》，中央統戰部、中央檔案館編：《中共中央抗日民族統一戰線文件選編》中，檔案出版社，1985 年 7 月第 1 版，第 45～68 頁。

〔註7〕 談論「民族革命戰爭」的文章如下：《中華蘇維埃共和國中央政府、中國工農紅軍革命軍事委員會抗日救國宣言》、《國共兩黨統一戰線成立後中國革命的迫切任務》（編入《毛澤東選集》第二卷時，題目改爲：《國共合作成立後的迫切任務》）、《關於戰略方針和作戰指揮的基本原則》、《中國共產黨致中國國民黨書》、《在中國文藝協會成立大會上的講話》、《反對日本進攻的方針、辦法和前途》、《爲動員一切力量爭取抗戰勝利而鬥爭》、《上海太原失陷以後抗日戰爭的形勢和任務》、《論持久戰》、《抗戰十數個月的總結》、《抗日民族戰爭與抗日民族統一戰線發展的新階段》、《中央關於軍事戰略問題的決議》、《中國革命戰爭的戰略問題》、《對付日蔣聯合反共的軍事部署》。這些文章是由：《毛澤東選集》、《毛澤東文集》、《解放》雜誌、《鬥爭》雜誌、《紅色中華》雜誌統計而來。

〔註8〕 毛澤東：《中央關於軍事戰略問題的決議》，中央檔案館編：《中共中央文件選集》第十冊（一九三四～一九三五年）》，中國中央黨校出版社 1991 年，第 589～597 頁：另見毛澤東：《毛澤東文集》第一卷，人民出版社，1993 年。

〔註9〕 毛澤東：《論反對日本帝國主義的策略》，《毛澤東選集》第一卷，人民出版社，1991 年，第 142～169 頁。

長征故事，講毛主席，講遵義會議，講陝北，講瓦窯堡；講上海文壇，講魯迅。他心裏只裝著革命，裝著兩個偉人。」〔註10〕

　　儘管我們在此不厭其煩地訴說「民族革命戰爭的大眾文學」的政策背景，並非是要表明，「兩個口號」之爭就是由政治路線的不同而引發的爭執。其實恰恰相反，這樣的政策路線的釐清並不是關於「兩個口號」本質的界定，而是想要說明，不論是「國防文學」還是「民族革命戰爭的大眾文學」，其過分注重政策路線而勢必會忽略作家的個人體驗和文學感受。在前文，筆者反覆舉例證明，正是由於周揚等的「國防文學」太拘泥於政策路線，因而注定了他們提出的口號以及口號下指導的相關題材和作品，並不一定會和人們的實際人生體驗和文學理解相吻合。而對於魯迅這樣堅持人生體驗、注重個體獨立性的作家來說，勢必會對「國防文學」及其相關「國防文學」的題材和作品產生非議，這才真正是左翼文學界內部民族話語上的最大分歧。而馮雪峰同樣拘泥於政治路線來解讀魯迅，這恐怕也同樣注定了他和魯迅在民族話語認知上的分歧。

第二節　「兩個口號」論爭與胡風

　　我們詳細梳理「民族革命戰爭的大眾文學」產生的政治路線依據，並非是要把它和「國防文學」的爭論帶入到政治路線是非的鬥爭中去。同樣，我們仔細梳理胡風在「兩個口號」論爭中的作用，不是為了說明這場爭論是宗派之爭，恰恰相反，對於胡風在「兩個口號」論爭中作用的考論是為了破解「宗派之爭」的迷誤。這個迷誤就是，大家原本都認為左翼從階級話語轉向民族話語是沒有什麼分歧的，之所以產生爭議，是因為宗派勢力的作祟。確切地說，在「國防文學」提倡者看來，他們的口號先提出，後面有人提出其他口號其實也沒有關係，但是胡風提出來就有問題了。正由於「國防文學」這邊很多人懷疑胡風的政治清白，因此也對他提出的新口號動機有所警惕。實際上，這都是後來者對於歷史的闡述。毫無疑問，作為「民族革命戰爭的大眾文學」這一口號的發軔者，胡風的作用顯而易見。但另一方面，胡風的地位和作用是不是被過分誇大了呢？在我看來，他不過是第一個提出和「國

〔註10〕丁玲：《魍魎世界・風雪人間──丁玲的回憶》，人民文學出版社，1989年7月第1版，第99頁。

防文學」相牴觸的「民族革命戰爭的大眾文學」的口號而已,他也不過是只
寫了一篇含混不清的文章而已。儻若不是後來有了牽扯頗廣的所謂的「胡風
反革命集團」事件,胡風的地位和作用恰如周立波之於「國防文學」一
樣。恰恰正是有了後來胡風的反革命事件,胡風的重要性才有必要被強調出來。
胡風是反革命,胡風的一切活動自然都是反革命的明證,「兩個口號」中的胡
風也是如此,在揭批胡風「反革命的罪行」中,就有人羅列了胡風提出的口
號是旨在破壞文藝界團結抗日的局面,是「與國民黨奸細、托洛茨基分子裏
應外合」。〔註11〕建國後,影響較大的現代文學史專著《中國新文學史初稿》
這樣談到「兩個口號」論爭的緣起,「由於混盡我們革命文藝陣營來的蔣介石
特務匪徒胡風,他竭力破壞我們的抗日民族統一戰線,從中挑撥魯迅與黨的
文藝工作者(如周揚,夏衍、馮雪峰)之間的關係,製造革命文藝陣營內部
的分裂,為他的主子——帝國主義與蔣匪幫——忠誠服務,也是一個重要的
原因。」〔註12〕當然,對於一般人來說,這樣做不過是在胡風的反革命罪狀
上多加一條而已,但對於「國防文學」提倡者而言,這自然有更為重要的意
義。胡風的反革命性恰好從反面證明了「國防文學」的合理性和正確性,也
表明了他們對於「胡風」奸細的判斷具有敏銳的前瞻性,那麼就算是魯迅自
己能被繞開,自然也留下了識人不察的口實。當然,這種「合理性」和「正
確性」很快被殘酷的現實所擊碎了,「四條漢子」同樣因為「國防文學」的「反
革命性」被定罪。但是,當撥亂反正的時刻來到時,周揚、夏衍等馬上又拾
起胡風反革命的反面例證。周揚曾經在「文革」結束後關於兩個口號有過上
中央書,他這樣解釋兩個口號的爭論問題:「『民族革命戰爭的大眾文學』這
個口號是胡風第一個提出來的。一九三六年胡風在《文學叢報》上,發表了
一篇題為《人民大眾向文學要求什麼》的文章,提出了這個口號。這時候『國
防文學』的口號已經在知識界流行開來。胡風竊取這個口號,用意是很明顯
的,就是要在左翼內部製造分裂,達到他的政治野心。……我們卻盲目地從
宗派情緒出發,認為胡風提出這個口號是有意和『國防文學』相對抗,因而
對這個口號展開了激烈的論戰,以致上海文化界有不少人把這場鬥爭說成是
『周揚派』和『胡風派』之爭。」〔註13〕另外,在1977年底一次座談會上,

〔註11〕魏壁佳:《胡風反革命理論的前前後後》,《文藝報》1955年14期。

〔註12〕劉綬松:《中國新文學史初稿》上卷,人民文學出版社,1956年,第237頁。

〔註13〕周揚:《周揚關於三十年代「兩個口號」論爭給中央的上書》,徐慶生整理,《魯

周揚「文革」後再次談論並評判兩個口號的論爭：「胡風在《文學叢刊》上，第一個提出『民族革命戰爭的大眾文學』的口號，我們當時確實不知道這個口號是魯迅授意他提的。那時胡風正在左翼內部進行宗派分裂活動，我們對他在政治上有所懷疑。胡風的文章又對『國防文學』採取了對立的態度。所以他的文章一發表出來，我們也就從宗派情緒出發，對他加以反駁。這樣就爆發了所謂『兩個口號』的論戰。當時文藝界有人認為這是左翼內部的宗派之爭，是所謂的『周揚派』與『胡風派』之爭。」〔註14〕「『內戰』也搞開了。當時都說是『周揚派』、『胡風派』之爭。馮雪峰這時才來找我。我的錯誤是，即使胡風是壞人，也不應當反對。這種情形有些像「文化大革命」中的派性。左翼內部打起來了，只有對敵人有利。就是胡風向我們挑戰，也不應該應戰。」〔註15〕周揚這些言論有胡風還未被平反的時代背景，但很顯然，周揚的這些言論為以後留下了鋪墊，最多不過是大家相互的宗派主義鬥爭而已，我有錯，另一方也不會例外。自此，事情的發展就如可以預料的一樣，周揚、夏衍等提到「兩個口號」總要強調胡風。這樣的思維就把「兩個口號」的論爭引入到「宗派鬥爭」的路子上來。

　　在周揚、夏衍等人看來，他們之所以反對新口號，就在於他們不知道新口號是魯迅同意的。周揚等在後來的表述中提到直到魯迅的《答徐懋庸並關於抗日統一戰線問題》一文出來以後，他們才「突然明白」原來提這個口號的是魯迅。言外之意呢，當時如果最初提口號的是魯迅，就會避免這些爭論了。夏衍索性把這種言外之意明確表達出來：「我曾經在一篇文章中寫過，假如胡風的文章中說明這個新口號曾經得到魯迅的同意，或者說這篇文章是魯迅要他寫的，那麼，這場論爭也許可以避免的。」〔註16〕茅盾的回憶錄也表達了同樣的意思，認為胡風是擅自發表文章提出新口號。不過，他也記述了一些頗有意味的訊息。胡風寫的那篇文章《人民大眾向文學要求什麼》發表後，茅盾看到隻字不提魯迅、馮雪峰還有他本人。所以他就想找補救的方法，讓馮雪峰從魯迅那兒要了兩篇文章，希望在「國防文學派」的刊物《文學界》上發表，並寫了附記，中心的意思就是魯迅也是贊成國防文學的口號的，胡

迅研究月刊》2004年10期。
〔註14〕徐慶全：《周揚與馮雪峰》，湖北人民出版社，2005年1月第1版，第229頁。
〔註15〕徐慶全：《周揚與馮雪峰》，湖北人民出版社，2005年1月第1版，第88頁。
〔註16〕夏衍：《懶尋舊夢錄》增補本，北京三聯書店，2000年9月第1版，第210頁。

風的文章是他個人的行爲。然而，很快茅盾明白了自己的良苦用心不過是「一
廂情願」。「國防文學派」從來不會相信此舉是胡風的個人行爲，就像後來魯
迅不相信徐懋庸的信會是他的個人行爲一樣。他們之所以在開始就批評胡
風，就是要打擊胡風后面的魯迅。所以，後面的一系列事件就顯而易見，「國
防文學」派的進攻並不因這番調停和解釋而趨於平和，反而更加猛烈了。可
以推測的是，周揚等人的「突然明白」是應該值得懷疑的。

　　緊接著，徐懋庸致魯迅的信和魯迅的公開答覆才是這場論爭的高潮。魯
迅在給友人信中寫道：「徐懋庸也明知我不久之前，病得要死，卻雄赳赳首先
打上門來也。」而且魯迅馬上也意識到：「寫這信的雖是他一個，卻代表著某
一群。」〔註17〕對此說法「國防文學」這一邊矢口否認，他們反覆強調在魯
迅的文章出來後，曾經批評過徐懋庸的個人行爲。並且在他們後來的追憶中，
都反覆強化對於徐懋庸個人行爲的「不滿」。而當事人徐懋庸儘管承認信不是
大家共同草寫的，但意思卻是大家（左聯同人，周揚他們）的意思。在他的
回憶錄中詳細敘述了他寫這封信的緣由：「我只有一個想法，關於路線政策問
題，總是共產黨員比較明白，魯迅不是黨員，而周揚卻是的。因此，我要跟
著黨走，總的基本上相信周揚他們所說的。所以，在這個嚴重的關頭，我經
過反覆考慮，在當時的爭論中決定站在周揚的方面，雖然我對周揚的作風有
些方面也是不滿意的。又因爲周揚他們的經常議論，以及根據我自己的觀察，
我以爲胡風不是好人，魯迅是受了胡風的蒙蔽，『浮雲蔽白日』，一時也難免
的。」「魯迅答覆我的文章發表後，周揚他們認爲我給他們惹了大禍，就開了
一個會批評我，除了周揚以及原『左聯』常委會的幾個人以外，還有夏衍。
他們批評我的『個人行動』、『無組織無紀律』、『破壞了』他們『同魯迅的團
結』，而他們自己卻毫無檢討，我很不服，駁斥了他們。我說，信雖然是我自
己想起寫的，可以說是『個人行動』，但其基本內容，不是你們經常向我灌了
又灌的那一套麼，不過是我把它捅了出去而已。」〔註18〕徐懋庸的這番回憶
表白應該是比較合乎情理的。

　　由此可見，周揚等人一開始批胡風，就是批駁魯迅對於「國防文學」政
策的不配合。從前幾章的分析來看，這場論戰是不可避免的，魯迅和周揚等

〔註17〕 魯迅：《360828 致楊霽雲》，《魯迅全集》13 卷，人民文學出版社，1981 年版，
　　　　第 416 頁。
〔註18〕 徐懋庸：《徐懋庸回憶錄》，人民文學出版社，1982 年第 1 版，第 90 頁。

人關於民族話語的認知存有太多的分歧和爭執。所以，即便沒有胡風，即便沒有「民族革命戰爭的大眾文學」這個口號，一樣無可避免一場巨大的矛盾和衝突。而要瞭解左翼文學內部民族話語分歧的實質，還得從魯迅的民族危機中的人生體驗說起。

第三節　民族危機中依然很「左」的魯迅

　　民族危機加劇，左翼在策略上從階級鬥爭轉向統一戰線，在文學上從階級話語轉向民族話語時，需要克服的就是「左」傾。而魯迅在這時依然很「左」，對此我們首先應當承認魯迅的「左」並不是什麼可怕的事實。誠然，建國以來至「文革」期間，「極左」社會思潮曾經佔據了很長時間，國家並因此遭受過巨大的災難。撥亂反正後總結教訓，一切都是「左」惹的禍，於是什麼責任都往「四人幫」和「左」身上推，至今我們仍然是談「左」色變。其實，在我們構造的漫天的「語言漂浮物」中，「左」與「右」，「革命」與「反革命」這些辭彙早已經失去了他們本來的意義甚至走向它的反面，我們應該做的仍然是回到歷史的現場去評判。

　　魯迅曾在「左聯」成立大會上就談到「左」與「右」的問題，魯迅提出「倘若不和實際的社會鬥爭接觸」，「倘不明革命的實際情形」，「左翼」很容易變成「右翼」。〔註19〕魯迅的「左」雖然步履緩慢，卻是在血與火中一步步堅實地踏出來的，在民族危機中的「左」的態度也是如此。

　　早在1933年11月底，對蔣介石的不抵抗政策不滿的十九路軍就聯合中間力量成立反蔣抗日的「中華共和國人民革命政府」，這就是歷史上的「福建革命」。魯迅對此事件充滿著不信任與嘲弄。12月2日，魯迅在給友人增田涉的信中談到這件事情：「東南方面，略有動亂，為著搶骨頭。從骨頭的立場說，給甲狗啃和乙狗啃都一樣。」〔註20〕東南動亂指的就是福建革命，在魯迅看來，福建人民政府和蔣介石政府一樣，都是殘害人民的軍閥統治者，都不會改變其獨裁專制、對外依附帝國主義的本質。魯迅在12月5日給姚克的信中也談到了此事：「閩變而粵似變而非變，恐背後各有強國在，其實即以土酋為

〔註19〕魯迅：《對於左翼作家聯盟的意見》，《魯迅全集》第4卷，人民文學出版社，2005年，第238～244頁。

〔註20〕魯迅：《331202 致增田涉信》，《魯迅全集》14卷，人民文學出版社，2005年，第271～272頁。

傀儡瓜分。」〔註21〕巧合的是，同一天中共中央發表《爲福建事變告全國民眾書》，對此事的態度和魯迅相同。當然黨內也有如毛澤東、朱德等人對於福建事件是從積極的角度給予評價並派人與其有實質的接觸和談判，但中共中央的表態無疑是權威的。在告民眾書中，中共中央認爲事變「完全是反革命派騙人的把戲」，沒有任何眞正反帝與反軍閥、反官僚豪紳地主的實際行動，同國民黨的反革命政府不會有什麼區別。他們的目的不是要推翻帝國主義與中國地主資產階級的統治，而正是爲了維持這一統治，爲了阻止全中國民眾的革命化與他們向著蘇維埃道路的邁進。在宣言中最後指出：「或者是帝國主義的國民黨的殖民地的道路，或者是堅決反帝國主義的與反國民黨的中國民族解放的道路，只有工農兵以及勞苦民眾革命的勝利，才能保障中國民族解放道路的勝利。中間的道路是沒有的，一切想在革命與反革命中間尋第三條出路的分子，必然要遭到殘酷的失敗，而變爲反革命進攻革命的輔助工具！」〔註22〕在中央對福建事變的第二次宣言中，繼續給予這個已經破產的「人民政府」無情的冷嘲熱諷：「福建的所謂的人民革命政府已經在國民黨軍閥劊子手蔣介石的武力的進攻面前，在反革命的領袖的投降、叛變與失敗主義的策略之下，悲慘地結束了自己的存在！福建的所謂人民政府的曇花一現的歷史及其最後的殘酷的破產，更一次地證明了中國共產黨主張的正確。」「現在每一個中國民眾，每一個工人農民勞動者，可以從切身的經驗上瞭解，一切改良主義者漂亮的空談與革命口號，只不過是欺騙民眾的煙幕彈與把戲！福建人民革命政府的領袖們的行動最無情與殘酷地揭露一切反革命派的原形，一切好聽與動人的革命口號，只不過是爲著阻止中國民眾革命向著勝利的大道邁進！〔註23〕當然，這個「正確性」後來就是我們所常常批判的「左傾錯誤路線」的集中體現。

不過，魯迅對於「福建事變」「左」的立場並不是因爲看了當時黨的什麼政策文件，也不是因爲領會了共產國際或者中共中央領導人的意圖，而是基

〔註21〕魯迅：《331205 致姚克信》，《魯迅全集》第 12 卷，人民文學出版社，2005 年，第 511～512 頁。

〔註22〕：《中共中央爲福建事變告全國民眾書》，中央統戰部、中央檔案館編：《中共中央抗日民族統一戰線文件選編》上，檔案出版社，1984 年 9 月第 1 版，第 148～152 頁。

〔註23〕：《中央爲福建事變第二次宣言》，中央統戰部、中央檔案館編：《中共中央抗日民族統一戰線文件選編》上，檔案出版社，1984 年 9 月第 1 版，第 212～217 頁。

於他深刻的人生體驗。魯迅看到「福建革命」事件，他自然聯想到所目睹過的辛亥革命時的「咸與維新」和北伐戰爭中的「國共合作」。它們的結局都是一樣的，革命志士往往都是被合作的「盟友」所屠殺，這些都曾深深刺傷過魯迅的心。尤其是發生在廣東的「四一五」反革命事件，魯迅目睹了無數的年輕人被捕殺的慘狀，而這些年輕人又曾是懷著怎樣神聖的情感來到這個革命中心地廣州的！這一事件對魯迅的觸動很大，魯迅的思想也因此發生了很大的改變，這一點研究界已有很多關注，此處就不再贅述。廣州清黨事件的劊子手就是李濟深，不僅如此，他還是全國範圍內反革命政變的發起者和主要策劃者。1927 年 4 月 2 日蔣介石與李濟深、李宗仁、黃紹竑、白崇禧等人在上海舉行秘密會議，準備發動針對中國共產黨和工農運動的反革命政變，李濟深首先發言，談到了他的領地廣東的情形，尤其表達了對於彭湃領導的農民運動的擔憂和敵視，他提出：「如果不早日清黨，早日鎮壓，其他各縣的農民都將起來效尤，廣東的局面就無法維持了。」〔註 24〕儘管由於他後來的「進步」和特殊地位，這一事實總被有意無意地迴避或者抹殺。但魯迅對此則是刻骨銘心的，他對於李濟深以及其他國民黨屠殺者的印象是至死也無法改變。而福建人民政府的主席恰恰又是李濟深，魯迅又怎會不把敵意和嘲弄投向這個新政府呢？針對當時大量有為年青人欣然前往福建的現象，魯迅表現出了他的擔憂。他曾給青年友人的信中說：「學木刻的幾位，最好不要到那邊（指福建，筆者據魯迅全集注）去，我看他們的辦法，和七八年前的廣東一樣，他們會忽然變臉，倒拿青年的血來洗自己的手的。」〔註 25〕「聞此地青年，又頗有往閩者，其實我看他們的辦法，與北伐前之粵不異，將來變臉時，當又殺掉青年，用其以洗自己的手而已，惜我不能公開作文，加以阻止。」〔註 26〕

　　毫無疑問魯迅的這些判斷是基於現實的沉重體驗，然而讓人不可思議的是，這些經由現實沉重體驗所得的判斷和根本就不瞭解中國現實僅由外國經驗或政策而來的簡單結論卻有著驚人的一致。這讓人不得不感歎歷史的弔詭。

〔註 24〕黃紹竑：《四一二政變前後秘密反共會議》，《廣州大革命時期回憶錄選編》，廣東人民出版社，1986 年 12 月，第 566～573 頁。

〔註 25〕魯迅：《331213 致吳渤信》，《魯迅全集》12 卷，人民文學出版社，2005 年，第 515～517 頁。

〔註 26〕魯迅：《331219 致姚克信》，《魯迅全集》12 卷，人民文學出版社，2005 年，第 519～521 頁。

在民族危機更加緊迫的 1936 年，在民族情緒和「國防」意識高漲的 1936 年，魯迅仍然無視「民族矛盾超越階級矛盾」的現實，仍然「不識大體」站在「左」的立場上留下了清醒的語句：

> 用筆和舌，將淪爲異族的奴隸之苦告訴大家，自然是不錯的，但要十分小心，不可使大家得這樣的結論：「那麼，到底還不如我們似的做自己人的奴隸好。」

> 「聯合戰線」之說一出，先前投敵的一批「革命作家」，就以聯合的先覺者自居，漸漸出現了。納款，通敵的鬼蜮行爲，一到現在，就好像都是「前進」的光明事業。〔註27〕

這是收在 1936 年 10 月發表的《半夏小集》中的一組文章，幾天之後魯迅離開了人世，這些文章連同那句著名的遺言：「損著別人的牙眼，卻反對報復，主張寬容的人，萬勿和他接近」，這是臨終前的魯迅對於左翼人以及後來人最沉痛的告誡。

魯迅死後，一面巨大的「民族魂」覆蓋其身。這是全國思想界、輿論界以及廣大民眾對於魯迅民族情懷的最崇高的敬意。「魂」字更是傳神之贊，魯迅拯救國民靈魂，無人而無國，由立人而到建立現代民族國家，這是魯迅的一貫堅持。在民族危機中，魯迅不僅是仍念「舊惡」的「左」的立場，更是對於啓蒙立場的堅守，對於「人」的價值的捍衛。他仍然堅持先前的認識：專制和愛國是不相容的，奴隸制的思想絕非眞正的民族主義。

第四節　「兩個口號」論爭中馮雪峰和魯迅的差異

正是由於在民族危機中，魯迅仍然堅持「左」的立場，仍然對於「人」的權利和主體性的捍衛，這就無可避免地產生了他與周揚等黨團作家之間的分歧。其實，左翼從階級話語轉向民族話語時，分歧和差異不僅存於魯迅和以周揚爲首的黨團之間，也存於魯迅和同樣支持「民族革命戰爭的大眾文學」口號的馮雪峰之間。過去我們常常在「兩個口號」論爭中，強調了魯迅和馮雪峰、胡風等人的一致性，並強調他們這一方和周揚等「國防文學」一邊的分歧和對立，這種觀念恰是把「兩個口號」看做是宗派之爭的預設論。因此，

〔註27〕魯迅：《半夏小集》，《魯迅全集》6卷，人民文學出版社，2005年，第617～621頁。

當我們把左翼文學界在民族話語上的分歧，簡單地認爲是「兩個口號」所引發的宗派之爭時，我們無意間就遮蔽了對於左翼文學從階級話語轉向民族話語的複雜性。

　　目前，學界已有很多成果論述馮雪峰重返上海後，力圖搭建魯迅和黨以及毛主席之間的橋梁，然而馮雪峰費勁心力地承攬起「附帶著管一管文藝界」，苦心去修復魯迅和黨的關係，這是否也從另一方面說明了魯迅和當時黨的關係愈來愈遠。溝通本身就是距離擴大的另一種表述，而且這僅僅是周揚的宗派主義情緒造成的麼？恐怕沒有這麼簡單。

　　馮雪峰返回上海後，他把魯迅的苦悶歸納爲三個原因，除了身體上的病痛之外，另兩條爲：「第一，當時上海文藝界的一些糾紛，尤其革命的文學工作者中間的某些不團結的現象，很刺激了他。第二，民族統一戰線的政策，由於沒有人對他正確地解釋過，最初他確實是懷疑的；加以『左聯』的解散也不曾經過很好的討論，到那時候他的感情還扭轉不過來。」〔註28〕很顯然，馮雪峰希望能夠在統一戰線的框架之內解決魯迅的思想問題，修復魯迅和黨之間的關係。爲此，他也曾有過調走周揚的動議。然而，馮雪峰是否把這些複雜的問題簡單化了呢？同時按照馮雪峰這樣解釋，我們就不難理解周揚等人爲什麼會有那麼大的不平了。要知道周揚等人看到蕭三信件中所傳達的共產國際新精神，魯迅是首先目睹了的，而且我們今天所能看到的這封信也是魯迅讓許廣平留底抄錄的。我們也就很容易明白爲什麼一直以來「國防文學」提倡者都覺得自己「是」而魯迅「非」，1991 年夏衍發表了一篇談話，專門談到了「兩個口號」論爭中的是非問題

　　　　問：(周健強) 同是一個口號，誰提的有什麼關係呢？

　　　　答：(夏衍) 當然有關係。假如知道是魯迅提的，就不會有這場風波。

　　　　……

　　　　問：那麼說魯迅提的應該也不對呀？

　　　　答：這話不好講。魯迅究竟不是黨員，在那個大變化時期，他不可
　　　　　　能知道黨的方針已從「反蔣抗日」、「逼蔣抗日」進入到「聯蔣
　　　　　　抗日」了。〔註29〕

〔註28〕馮雪峰：《馮雪峰憶魯迅》，河北教育出版社，2001 年 1 月第 1 版，第 83 頁。
〔註29〕夏衍 (周健強訪談整理)：《夏衍談「左聯」後期》，《魯迅研究月刊》1991 年
　　　　1 期。

　　這段談話中關於夏衍等人認為「假如知道是魯迅提的，就不會有這場風波」，前文已有詳細論述。其實，夏衍說當時的抗日政策從「反蔣」、「逼蔣」到「聯蔣」的變化恐怕也不太合乎事實，似乎《八一宣言》和瓦窰堡會議精神還都祇是反蔣抗日，這些都不是重點。關鍵在於這段對話的言下之意，這一點陳漱渝先生進行了揭示，他在反駁文章《褒貶自有春秋——讀〈夏衍談『左聯』後期〉》一文中，同樣引用了上述對話部分，並分析到：「這種回答方式雖然迂迴曲折，但含義是昭然若揭的：魯迅在事實上不對，祇是從口號上不便明言；魯迅之所以不對，因為他不是黨員，因而不瞭解大變化時期黨的方針變化。」〔註30〕

　　這似乎有些扯遠了，其實不然。回過頭我們再來理解1936年馮雪峰和魯迅的碰面，馮雪峰的興奮和魯迅的憂鬱懷疑構成了強烈的反差。馮雪峰的回憶錄中談到和魯迅1936年重逢時「興奮」的字眼就有十多處，以致他最初都沒有注意到魯迅的憂鬱，「但我當時不曾注意到他這樣的心情，只在幾天后才回想到，……我當時完全被自己的興奮的情緒所支配，先忙於告訴他我如何到上海以及我將留在上海做些什麼工作之類的事情。」〔註31〕魯迅在聽了馮雪峰興奮地講述黨的統一戰線政策後，「我可真的要落伍了」的平靜答覆意味深長。這表明魯迅覺得自己以前懷疑周揚「解散左聯」、提出新口號尚有跟不上形勢之嫌的話，那麼和馮雪峰的交談更加確信了自己的「落伍」。這種孤獨、落寞以及懷疑恐怕不是馮雪峰所理解的三條原因那麼簡單，這也表明了此時的馮雪峰和魯迅在心態上的差異，這種差異雖微妙但決不能忽視。其實，馮雪峰到上海跟魯迅談話時的興奮和周揚他們當初得到共產國際新指示時的興奮有異曲同工之處，他們的共同心理是這麼一個很合乎時宜的統一戰線政策一定會得到廣泛的擁護，一定會是應者雲集的場景。然而魯迅的表現卻是極其不「配合」，到這裡周揚和馮雪峰的態度開始有了迥然之別：周揚和夏衍等人有的是失望和惱怒，儼然當頭遭一棒，這種情緒在很多年後重談這事時仍有所反映；馮雪峰的態度是如何去撫慰，如何去溝通魯迅和當時的黨，馮雪峰後來的回憶錄中也是著重談及這些。甚至馮雪峰曾經也做過這樣的假設：「即使假定魯迅先生終於不瞭解甚至不同意民族統一戰線政策，他也絕對不

〔註30〕陳漱渝：《褒貶自有春秋——讀〈夏衍談『左聯』後期〉》，《魯迅研究月刊》1992年2期。

〔註31〕馮雪峰：《馮雪峰憶魯迅》，河北教育出版社，2001年1月第1版，第82頁。

會遠離我們黨的。」〔註32〕當然他接著否定了這種假設的多餘，這種假設本身是否也傳達出魯迅真實心態的一些訊息呢？馮雪峰的努力的確起到了一定的效果，魯迅的「不平衡」（這也是馮雪峰回憶魯迅中描述魯迅情緒較多的一個詞）得到了某種程度上的安撫，但是所有這些都顯示出馮雪峰對於魯迅的理解仍然更多停留在宗派情緒對他的傷害上。

在此段時間，馮雪峰曾以魯迅名義寫了三篇文章，分別為《答托洛斯基派的信》、《論現在我們的文學運動》以及《答徐懋庸並關於抗日統一戰線問題》。綜合馮雪峰後來的回憶，前兩篇是基本獲得魯迅的認可。至於最後一篇，改動較大，幾乎可視為魯迅自己創作，但前面談統一戰線政策的部分，幾乎沒有做多少改動，而魯迅將主要精力放在對徐懋庸和周揚等人的駁斥上。這樣給人的感覺似乎魯迅更著重於馮雪峰後面不清楚的「人事」糾紛，似乎政策方面基本都獲得了魯迅的認可。對於魯迅重視「人事」糾紛這一方面，有學者已做了精闢的分析：

> 在我看來，恰恰就是這些「人事」的披露和敘述，充分反映了魯迅對於問題實質的清醒把握。此時此刻，魯迅面對的並不是一位理論家的理性思考，而是直接的赤裸裸的「權利」的炫耀，而且這樣的炫耀又包裹著一層冠冕堂皇的「為公」、「為革命」的外衣。對於其表裏不一的「理論」，魯迅實在有些不屑，需要他重點暴露和打擊的倒是其根深蒂固的「權利」意識，用魯迅的話來說就是如何「借革命營私」的種種劣迹。〔註33〕

另一方面，根據最新的材料和最近的研究，馮雪峰的理論政策也未必合乎魯迅的自我認知。日本著名的魯迅研究專家丸山升先生對《答徐懋庸並關於抗日統一戰線問題》的手稿進行了分析研究，指出了後半部分改動較大的地方所存在的差異，而且也分析了手稿前面幾乎未作改動的政策部分，以及和馮雪峰在《論現在我們的文學運動》方面所存有的微妙差異：「在馮雪峰那裡，堅持無產階級領導權是理應指導一切運動的無產階級乃至共產黨的光榮任務，因而這種指導力量也是本來具備的；與此相對，魯迅則基於對『左翼文學』整體的力量還很弱小的自覺來認識無產階級領導權問題。」〔註34〕張

〔註32〕馮雪峰：《馮雪峰憶魯迅》，河北教育出版社，2001年1月第1版，第82頁。
〔註33〕李怡：《為了現代的人生》，上海教育出版社，2004年3月第1版，第299頁。
〔註34〕〔日〕丸山升著，孫歌譯：《由〈答徐懋庸並關於抗日統一戰線問題〉手稿引

永泉先生也提出了關於魯迅與《答托洛斯基派的信》的關係的疑問，魯迅生前並沒有打算收入這篇文章，張先生進一步指出這可能與這篇文章暗示托派收受日本人錢的說法，恰恰是魯迅最反對的有關。〔註 35〕丸山升和張永泉兩位先生的分析為我們提供了很好的啟示，其實從胡風的回憶錄中我們也可看出一些端倪。胡風后來提供了魯迅「認可」馮雪峰文章的更細微的一些情節，一些馮雪峰當時沒有注意到或者後來不願說的某些細節。「『國防文學』派放出流言，說『民族革命戰爭的大眾文學』是托派的口號，馮雪峰擬的回信就是為瞭解消這一栽誣的。他約我一道拿著擬稿去看魯迅，把擬稿念給他聽了。魯迅閉著眼睛聽了，沒有說什麼，只簡單地點了點頭，表示了同意。馮雪峰回去後，覺得對口號問題本身也得提出點理論根據來。於是又擬了《論現在我們的文學運動》，又約了我一道去念給魯迅聽了。魯迅顯得比昨晚更衰弱一些，更沒有力氣說什麼，表示了同意，但略略現出了一點不耐煩的神色。一道出來後，雪峰馬上對我說：魯迅還是不行，不如高爾基；高爾基那些政論，都是黨派給他的秘書寫的，他祗是簽一個名。」〔註 36〕胡風注意到了魯迅的「不耐煩」，我並不想把這一個「明顯」的情緒反應作為進一步分析的出發點，因為，第一這很有可能是魯迅身體的原因，這也是為什麼會有馮雪峰代言的原因；其次，胡風所注意到的魯迅情緒反應不論從觀察者還是被觀察者來看，都可能有很大的主觀因素。我覺得很有意味的是馮雪峰認為魯迅「不如高爾基」的那段談話。從馮雪峰的意思來看，魯迅還是太過於對自我主體性的堅持了，不像高爾基做的政論文章，高爾基完全相信黨派給他的秘書所寫的，僅僅簽名表示認可。而魯迅呢，儘管身體這麼差，對作為黨的特派員的馮雪峰依據黨的政策所寫的文章還是一再地交由魯迅親閱。從這段「魯迅不如高爾基」的談話中，我們可以窺出馮雪峰某些真實的心態，以及他和魯迅之間的巨大差異。

　　當然，1936 年到達上海的馮雪峰不祗是一個文藝家的身份，文藝界的事情也僅僅是「附帶管一管」，多重身份的馮雪峰與魯迅的關係也必然是多重

　　　　發的思考》，《魯迅研究月刊》1993 年 11 期。

〔註 35〕參見張永泉：《魯迅與〈答托洛斯基派的信〉的關係的疑問》，《魯迅研究月刊》
　　　　1999 年第 3 期。張永泉先生在文中祗是提出置疑，並沒有作出明確的斷定，
　　　　關於魯迅：《答托洛斯基派的信》的關係問題有機會再另文詳論。

〔註 36〕胡風：《魯迅先生》，《新文學史料》1993 年第 1 期；另載：《胡風全集》第 7
　　　　卷，湖北人民出版社，1999 年第 1 版，第 106～107 頁。

的，不論強調相同或者相異都有簡單化的可能。魯迅自己對此也有很明白的認知，而且馮雪峰後來的回憶也證明了這一點，上文所列舉的最能體現魯迅晚年心態的《半夏小集》寫成後，魯迅並沒有急著拿出去發表，而是先給馮雪峰過目，魯迅說：「你看看。也許你不以爲然的。」〔註37〕儘管馮雪峰表達了對於魯迅這些小雜文的「理解」，但魯迅「你我」分明的表達頗顯意味深長。胡風的回憶錄中還有這麼一段：「到病情好轉，恢復了常態生活和工作的時候，我提了一句：『雪峰模倣周先生的語氣倒很像……』魯迅淡淡地笑了一笑，說：『我看一點也不像』。」〔註38〕這除了說明魯迅對於他和馮雪峰之間的差異有自覺的認知外，胡風提出這個命題是否從另一個方面也展現出他和魯迅些許的差異呢？馮雪峰和茅盾後來的回憶錄中有關魯迅對於胡風口號解釋不甚清楚的表述是否也驗證了這一點呢？我以爲，這一點也是值得深入探討。之所以如此不厭其煩地表述和分析魯迅和馮雪峰及胡風之間的差異，無非是想提醒大家注意晚年魯迅的難以被人理解的孤獨和苦悶，這孤獨與苦悶顯然不是宗派矛盾能夠解釋的。因爲魯迅不僅和周揚等人無法溝通，即便是關係較密切的馮雪峰和胡風等左翼人士也有明顯差異。

如果說，中間溝通人馮雪峰和魯迅尚有差距，那麼由他串聯起的魯迅和黨和毛澤東之間的偏差則是可以預料的必然了。馮雪峰「自作主張」、「先斬後奏」送陝北領導人火腿和禮物，馮雪峰對於魯迅致陝北賀電的著力表述，這些過去我們看似體現魯迅和黨親密無間的事件既順理成章又並非表面上所展現的那樣。〔註39〕

在另一方面，我們也無法否認魯迅對於馮雪峰所作的上述事宜以及代寫文章等都表示了同意，但是這又將如何解釋魯迅不願受到周揚等人的「擺佈」呢？難道僅僅因爲魯迅和馮胡關係近和周揚關係疏的原因麼？這不就說明了

〔註37〕馮雪峰：《馮雪峰憶魯迅》，河北教育出版社，2001年1月第1版，第103頁。
〔註38〕胡風：《魯迅先生》，《新文學史料》1993年第1期；另載：《胡風全集》第7卷，湖北人民出版社，1999年第1版，第107頁。
〔註39〕關於魯迅和茅盾電賀紅軍之謎，倪墨炎先生進行了持續不斷的考證，認爲絕非出自魯迅之手，而且推斷代寫人就在陝北。馮雪峰大概是首個提到魯茅發電報的人，而且聲稱是自己從陝北動身前幾天賀電到陝北的，此中是否有關聯，倪墨炎先生並未涉及，可等進一步考證，另外也有學者認爲這封信是蕭軍代寫。倪墨炎先生文章：《魯迅寫信祝賀紅軍長征勝利一事的思考》、《破解魯迅、茅盾「電賀」紅軍之謎》，分別見：《魯迅研究月刊》1984年第3期，《檔案春秋》2006年第7期。

「兩個口號」論爭是一場宗派矛盾麼？正像有人就自然得出結論：「上海文藝界的宗派糾紛，乍看起來是因為工作中的『誤會』及『口號』之爭，實際上是由於同魯迅的親疏關係而派生、發展。」〔註40〕

其實魯迅並不完全反對別人對他的「利用」，但被利用的底線是不能喪失自身的主體性和獨立性。過去有人常強調魯迅「甘為孺子牛」的奉獻，〔註41〕但魯迅也以牛自比，鄭重聲明：「但倘若用得我太苦，是不行的，我還要自己覓草吃，要喘氣的功夫；要專指我為某家的牛，將我關在他的牛牢內，也不行的，我有時也要給別家挨幾轉磨。如果連肉都要出賣，那自然更不行，理由自明，無須細說。」〔註42〕魯迅在給許廣平的私人信中也談到了關於「利用」，「我明知道幾個人做事，真出於『為天下』是很少的。但人於現狀，總該有點兒不平，反抗，改良的意思。只這一點共同目的，便可以合作。即使含些『利用』的私心也不妨，利用別人，又給別人做點事，說得好一點，就是『互助』。但是，我總是『罪孽深重，禍延』自己，每每終於發現純粹的利用，連『互』字也安不上，被用之後，只剩下耗了氣力的自己一個。」〔註43〕

誠然，在民族的危難救亡中，必須聯合起來，民族主義本質上也是一個由若干個體構成的集團主義。那麼這也意味著在個體與個體的聯合中，在政黨與政黨的聯合中，大家彼此都要作出一些權利的犧牲和讓步。但這決不意味著，個人的主體性就可以完全被踐踏和忽視。過去我們常認為魯迅的新口號更加強調無產階級的領導權，與此相對，國防文學則有點右傾和投降主義的傾向，這一點周揚後來自己也有承認。〔註44〕我覺得這祇是表面化理解，不論是「國防政府」提出者的王明還是相配套概念「國防文學」的發明者周

〔註40〕趙俊賢：《文藝理論家馮雪峰的悲劇》，《渭南師範學院學報》2001年第1期。這種觀點有很多人表示贊同，徐慶全在：《周揚與馮雪峰》中引用上述觀點並作了進一步闡發，見徐慶全：《周揚與馮雪峰》，湖北人民出版社，2005年1月第1版，第77頁。

〔註41〕魯迅的孺子牛結合其作詩的具體語境以及日記中相關表述，孺子指海嬰，孺子為人民群眾乃後來人的引申。

〔註42〕魯迅：《〈阿Q正傳〉的成因》，《魯迅全集》第3卷，人民文學出版社，2005年，第394〜403頁。

〔註43〕魯迅：《兩地書·二十九》，《魯迅全集》11卷，人民文學出版社，2005年，第92頁。

〔註44〕參見周揚：《周揚關於三十年代「兩個口號」論爭給中央的上書》徐慶生整理，《魯迅研究月刊》2004年10期：《周揚笑談歷史功過》，《新文學史料》1979年2期。

揚等人，恐怕他們對於「領導權」的重視都遠甚魯迅。還是丸山升先生分析的到位：「魯迅所期待的不是掌握『領導權』，毋寧說是保衛最低限度的『主體性』」。〔註45〕所以，在和馮雪峰的交往中，魯迅一邊心甘被「利用」，另一面又始終卓爾不群，對組織和權勢充滿著警惕，他甚至對馮雪峰說：「你們到上海時，首先要殺我吧！」〔註46〕這些都表明，在抗日民族統一戰線當中，魯迅一方面認識到聯合的必要，也意識到反專制，維護最低限度的主體性的重要。

「兩個口號」論爭是魯迅生命中最後的糾纏，是他人生無數次論戰中的最後一次。正如李怡先生所感受到的，「重讀這一段歷史，就會陷入到一種近於悲愴的情緒之中」，「悲愴的在於，最後一次讓魯迅陷入糾纏的竟然是他引為『同志』的人們」，李怡先生還提醒我們注意，「『兩個口號論爭』與魯迅最後的生命」，「這是一個中國現代文學應該認真研究的話題」。〔註47〕的確如此，要考察晚年魯迅的真實心態，我們怎麼也都無法繞開「兩個口號」的論爭，然而我們過去總是忙於為這一派或那一派平反，或最終說大家是誤會。

其實，當仔細考察「兩個口號」論爭中的魯迅時，才發覺，對於口號問題最不在意的就是魯迅自己了。與「國防文學」的提倡者組織開會、決議、傳達、集體塑造文學標本的鄭重其事不同，「民族革命戰爭的大眾文學」的出爐似乎有點「倉促」和「隨意」。而魯迅對於新口號的態度，更是「漫不經心」，不願多做解釋，也不怎麼十分關注。據茅盾後來回憶說，胡風的文章《人民大眾向文學要求什麼》出來後，他覺得胡風沒有提到大家，而且也沒有解釋清楚，就去找魯迅問怎麼回事。

　　　我問他看到了胡風的文章沒有。他說昨天剛看到。我說怎麼會
　　讓胡風來寫這篇文章，而且沒有按照我們商量的意思來寫呢？魯迅
　　說：胡風自告奮勇要寫，我就說，你可以寫寫看。可他寫好以後不

〔註45〕〔日〕丸山升著，孫歌譯：《由〈答徐懋庸並關於抗日統一戰線問題〉手稿引
　　　　發的思考》，《魯迅研究月刊》1993 年 11 期。
〔註46〕李霽野：《他活在善良人的心裏》，見包子衍、袁紹發編：《回憶雪峰》，中國
　　　　文史出版社，1986 年 7 月第 1 版，第 13 頁；另外，李霽野在：《憶魯迅先生》
　　　　也有同樣的描述。
〔註47〕李怡：《為了現代的人生——魯迅閱讀筆記》，上海教育出版社，2004 年 3 月
　　　　第 1 版，第 283 頁。

給我看就這樣登出來了。這篇文章寫得並不好，對那個口號的解釋
也不完全。不過文章既已發表，我看也就算了罷。我說：問題並不
那樣簡單，我們原來並無否定「國防文學」口號的意思，現在胡風
這篇文章一字不提「國防文學」，卻另外提出一個新口號，這樣贊成
「國防文學」的人是不會善罷甘休的。魯迅笑笑道，也可能是這樣，
我們再看看罷。

　　這是茅盾關於「民族革命戰爭的大眾文學」口號提出後和魯迅對話的回
憶，拋去胡風瞞著魯迅和大家自作主張地提出新口號挑起事端不表，上文我
們已經有多次論述，僅就魯迅的態度而言，可以看出他對於新口號的提出毫
不上心，對於可能要引發的衝突也並不怎麼在意。就是那封著名的反擊「國
防文學」派的答徐懋庸信中，魯迅也沒有怎麼提及「民族革命戰爭的大眾文
學」，更沒有細緻闡釋。馮雪峰提出新口號為了撫慰魯迅，茅盾倒向新口號一
邊也是因為魯迅，與大家對於新口號的鄭重其事不一樣，魯迅對於口號總不
是那麼「熱心」。對於這一情形，無論是「國防文學」一方的周揚、徐懋庸，
包括遠在日本的郭沫若，還是魯迅身邊的馮雪峰、胡風、茅盾，都缺乏應有
的關注。所以「國防文學」提倡者總是在批應該撤去新口號，郭沫若的態度
明顯就是如此，而馮雪峰、胡風、茅盾等人總是竭力替魯迅和新口號作解釋。
其實，或批或挺，雙方都遠離了魯迅當時的內心世界。

　　也許，魯迅的想法其實未曾有多大的「轉變」，轉變的祇是周圍人的眼光
和要求。在馮雪峰的回憶中，我們分明感受到魯迅的心態——抗爭和無聊之
間。魯迅聽完馮雪峰講完長征的故事、陝北的情形、當時的政治形勢、黨的
新政策等諸多事情，除了那句「我可真的要落伍了」的自嘲之外，兩人之間
是尷尬的靜默。沒有馮雪峰想像中的熱情，激動。「就這樣大家都不說話，靜
默了分把鐘，他又平平靜靜地半『牢騷』半認真地說下去：『近來我確實覺得
有些乏味，真想到什麼地方玩玩去，什麼事情也不做。……」甚至魯迅還說
出了「到什麼富翁家去做門房」的無聊的話來。〔註48〕魯迅此時的狀態不僅
僅是心神的疲憊，疲憊祇是表層體現，而深層次的是「無聊」。「無聊」的心
理體驗對於魯迅來說可不是第一次。三一八慘案之後，魯迅在給許廣平信中
談到自己的「無聊」感，「其實我並不做什麼事，而總是忙，拿不起筆來，偶
然在什麼周刊上寫幾句，也不過是敷衍，近幾天尤其甚。這原因大概是因為

〔註48〕馮雪峰：《馮雪峰憶魯迅》，河北教育出版社，2001年1月第1版，第83頁。

『無聊』，人到無聊，便比什麼都可怕，因爲這是從自己發生的，不大有藥可救。喝酒是好的，但也很不好。等暑假時閒空一點，我很想休息幾天，什麼也不做，什麼也不看，但不知道可能夠。」〔註49〕再往前，還有《新生》流產後的「沙漠」感和S會館10年鈔古碑的無聊生活。儘管可能有「主義」上的轉變，可是「無聊」與「落寞」是伴隨魯迅始終。過去，學界過多強調了魯迅前後期轉變的一面，甚至現在還有肯定魯迅前期「彷徨」價值而否定後期的「積極」和「樂觀」。其實，魯迅後期也不是只有「樂觀」，「無聊」是深入到魯迅骨髓裏的生命體驗，它並沒有隨著主義的轉變而消逝。不論是進化論思想、無產階級革命意識，或者是晚年的民族主義，魯迅一邊是積極的介入，投入到對於各種權勢和壓迫人的體制的抗爭中去，一邊是難以擺脫的無聊感。

　　在抗爭與無聊之間，貫穿著魯迅始終的生命體驗，他清醒、勇敢同時又無奈、無聊。馮雪峰的回憶錄中記載了他和魯迅爭辯關於如何從個體反抗走向聯合集團，即從「我」的用語開始要逐漸轉向「我們」的語言，魯迅對此表現的躲躲閃閃。〔註50〕其實，如果人類注定要和無聊抗爭，那麼追尋意義就是最好的途徑，而這通過團體的抗爭更容易獲得，然而在獲得之後的新一輪的組織、制度中又將勢必陷入到新的異化和無聊中。魯迅的一生中有太多類似的體驗，民國之後魯迅的無聊、晚年「兩個口號」論爭中的無聊，都是何等深刻的相似。一邊是徹底不妥協的反抗，一邊是抗爭中難以派遣的無聊。在魯迅口中不僅有對於左翼「同人」周揚「他們」的不滿，也不斷地強化「自己人」——馮雪峰，「你們」這些人怎麼怎麼樣，甚至不乏將來要殺他的驚人之論。如果人類注定是永遠無望的反抗，那麼人本身所從事的應該是一種永遠不能成功，也永遠不能放棄的事業。很顯然，如西西弗斯式的神話似的，魯迅在不斷的思考，在不斷把巨石推向山頂。而周揚他們沒有如此的思考，馮雪峰也同樣沒有。

〔註49〕魯迅：《魯迅全集》11卷，人民文學出版社，2005年，第90頁。

〔註50〕根據馮雪峰回憶說，他曾婉言指出魯迅的文章中多用「我」，少用「我們」，魯迅承認這一事實，馮雪峰進一步建議說「用『我們』來的旺些」，後來魯迅專門就此問題進行長談，魯迅似乎並不反對大家集合起來反抗，但魯迅始終擺脫不掉的對於團體的懷疑與抵制。此段回憶的情形，參看，馮雪峰：《馮雪峰憶魯迅》，河北教育出版社，2001年1月第1版，第101～102頁。

小 結

　　馮雪峰返回上海，創意了「民族革命戰爭的大眾文學」這一口號，他所依據的也是陝北黨中央通過的統一戰線政策，他所設想的依然是在政策的範疇下解決魯迅思想認知問題，平息因周揚等人的造成的魯迅對於黨的政策的分歧。馮雪峰的動機是好的，是著眼於中國文學和中國共產黨的前途與發展。但是，他並未完全感受到魯迅的真實心態，而且他所掌握到的政策和周揚等人通過報紙瞭解到的黨的政策雖有些許不同，但並無根本分歧。這樣，雖然馮雪峰處處維護體諒魯迅，但他以政策為出發點和旨歸終究和魯迅堅守個人人生體驗，個體主體性還是有所差異。當我們對於馮雪峰和魯迅之間的差異有所注意時，我們就可發現，其實左翼文學從階級話語轉向民族話語時分歧的本質不在於「兩個口號」之爭，更不像過去我們所理解的「兩個口號」是政治路線是非之爭，是宗派勢力之爭。

下　編

第六章 「中國高爾基」評價中的階級話語和民族話語

　　正如我們在前面所詳細論述的，左翼文學從階級話語轉向民族話語時，分歧的焦點主要是圍繞著魯迅產生。由於魯迅堅守個人的主體性，包括對於先前的啟蒙思想、左翼的反專制的捍衛，因而他和以周揚為首的黨團作家分歧很大。馮雪峰重返上海，出於消除分歧的初衷另提口號來安撫魯迅。然而，讓人意想不到的是，新口號卻使得分歧進一步擴大，也使得左翼文學民族話語的分歧公開表現為「兩個口號」的論爭。當引發左翼內部民族話語分歧的焦點人物魯迅先生不幸逝世後，也預示著左翼文學內部因民族話語產生的分歧逐步走向結束。

　　然而，目前學界不僅缺乏對於左翼文學內部民族話語分歧的深層次探討，包括它的來由和走向，就是對於表面上的「兩個口號」之爭的結束，也缺乏應有的細緻分析，學界關於這場論爭的結束有兩個比較流行的觀點。

　　第一種觀點認為是魯迅的《答徐懋庸並關於抗日統一戰線問題》（後簡稱《答徐懋庸》）出來後，先前的「國防文學」提倡者明白了魯迅的態度後，就沒有再產生異議。這種說法我們前面談到「兩個口號」之爭時已約略談及。前文列舉周揚、夏衍等人認為如果知道新口號是魯迅提出的，就不會引發爭論，而在《答徐懋庸》中魯迅明確表態新口號是他提出的，那麼自然論爭就應該結束。曾經贊同「國防文學」的任白戈也說，「魯迅先生的《答徐懋庸並關於抗日統一戰線問題》也發表了。我們知道了民族革命戰爭的大眾文學口號是魯迅先生提的，兩個口號論爭也就基本結束了。因為當時論爭的雙方，

對魯迅先生是非常尊敬的。」〔註1〕建國後也有文學史持同樣的觀點，「《答徐懋庸》這篇文章很長，這是可以作爲這次論爭的結論來看的。」〔註2〕不過，把魯迅的《答徐懋庸》作爲論爭結束是建立在先前不知道魯迅是新口號的提倡者這一前提上的，而前文已經反覆論述了這一前提的不成立。同時，魯迅的《答徐懋庸》出來後，郭沫若還撰《搜苗的檢閱》一文，對於魯迅的「公開信」是針鋒相對的批駁。由此可見，把魯迅的《答徐懋庸》作爲「兩個口號」論爭甚至是左翼文學界內部民族話語分歧結束的標誌明顯與事實不符。

第二種說法是把《文藝界同人爲團結禦侮與言論自由宣言》的發表作爲爭議的結束，文化界民族統一戰線的形成標誌。這種觀點最爲流行，一般的文學史大都作如是說。例如邵伯周主編的《簡明中國現代文學史》這樣描述「兩個口號」論爭的結束：

> 經過「兩個口號」的激烈論爭，馮雪峰又做了許多具體工作，文藝界逐漸在黨的抗日統一戰線的旗幟下團結起來。10月1日，各個派別的作家代表巴金、王統照、包天笑、林語堂、茅盾、陳望道、郭沫若、葉紹均、魯迅等 21 人簽名發表了《文藝界同人爲團結禦侮與言論自由宣言》，……於是文藝界的抗日民族統一戰線初步形成。〔註3〕

郭志剛、孫中田在主編的《中國現代文學史》中寫道：

> 在民族危機日益嚴重的形勢下，廣大文藝工作者迫切要求參加實際的抗日救亡工作，要求停止論戰，團結對敵。1936 年 10 月，魯迅、郭沫若、茅盾、巴金等 21 人聯合簽名發表了《文藝界同人爲團結禦侮與言論自由宣言》，號召「全國文學界同人應不分新舊派別，爲抗日而聯合」起來，聲明「在文學上，我們不強求相同，但在抗日救國上，我們應團結一致以求行動之更有力」。此後，文藝界便在團結抗日的總目標下聯合起來，初步形成了抗日統一戰線。〔註4〕

曾經的親歷者李輝英在香港出版的《中國現代文學史》中也把《文藝界同人爲團結禦侮與言論自由宣言》作爲民族話語分歧的結束：

> 到了 1936 年，文藝界同人爲團結禦侮與言論自由宣言的發出，

〔註1〕 任白戈：《訪問任白戈同志》，《新文學史料》1978 年第 1 期，第 75～78 頁。
〔註2〕 丁易：《中國現代文學史略》，作家出版社，1955 年，第 109 頁。
〔註3〕 邵伯周等著：《簡明中國現代文學史》，天津人民出版社，1986 年，第 177 頁。
〔註4〕 郭志剛、孫中田主編：《中國現代文學史》，高等教育出版社，1993 年，第 291 頁。

　　這才說明了文藝界眞正得到了大團結，不但左翼本身息了爭論，就
連過去鴛鴦蝴蝶派的文人如包天笑、周瘦鵑等也都團結在一起，在
這頁宣言上簽了名。〔註5〕

　　以《文藝界同人爲團結禦侮與言論自由宣言》作爲「兩個口號」論爭甚
至是當時民族話語分歧的結束標誌，顯然有一定問題。其實，作爲「兩個口
號」論爭的主要當事人之一的夏衍，他也曾說這個宣言「是使這場論戰逐漸
停止的很重要的文件」。但很顯然，他和周揚等「國防文學」的主要提倡者都
未曾在這個宣言上簽名。夏衍的解釋是在鄭振鐸徵求他是否列名時，他「爲
了不讓這個宣言染上太濃的政治色彩」，所以就沒有列名。稍加分析，就可發
現夏衍的解釋明顯說不通，既然是各政治派別結束分歧統一在民族話語下，
爲何又怕惹上政治色彩呢？再說，夏衍一方面說這個宣言是「兩個口號」論
戰停止的重要文件，而其中一方沒有簽名又怎能解釋得通呢？退一步說，眞
如夏衍所說，他和周揚私底下都贊同宣言，但私下說辭和公開表態肯定是兩
回事，我們豈能以一方面後來回憶的「私下」之說作爲依據呢？

　　在筆者看來，眞正開始形成左翼文人「不計前嫌」走在一起的是魯迅逝
世引發的震蕩。正如馮雪峰所說的，「兩個口號的論爭是因魯迅逝世（一九三
六年十月十九日）的震動而自然地停止下來的。」馮雪峰作爲「兩個口號」
論爭中的關鍵人物，他沒有把自己主導的《文藝界同人爲團結禦侮與言論自
由宣言》作爲論爭的結束，而把魯迅的逝世看做「兩個口號」論爭的終結，
顯然更符合歷史事實。魯迅逝世後，不論是駐蘇聯的共產國際代表，還是在
陝北的黨中央，都發起了隆重追悼活動。文藝界曾經因爲「兩個口號」之爭
對魯迅有所非議的左翼人士，也紛紛撰寫文章，哀悼魯迅。東京的《質文》
雜誌、國內的《光明》雜誌，都創設了紀念魯迅的專號，郭沫若、林煥平、
夏衍、周立波、沙汀、何家槐等先前支持「國防文學」的都撰寫悼念文章。
曾和魯迅有巨大爭執的徐懋庸也被邀爲魯迅下葬時擡棺者之一。所有這一切
都表明，至少在表面上左翼內部因民族話語而產生的分歧逐步走向結束。不
僅如此，在「民族魂」的旗幟覆蓋下，魯迅作爲民族的象徵獲得了社會大多
數人的認可，魯迅逝世所引發的悼念活動本身也成爲一種類似民族儀式的活
動。正如馮雪峰一年後所總結的，「在紀念魯迅先生的時候，——也就是抗日
的民族統一戰線有了實際的結果，全國範圍的戰線上實行著反抗侵略的血戰

〔註5〕　李輝英：《中國現代文學史》，香港文學研究社，1978年，第218頁。

的時候。」〔註6〕

　　與此同時，圍繞著悼念魯迅，國共兩黨展開了在民族話語上的交鋒。與共產黨和左翼人士的極爲活躍相比，國民黨和右翼文人則是異常沉默。其結果就是在悼念活動中「中國高爾基」之稱號爆炸式的流行，這稱號中所指涉的「中國」民族話語的表達、高爾基比附中的左翼話語、世界話語的意味，都表明左翼通過悼念魯迅，把民族話語的主導權牢牢掌控在自己手中。根據筆者閱讀到的原始報刊書籍統計，共計一百多處把魯迅和高爾基放在一起比附。〔註7〕當然，「中國高爾基」之說雖然在魯迅逝世後最爲流行，但是很早之前就有，「中國高爾基」的說法是左翼文人和右翼文人在民族話語中對抗的體現。因此，本章同時向前追溯「中國高爾基」說法的形成以完整展現左翼文人和右翼文人在民族話語權上的爭奪，並詳細探討左翼內部各方對於「中國高爾基」之說最終一致認可的詳細過程。

　　另外，面對社會上尤其是左翼文學界普遍稱讚魯迅爲「中國高爾基」的說法，毛澤東卻從未如此稱呼。以至於毛澤東爲什麼不稱魯迅爲「中國高爾基」反倒成了一個問題。〔註8〕不過，毛澤東沒有把魯迅和高爾基放在一起比附，卻在《魯迅論》中把魯迅和孔子比附，同稱他們爲中國的「聖人」，這樣的評價中又體現出共產黨人怎樣的民族話語？這些都值得我們仔細探討和分析。

〔註6〕　馮雪峰：《魯迅與民族統一戰線》，巴金等著：《魯迅與抗日戰爭》，戰時出版社，1937 年，第 10～13 頁。

〔註7〕　筆者這個統計數字根據閱讀到的：《光明》、《作家》、《文學》、《紅色中華》、《新中華報》等原始報刊，魯迅紀念委員會編印的：《魯迅先生紀念集》，文化生活出版社，1937 年，中國社會科學院文學研究所魯迅研究室編的：《1913～1983 魯迅研究學術論著資料彙編》中國文聯出版公司，1985 年，孫郁、黃喬生主編的「回望魯迅」系列叢書，魯迅研究資料編輯部編的：《魯迅研究資料》叢書等。

〔註8〕　例如藍棣之先生由此曾提出一個很有意思的問題，毛澤東對於魯迅表述中的「空白、沉默」，「即毛澤東從來沒有說過魯迅是政治家。」毛澤東曾稱讚高爾基是偉大政治家，卻沒有給魯迅這樣的稱號。藍棣之先生提醒我們，「毛澤東在評價魯迅和高爾基時的區別和分寸，過去我們沒有人注意過。」並且他進一步分析說，「這裡的原因，根據我的觀察，就是魯迅在抗戰開始時，在『兩個口號』論爭中的表現。」見：藍棣之：《症候式分析：毛澤東的魯迅論》，《清華大學學報》2001 年第 2 期。另外，作爲延安時代文藝親歷者的曾彥修先生，在接受有關魯迅在延安的採訪時也提到：儘管毛澤東給予了魯迅很高的評價，「不過，毛從不談魯迅是中國的高爾基」。見潘磊：《曾彥修先生談「『魯迅』在延安」》，《新文學史料》2006 年第 2 期。

第一節　「中國高爾基」：走向世界的訴求

　　不少人認爲，稱魯迅爲「中國高爾基」是由斯諾較早起頭，也有說是史沫特萊。從魯迅逝世後的悼念文章中一直到當下的很多研究文章，很多人都樂於把「中國高爾基」的提法歸於斯諾或者史沫特萊等外國人。

　　的確，魯迅逝世後，斯諾曾寫悼念文章，《中國的伏爾泰——一個異邦人的贊辭》，悼文開頭就提到：「魯迅是現代中國文壇的一個重要的人物，他是可以比擬於：蘇俄的高爾基；法國革命時的伏爾泰；羅曼·羅蘭；巴比塞；今日的A·紀德等幾個僅有的、在民族史上佔有光榮一頁的偉大作家。」〔註9〕另外，斯諾在他所編輯的具有國際影響的《活的中國》序言中也談到：「魯迅——他在中國的社會及政治地位極像高爾基之於俄國，他的作品使他獲得『中國契訶夫』之稱」。〔註10〕在爲魯迅作的傳記中，斯諾也把魯迅和高爾基放在一起比較，「魯迅像高爾基一樣，對社會、文化領域的革命往往比之政治革命更爲熟悉。在生活和工作方面，他本質上仍然是個人主義者。」〔註11〕上述文章中，斯諾雖把魯迅和高爾基放在一起比附，但似乎並未明確稱呼魯迅爲「中國高爾基」。其實，斯諾是曾用過「中國高爾基」的稱謂，不過遭到了魯迅的否決。這就是他在編選《活的中國》時，寫有一篇關於魯迅的評傳，並在完成之後託與他合作的姚克去徵求魯迅的意見。魯迅在 1933 年 11 月 5 日致姚克信中談及對評傳的意見，魯迅專門提出：「第五段『中國高爾基……』，當時實無此語，這好像近來不知何人弄出來的。」〔註12〕（關於魯迅對待人們拿他和高爾基比附的態度，下文再來詳述。）大約斯諾從姚克處得知魯迅的意見並完全接受，在斯諾發表的文章中，就未看見有直接的「中國高爾基」的表述。同時，由此也可獲知，在斯諾編選《活的中國》以及撰寫魯迅評傳之前，社會上已經流行起「中國高爾基」的說法。史沫特萊是另一位在 30 年代和魯迅來往密切的國際友人，她後來回憶

〔註9〕　〔美〕Edgar Snow，（蕊譯）：《中國的伏爾泰——一個異邦人的贊辭》，《大公報》1936 年 10 月 24 日。

〔註10〕　斯諾編，文潔若譯：《活的中國》·編者序言，湖南人民出版社，1983 年，編者序言第 4 頁。

〔註11〕　斯諾，佩雲譯：《魯迅——白話大師》，原載美國：《亞洲》，1935 年 1 月，見：《魯迅研究資料》4 輯，天津人民出版社，1980 年，第 429 頁；另見劉力群編，《斯諾通訊特寫選》，新華出版社，1985 年，第 134 頁。

〔註12〕　魯迅：《331105 致姚克》，《魯迅全集》12 卷，人民文學出版社，2005 年，第 479 頁。

說，1930 年曾幫忙籌辦魯迅 50 歲壽辰茶話會，並接著說，「魯迅是偉大的作家，有些中國人稱他是『中國的高爾基』，而在我心目中他實在是中國的伏爾泰」。〔註13〕史沫特萊這段雖是回憶魯迅 1930 年辦壽辰的情景，但似乎並不是說就在 1930 年那個時候魯迅被人稱為「中國高爾基」。

其實，斯諾、史沫特萊無論是稱魯迅「中國高爾基」，或者是「中國伏爾泰」，抑或「中國契訶夫」，都只不過是一個異邦人以自己的文學閱讀體驗對魯迅的參評，評價的標準是以西方歐美作家為尺規，然而為何「中國高爾基」獨獨叫響了呢。更何況，不論是斯諾還是史沫特萊不但稱呼魯迅為中國的「這個」或「那個」，也有對自己這種說法的解構，即肯定魯迅的「中國性」。如斯諾曾說：「祇是因為時代接近的關係，人們才隨口把魯迅稱為『中國的高爾基』，不過魯迅遠遠超出了這個稱號。也許，更確切地說，應稱他為『中國的伏爾泰』。但事實清楚地表明，最恰如其分的稱呼應是『中國的魯迅』，因為魯迅這個名字本身在史冊上就佔有著光輝的一頁。」〔註14〕史沫特萊也曾有相同的觀點，「魯迅逝世的前幾年，他創立和發展了一種政治短評即『雜感』這一寫作形式。在這方面他是一個偉大的文學宗匠，因此許多外國人士把他比作伏爾泰——法國大革命時代偉大的政治諷刺家和評論家。還有一些人努力尋找其他的明堂按在他頭上，某些中國人莫名其妙地把他叫作『中國的高爾基』或者叫作『中國的蕭伯納』。他不像蕭，也不像高爾基；他是地道的中國貨色。他的與高爾基相像，只在高爾基成為一個反對西歐政治文化上的反動這一點。縱然如此，相像的限度也止於內容，而不是形式。魯迅短篇的，鋒利的，深刻的批評文章，使一件事務好像陽光下的寶劍似的耀眼。高爾基則寫作較長的，更有理智的文章。」〔註15〕

還有一個例子就是蕭伯納在上海時曾和魯迅有一段對話，蕭伯納說：「他們稱你為中國的高爾基，但是你比高爾基更漂亮！」魯迅的回答是：「我更老時，將來還會更漂亮的。」〔註16〕這段談話曾在《論語》上公開刊登，魯迅也在 1933

〔註13〕〔美〕史沫特萊著，江楓譯，《中國的戰歌》，作家出版社，1986 年，第 85 頁；另參加史沫特萊等：《憶魯迅》，見：《回望魯迅，海外反響——國際友人憶魯迅》，河北教育出版社，2002 年 5 月，第 3 頁。

〔註14〕斯諾，梅琪譯：《向魯迅致敬》，《民主》1 卷 3 期，1937 年 6 月 8 日，見：《回望魯迅，海外反響——國際友人憶魯迅》，河北教育出版社，2002 年 5 月，第 27 頁。

〔註15〕史沫特萊，凡容譯：《魯迅是一把寶劍》，《文化月刊》第 3 期，1939 年 10 月 20 日。

〔註16〕鏡涵：《蕭伯納過滬談話記》，《論語》12 期，1933 年 3 月 1 日。

年 3 月 1 日致臺靜農信中予以確認。〔註17〕蕭伯納所說「他們」並未有明確的所指，蕭伯納來中國前和中國文人的直接往來並不多，他在中國上海短暫逗留期間和他交談的中國人也不很多。根據後來魯迅等編集的《蕭伯納在上海》和魯迅日記中的相關表述，蕭伯納曾和魯迅以及林語堂、楊杏佛、蔡元培、宋慶齡、史沫特萊、伊羅生在宋慶齡處聚餐，隨後和戲劇界的洪深、梅蘭芳等人就戲劇問題有過一些交談，再就是回答一些記者的提問。〔註18〕由此可以推斷，蕭伯納所說的「他們」一是民權保障同盟會的宋、蔡、楊、林等人，一是能和蕭伯納直接交流的史沫特萊、伊羅生。依常理推斷，蕭伯納很有可能是從史沫特萊和伊羅生處得知魯迅就是中國高爾基的說法。當然，還有另有一種可能，那就是蕭伯納來中國前，國外尤其是和蕭關係密切的左翼文化界已經有了關於魯迅是中國高爾基的說法。

　　總體而言，一些西方人在向他們的世界介紹魯迅時，自然地把魯迅和他們熟悉的歐美文化體系內的作家來比附，當然他們的比附評介中不乏一些自相矛盾的表述。一邊似乎站在異邦人的立場以他們的作家作尺規來評介魯迅，一邊企圖以體諒中國的立場來肯定魯迅的中國性，這也看出他們文化立場和文化認同的複雜性。儘管蘇聯當時和歐美的資本主義國家在意識形態上嚴重對立，但並不妨礙高爾基作為一位世界級作家被認可。甚至可以說，西方資本主義國家是透過高爾基來解讀、理解蘇聯。在這個意義上，一些西方人如斯諾、史沫特萊等把魯迅和高爾基比附起來介紹時，能夠獲得較大的認可。斯諾等人這樣的做法本身隱含了把中國文學納入到世界文學範疇的意圖。

　　很多國人稱呼魯迅為中國高爾基，也有出於民族自豪感的考量。高爾基在中國被傳奇化和神聖化，以至很多人，他們也許沒有讀過多少高氏作品，但在他們心目中，高爾基就是世界最偉大作家的代表。稱讚魯迅為中國高爾基似乎表明，中國也有一個世界級的偉大作家。近代以來，中國人逐漸意識到，在和西方的競爭過程中，中國的失敗幾乎體現在各個方面，尤其包括我們過去曾經引以為傲的文化和文學方面。所以，稱讚魯迅為中國高爾基，高爾基是世界級的作家，那麼魯迅不僅是中國的，也是世界的。而魯迅越獲得

〔註17〕魯迅：330303 致臺靜農，《魯迅全集》12 卷，人民文學出版社，2005 年，第375 頁，另 376 頁的注釋也有對於此談話情形的詳細說明。

〔註18〕蕭伯納在上海的情形參見，樂雯剪貼翻譯並編校、魯迅序：《蕭伯納在上海》，上海野草書屋，1933 年；魯迅日記和書信中有關蕭伯納的記載參見，《魯迅全集》16 卷，人民文學出版社，2005 年，第 361 頁。

世界的認可，他也就越具備民族的價值。因而，對於不少中國人來說，更願意接受「中國高爾基」的說法肇自外國人，這也體現出國人希冀在世界文學中佔據一席之位的民族主義情感。魯迅和高爾基的相提並論，也昭示了國人期待中國文學、文化走向世界的民族自豪感。直至今天，我們仍然樂於談論魯迅的世界性意義，其實這恰恰又是民族情緒的集中體現，正如「中國高爾基」說法中的世界性話語同樣是民族主義的體現一樣。

第二節 「中國高爾基」之說探源與國共在民族話語上的爭奪

那麼，「中國高爾基」的說法究竟如何起源，這一說法中隱含的左翼的、世界性的、民族性的訴求之間到底如何轉換？這才是我們要考察的重點。

鄭伯奇的《文壇的五月》是目前我搜集到的最早同時關涉到魯迅和高爾基的文章，它發表於 1928 年 8 月。這正是魯迅和創造社以及太陽社就革命文學問題展開論戰的時期，也是奠定了後來魯迅「轉向」左翼文學的關鍵時期。鄭伯奇以何大白為筆名，運用無產階級的文化理論，批評了魯迅的個人主義、人道主義的落伍，也對文壇上依然存有偶像崇拜的「痼疾」給予了批評。他指出，五四的一個價值在於「打破偶像」，但 10 年後卻不僅未曾完全打破舊偶像，更平添了許多動不得的新偶像。鄭伯奇的意思很明顯，就是要挑戰和打破文壇上的魯迅崇拜。他舉蘇俄作家對於高爾基為例，「如俄國的 M．Gorky，當然是文壇的最大先覺。但是現在當他六十誕辰的時候，新進的作家批評他，對於他是否同志這個問題，也有許多的議論。俄國一方面固然很盛大地慶祝這個老大作家的佳日，但是對於這些批判也未聽見加以絲毫的非議。我們中國的這些既成作家，哪個配的上 A．France？哪個配的上 M．Gorky？然而他們自己的自負自尊，和文壇對於他們的崇拜尊敬，卻是超乎我們的常識之外。」〔註19〕鄭伯奇的這篇文章中，看似對於魯迅的批評，其實有把高爾基和魯迅暗比的意味。一邊說蘇俄對於高爾基都可以批評可以有所非議，我們為什麼對於魯迅等就不能呢？另一方面也表達了我們中國何嘗有自己的高爾基呢？雖然鄭伯奇是以蘇俄文藝界的情形來批評中國文壇，但讓人頗感興趣的是，從鄭伯奇對於魯迅的批

〔註19〕何大白：《文壇的五月——文藝時評》，《創造月刊》第 2 卷 1 期，1928 年 8 月 10 日。

評中分明隱含了魯迅成為中國高爾基的可能。

　　革命文學提倡者和魯迅之間的論爭因黨組織的介入而平息，關於這方面的材料已經比較明確。〔註20〕革命文學論爭結束以及「左聯」成立後，黨中央基本上形成了以魯迅為文化界旗幟的共識和決定，遠在蘇聯的蕭三對於魯迅也是不遺餘力的宣傳和推介。蕭三參曾加在蘇聯哈爾科夫召開的國際革命作家聯盟大會，與高爾基、巴比塞等著名左翼作家聯絡。大會開幕後，蕭三代表中國「左聯」作大會發言，介紹中國「左聯」並著重突出革命作家魯迅、茅盾等人的情況。黨有計劃地以魯迅為中國左翼的旗幟，擴大魯迅在國際左翼中的影響力，把他和高爾基、巴比塞等放在一起宣傳的情形已經初顯端倪。1931 年 8 月 10 日上海的《文藝新聞》就曾刊登紐約工人文化同盟會成立的消息，高爾基、魯迅、巴比塞、辛克萊等被選為名譽主席團。〔註21〕這都體現出黨在有意識地宣傳和塑造魯迅，當然，這樣做的目的更多是展示中國左翼運動的成績，擴大中國共產黨的政治影響。

　　儘管在黨的宣傳口徑上有把魯迅和高爾基等並論的情形，也許左翼人士私下也有中國高爾基的說法，至少有中國高爾基的期許。但是，從當時的資料報刊可發現，左翼這一邊並沒有明確地稱呼魯迅為中國的高爾基，至少在公開發表的文章中沒有找到，恰恰相反，最早的稱呼都來自一些諷刺和反對者。例如，有署名「男兒」的發表《文壇上的貳臣傳》，諷刺魯迅的「投降」和「轉變」，「魯迅常以中國之高爾基自況，高氏在世界文壇擁有極好的地位，共產黨打之不倒，乃歡迎之返國，備極崇奉，希望為其工具，魯迅現以得共產黨小子之擁戴以為高爾基之不若了，哪裡知道他們以彼做政治鬥爭之工具呢？」〔註22〕這篇文章是目前筆者搜集到的最早一篇，公開而又明確稱謂魯

〔註20〕夏衍的回憶錄中引用楚圖南提供的材料，聲稱是周恩來指示黨組織干預，停止對於魯迅的攻擊；陽翰笙回憶說是李富春同志代表組織找他談話，下令停止攻擊魯迅，聯合魯迅，壯大左翼力量，同時，陽翰笙也認為周恩來可能與此有很大關係，但不可能是李立三的指示。不過，吳黎平卻提供了確鑿的材料，是李立三曾找他談話，下令停止攻擊魯迅，並且委託他親自去聯繫魯迅。儘管大家說法稍有些出入，但總體而言黨組織介入則是無可爭議的事實。詳見陽翰笙：《中國左翼作家聯盟成立的經過》，吳黎平：《長念文苑戰旗紅》中國社會科學院文學研究所編：《左聯回憶錄》（上），中國社會科學出版社，1982年，第 60～67，70～83 頁。

〔註21〕參見，《「文化是武器」——紐約工人文化同盟大會；魯迅為名譽主席團之一》，《文藝新聞》第 22 號，1931 年 8 月 10 日。

〔註22〕男兒：《文壇上的貳臣傳》，上海：《民國日報》1930 年 5 月 7 日，見魯迅研究

迅爲中國之高爾基。文中說魯迅常以中國之高爾基自況，明顯與事實不符，
這一點我們還是留待下文專門詳述。同時，此文提到魯迅的左轉似乎是因爲
魯迅的「虛榮」，貪圖文壇名望，這種說法完全是情緒化的缺乏實證材料支撐
的臆測，此種說法解釋魯迅的「左轉」曾在 30 年代很是流行，因側重不在此，
在此筆者就不一一詳述。

　　左翼文學界沒有公開稱魯迅爲「中國高爾基」，反而是一些右翼文人「誣
稱」魯迅被共產黨奉爲「中國高爾基」。其中緣由自然是當時險惡的政治環境，
公開宣揚和蘇俄沾邊很可能都是一些別有用心者的伎倆，當時不就有大報小
報說魯迅有拿盧布之嫌，和高爾基相提並論無異通赤匪。所以，署名「男兒」
的這篇文章一面似乎也承認高爾基在世界文壇的地位，一面把他筆下的「中
國高爾基」稱作文壇上的「貳臣」。這樣的用心和伎倆自然逃不過魯迅的眼睛，
他把 1930、1931 兩年間的雜文集刻意命名爲「二心集」，並在序言中對於《文
壇上的貳臣傳》進行了針鋒相對的反擊，把類似此文一類的作者稱之爲「御
用文學家」。〔註23〕此外，這時期還有一些和「男兒」同立場的作家，都在諷
刺魯迅的轉變，諷刺左派由過去批魯迅到捧魯迅爲中國的高爾基。例如同樣
具有國民黨背景的《新壘》雜誌，〔註24〕曾刊有力士的《中國的巴比塞》、周
鐵君的《高爾基與魯迅》、馬兒的《阿 Q 的時運轉了》，這些論文和男兒的文
章是一個模式，一邊別有用心地說左翼稱呼魯迅爲中國高爾基，一邊諷刺打
擊。例如，力士的文章中，引述左翼有人吹捧魯迅爲中國高爾基，茅盾爲中
國巴比塞，整篇文章卻是對此的反駁和批評。〔註25〕另有國民黨的刊物《社
會新聞》，刊載署名爲白羽的《魯迅評傳》，也是諷刺魯迅的投降，專門一大

　　　　室編，《魯迅研究資料》第 3 輯，文物出版社，1979 年，第 344—345 頁。
〔註23〕魯迅：《二心集·序言》，《魯迅全集》12 卷，人民文學出版社，2005 年，第
　　　　193 頁～196 頁。
〔註24〕：《新壘》月刊和半月刊是「新壘社」的刊物，新壘社的組成成員是以國民黨
　　　　改組派的幹將李焰生爲首的國民黨左派人士或失意人士。：《新壘》雜誌比較
　　　　複雜，其辦刊宗旨是反對黨化教育，因此對於左翼文學和民族主義文藝都是
　　　　同樣嚴屬的批判，所以左翼人士一般稱其爲「反動刊物」，《魯迅全集》中就
　　　　是如此注釋；國民黨民族主義文藝派也對它諷刺打擊，不過另一方面，在：《新
　　　　壘》雜誌中也有和：《汗血》以及其他一些國民黨背景刊物互爲廣告和呼應。
　　　　由此可見，在國民黨內部中，不同派別和傾向在文藝上也有所體現，過去我
　　　　們對此關注有所不夠，這也是一個可以深入探討的話題，有機會另撰文詳述。
〔註25〕力士：《中國的巴比塞》，《新壘》，2 卷 2 期，1933 年 8 月 15 日，第 43～44
　　　　頁。

段標題爲「竊比高翁毫無實際」。〔註26〕

　　由此可見，最早公開稱魯迅爲「中國高爾基」稱號的不是出於讚賞和肯定，而是批評和打擊。正如把蘇聯稱爲「赤帝」，把共產黨稱爲「共匪」，大多數右翼文人稱呼魯迅爲「中國高爾基」無疑是想暗示魯迅和民族國家的「二心」。

　　還有一類公開稱呼魯迅爲中國高爾基的是左翼文學界的一些周邊人物。1933 年，署名「美子」的《作家素描》中不乏對魯迅的揶揄之詞，嘲諷魯迅演講的「南腔北調」、體態的滑稽可笑，不過末尾卻有一句「我們祝福著這『中國的高爾基』永生。」〔註27〕無獨有偶，前一公開稱魯迅爲中國高爾基的文章讓魯迅爲自己的雜文集定了「二心集」的名字，這篇則讓魯迅爲另一本選了「南腔北調集」的名稱。可見魯迅對於最早兩篇稱呼他爲高爾基的文章都是「格外關照」的。然而，「美子」何許人也？《魯迅全集》未給出明確注釋，翻閱有關中國現代作家筆名工具書，只能找到些簡單說明，美子原名爲「顧其城」。〔註28〕儘管顧其城的具體資料不祥，但根據筆者推測，他很有可能就是顧鳳城的弟弟，而且顧其城稱呼「魯迅爲中國高爾基」的說法恐怕就是從顧鳳城那裡來的。顧鳳城曾從業光華書局，因編寫《新興文學概論》、《新文藝辭典》、《中外文學家辭典》等工具類書而揚名，主要介紹中外新興左翼作家狀況，因此也獲得「前進作家」的稱號，其所編之書也曾多次遭禁，後變節從政，加入國民黨政府。魯迅雜文中有不少譏諷顧鳳城之處，如《逃名》有一段文字：「自收自己的大名人辭典中，定爲『中國作家』」。〔註29〕這裡諷刺的就是顧在其編寫的《中外文學家辭典》中把自己也列入「中國作家」的行列。不僅如此，顧還把自己的妻子謝冰瑩，弟弟顧其城也列入文學家之列。魯迅曾就此嘲諷揭露，所謂的「文攤秘訣十條」，其中一條就是「須編《世界文學家辭典》一部，將自己和老婆兒子，悉數詳細編入。」〔註30〕聯繫魯迅在《南腔北調集》的《題記》對於顧其城也有諷刺，「一兩年前，上海有一位

〔註26〕白羽：《魯迅評傳》，《社會新聞》5 卷 15 期，1933 年 11 月 15 日。
〔註27〕美子：《作家素描（八）——魯迅》，上海：《出版消息》第 4 期，1933 年 1 月：《1913〜1983 魯迅研究學術論著資料彙編》第 1 卷〔1913〜1936〕，中國文聯出版公司，1985 年，第 759 頁。
〔註28〕見曾健戎、劉耀華編：《中國現代文壇筆名錄》重慶出版社，1986 年，第 138 頁：苗士心：《中國現代作家筆名索引》，山東大學出版社，1986 年，第 299 頁。
〔註29〕魯迅：《逃名》，《魯迅全集》第 6 卷，人民文學出版社，2005 年，第 410 頁。
〔註30〕魯迅：《文攤秘訣十條》，《魯迅全集》第 8 卷，人民文學出版社，2005 年，第 373 頁。

文學家，現在好像不在這裡了，那時候，卻常常拉別人爲材料，來寫他的所謂『素描』。」﹝註31﹞可見魯迅諷刺顧鳳城、顧其城用得是同樣地口氣和緣由。不過，從這篇《作家素描》中一些關於魯迅的描寫我們有可能推斷出作者的立場，和「男兒」站在黨國立場態度有所不同，「美子」爲傾向左翼的年輕人——至少在寫這文章的時候姿態是傾向左翼的，「一般青年對於魯迅的印象是極好的，祇是有一點缺憾，便是魯迅的思想終於不能和創造社一般人融洽起來（當然，同樣地對於創造社也抱這種缺憾）。」﹝註32﹞

推斷顧其城爲中國高爾基的說法是從顧鳳城那裡來，雖然目前沒有直接的材料，但還是可以找到一些間接的而又明確的證據。1933 年 11 月，劉平格在杭州的《藝風》月刊上發表《魯迅與高爾基》，這是目前我所收集到較早的從文章題目到主題都明確談論魯迅和高爾基比附的文章。﹝註 33﹞文章敘述了作者和一個從俄國回來的年輕人關於魯迅評價的辯論，從俄國回來的年青人看見作者在看魯迅的文章，就輕蔑地嘲笑魯迅的落伍：

「魯迅現在是落伍了，是已被人忘卻了，是……什麼東西！」

輕蔑地微笑

「不管忘卻與落伍，魯迅的作品，至少於我是有過幫助的。」

我說。

「你們簡直魯迅崇拜狂，像顧鳳城一樣，他竟然說魯迅是中國的高爾基。哼！」

於是辯論開始了。他說：「高爾基，配麼？哼！」而我則堅持魯迅對於一般的青年是有過很好的啓發的。

上述是所描述的辯論過程，作者似乎站在維護魯迅一邊，至少承認魯迅「曾經」的積極意義。不過，作者也認爲「像顧鳳城把魯迅比作高爾基我既不贊成；再像那青年說的不能比，我亦不愛聽」。關於魯迅「落伍」的批評和

﹝註31﹞ 魯迅：《南腔北調集·題記》，《魯迅全集》第 4 卷，人民文學出版社，2005 年，第 427 頁。

﹝註32﹞ 美子：《作家素描（八）——魯迅》，上海：《出版消息》第 4 期，1933 年 1 月：：《1913～1983 魯迅研究學術論著資料彙編》第 1 卷﹝1913～1936﹞，中國文聯出版公司，1985 年，第 759 頁。

﹝註33﹞ 劉平格：《魯迅與高爾基》：《藝風》月刊第 1 卷第 1 期，1933 年 11 月，《1913～1983 魯迅研究學術論著資料彙編》第 1 卷﹝1913～1936﹞，中國文聯出版公司，1985 年，第 880 頁。

攻擊，在組織上介入後已告平息。可見，雖是從「俄國回來的」年青人，明顯是游離組織之外的邊緣青年。包括「美子」的「作家素描」，都已 1933 年了仍在爭議魯迅和創造社的「往事」，也可看出美子等與左翼文學界主流有一定差距。當然，這也並不是說因爲組織有了定論就不能再批評魯迅了，筆者討論的重點不在此。這至少說明，左翼文學界的一些周邊青年，可能或多或少得知一些左翼的文化政策，也可能出於對於蘇聯文學的美好期待，他們雖然打出了魯迅爲「中國高爾基」的說法，並未認眞探討這一說法對於魯迅的意義，甚至是對「中國高爾基」和實際高爾基差距的諷刺。雖然他們對魯迅能否比作高爾基有所爭議，但至少傳達出一個明確訊息，顧鳳城等提出了魯迅是「中國高爾基」的說法在左翼周邊已經較爲流行。

　　總之不論是黨的領導人開始有意把魯迅和高爾基等左翼作家放在一起做宣傳，或是國民黨右翼文人稱魯迅爲「中國高爾基」的「別有用心」，抑或是左翼周邊青年認爲魯迅還配不上「中國高爾基」的微諷。這些都表明，在這個時候，「中國高爾基」在這時已經引發了爭議，而且國民黨人諷刺批判「中國高爾基」的說法明顯是從民族話語角度展開。

　　魯迅被稱爲中國高爾基越叫越響，這也和高爾基在中國的接受有很大關係。畢竟，除了高爾基之外，魯迅也和巴比塞等被放在一起做宣傳，魯迅除了中國高爾基的說法外，還有「中國契訶夫」、「中國的蕭伯納」、「中國的伏爾泰」等名稱，但都並未流行開來。其中緣由，首先不能不提到早期中共中央宣傳的濃厚蘇俄化色彩。例如在教育領域中，黨的教育系統，有馬克思共產主義學校；軍隊系統，有紅軍大學，後易名爲「工農紅軍郝西史大學」，就是爲了紀念在廣州暴動遭國民黨殺害的蘇聯駐廣州副領事郝西史；政府教育系統，有蘇維埃大學、高爾基戲劇學校、高級列寧師範學校、初級列寧師範學校，和眾多的列寧小學。1934 年中國的第二次蘇維埃全國代表大會上，斯大林、高爾基等被選爲名譽主席。每逢蘇聯的一些重要節日，中央蘇區和黨員都會有一些慶祝的動作。這樣的宣傳造勢形成了社會上對於蘇俄的美好想像與期待，尤其是左翼人士和廣大青年更是如此。共產黨對於蘇俄宣傳的強化，也逐漸改觀了因「中東路事件」引發的蘇俄在國內輿論不佳的場面。作爲外國人的斯諾對於中國社會有較爲客觀的觀察，「在過去十多年中，在中國人關於他們國家的社會、政治、經濟、文化問題的想法上，俄國肯定地而且明顯地起著支配性的影響，特別是在知識青年中間，它是唯一的支配性的外來影響。這在蘇區固然是一個公認不諱、引

以爲榮的事實，在國民黨地區也幾乎同樣如此，儘管沒有得到公開承認。在中國任何地方，凡是抱有具體政治信念的青年身上，馬克思主義的意識形態的影響都很明顯，不僅是作爲一種哲學，而且是作爲宗教的一種代替品。在這種中國青年中間，列寧幾乎受到崇拜，斯大林是最受愛戴的外國領導人，社會主義被視爲理所當然的中國未來的社會形式，俄羅斯文學讀者最多——例如，高爾基的作品比任何本國作家的作品銷路還要好，只有魯迅除外，他本人就是一個偉大的社會革命家。」〔註34〕

在左翼文學陣營之中，幾乎處處顯現蘇俄文學的痕迹。艾曉明的《中國左翼文學思潮探源》就爲我們梳理了中國左翼文學和蘇俄文藝密不可分的關係，包括革命文學的論爭以及「左聯」都和蘇俄有著深厚淵源。〔註35〕蘇俄作家群中，高爾基在中國最熱。「從 1930 年到 1936 年，幾乎所有高爾基的偉大作品，都被一一譯出。……單是截至 1937 年的七月，中國便出版了 129 種高爾基的書。」〔註36〕茅盾後來概括總結說，「『向高爾基學習』，成爲進步的文藝工作者的座右銘。」「『五四』以來，曾經有好多位外國的作家成爲我們注意的對象，但經過三十年之久，唯有高爾基到今天依然是新文藝工作者最高的典範，而且以後也會仍然是的。」〔註37〕

正如我們在第一章論述的蘇俄意識和中國民族話語的關係，儘管國民黨把「反蘇」和「反共」引導到民族主義的話語中來，把蘇俄意識和共產意識都當做是叛國的思想，但是當時的時局條件注定了他們這方面策略的失敗。高爾基在中國的流行，是國民黨企圖以民族話語壓制左翼話語而宣告失敗的又一個例子。而且「中國高爾基」的說法最初是注重革命的意義和價值，但「高爾基」前面「中國」的修飾和限定，也預示了左翼可以轉向民族訴求的可能。

高爾基幾乎成爲中國作家頂禮膜拜的神聖偶像，不過，高爾基畢竟是別國的，儘管無產階級文藝提倡的工人無祖國，但是作爲文化和情感上的眷戀，民族主義的情緒還是沉澱在國人哪怕是左翼人士的內心深處，對於中國高爾

〔註34〕斯諾著，董樂山譯，《紅星照耀中國》（又名：《西行漫記》），新華出版社，1984年，第 348 頁。

〔註35〕詳細內容參見，艾曉明著：《中國左翼文學思潮探源》，湖南文藝出版社，1991年。

〔註36〕新中國文藝社編，《高爾基與中國》，讀書生活出版社，1940 年 6 月再版，第 2 頁。

〔註37〕茅盾：《高爾基和中國文學》，《高爾基研究年刊》，1947 年。

基的呼喚和期待成爲中國左翼文學人士的一個心結。例如魏猛克對魯迅滿懷期待，期待魯迅成爲高爾基一樣的人物：

> 你是中國文壇的老前輩，能夠一直跟著時代前進，使我們想起了俄國的高爾基。我們其所以敢冒昧的寫信請你寫文章指導我們，也就是曾想起高爾基極高興給青年們通信，寫文章，改文稿。」

魯迅對此的答覆則是：

> 「其次，是關於高爾基。許多青年，也像你一樣，從世界上各種名人的身上尋出各種美點來，想我來照樣學。但這是難的，一個人哪裡能做得到這麼好。況且你很明白，我和他是不一樣的，就是你所舉的他那些美點，雖然根據於記載，我也有些懷疑。照一個人的精力，時間和事務比例起來，是做不了這許多的，所以我疑心他有書記，以及幾個助手。我只有自己一個人，寫此信時，是夜一點半了。」〔註38〕

魯迅把魏的來信和他的覆信總題爲《兩封通信》，公開發表在 1933 年 6 月 16 日的《論語》半月刊上。魯迅公開發表通信的目的除了繼續闡明自己對於蕭伯納的態度外，更重要的是要給青年們做出這樣一種表態，青年們對他過於理想化期待和他對於這期待的難堪重負。眾多青年期望魯迅就像傳記中描寫的高爾基一樣，關心愛護青年，帶領青年抗爭前行，魯迅則表達出自己無法如高爾基那樣成爲青年導師的無奈，再者也談到了不願把自己和高爾基比附。由此可見，說魯迅以高爾基自況，說什麼魯迅貪慕「中國高爾基」的虛名，這樣的論點是很難站住腳的。不過，魯迅的表態並沒有改變他被塑造爲「中國高爾基」的事實，因爲既然社會對於「中國高爾基」充滿著期待，除了他恐難有他人擔當。在後來一些對於中國作家的評價中，艾蕪曾被冠以「中國高爾基」，似乎劉白羽也被這樣稱呼過，但這都是小圈子內的一種誇讚之辭。郭沫若也曾在上海一次演講會上，被主席介紹爲「中國的高爾基」，郭立刻更正說：「主席的介紹錯了，中國的高爾基是魯迅，不是我。」〔註39〕社會對於中國高爾基期待之強烈可見一斑，不止評價中國作家拿高爾基作比附，

〔註38〕魯迅：《通信（復魏猛克）》；魏猛克：《來信》，《魯迅全集》第 8 卷，人民文學出版社，2005 年，第 377～381 頁。

〔註39〕田漢：《高爾基和中國作家》，《時代雜誌》第 161 期，1946 年 6 月 10 日，《田漢全集》第 14 卷，花山文藝出版社，2000 年，第 536 頁。

就連其他的外國作家評介也是如此。拿短暫到上海的作家蕭伯納爲例，一些左翼青年們之所以對於蕭伯納有所非議，就在於只認定他是一個同路人作家，不如高爾基那樣是一個徹底的無產階級作家，提出希望：「伯納蕭先生啊！高爾基在你的前面，你努力的追上！最少你也應該學到巴比塞，那樣參加反帝國主義的實際運動！我們希望著！」〔註40〕

總之，「中國高爾基」的說法最初祇是被人們注重其革命意識和階級話語的價值，而且「中國高爾基」說法本身就伴隨著高爾基在中國的廣泛接受而流行開來。不過，左翼對於「中國」的「高爾基」的期待同時也蘊含了左翼的民族主義的情緒。

第三節　魯迅對於高爾基的接受

社會強烈的期待，使得不管魯迅願意與否，他都要被塑造成中國高爾基，除此之外，還有一個重要的原因，那就是高爾基作品在中國的譯介和傳播過程中，魯迅位居首功。在魯迅的文章和書信中，高爾基是出現次數最多的一個外國作家。根據筆者統計，魯迅共有 42 篇文章談到高爾基，19 封和友人的通信中涉及高爾基。〔註41〕

在這總計 60 多篇文章和書信中，大概有 40 來處涉及高爾基在中國的譯介。所以，羅果夫後來曾總結說，「我們不妨斷言，高爾基是託庇了魯迅的力量，才得以成爲在中國最受歡迎的外國作家之一人的。」〔註42〕魯迅曾翻譯了高爾基的小說《惡魔》、《俄羅斯通話》，論文《我的文學修養》，1930 年魯迅編選出版的《戈理基文錄》是中國第一部有關高爾基的文學論文集。同時魯迅一直謀劃把高爾基全集譯入中國，1930 年在給郁達夫信中專門談及此事，「Gorki 全集內容，價目，出版所，今鈔呈，此十六本已需約六十元矣，此後不知尙有多少本。將此集翻入中國，也是一件事情，最好是一年中先出十本。此十本中，我知道已有兩種（四及五）有人在譯，如先生及我各肯認翻兩本，在我想必有書坊樂於承印也。」〔註43〕

〔註40〕李翼：《歡迎伯納蕭》，《蕭伯納在上海》上海野草書屋，1933 年，第 9 頁。
〔註41〕統計數目是根據人民文學出版社 2005 年出版的：《魯迅全集》而來。
〔註42〕〔蘇〕羅果夫，見之譯，《魯迅與俄國文學》，見景宋等編著：《魯迅創作方法及其他》，新中國文藝社，1939 年。
〔註43〕魯迅：《300420 致郁達夫》，《魯迅全集》，人民文學出版社，2005 年，第 12

不過，魯迅對待高爾基的認知有一個逐漸轉變的過程，根據統計，魯迅著作中有高爾基出現最早是在 1920 年，也是在有關翻譯時談到高爾基。這年魯迅翻譯了阿爾志跋綏夫的《幸福》並作了譯者附記，譯文和附記一併發在《新青年》上。附記中介紹阿爾志跋綏夫時說道：「阿爾志跋綏夫雖然沒有托爾斯泰（Tolstoi）和戈里奇（Gorkij）這樣偉大，然而是俄國新興文學的典型的代表作家的一人；他的著作，自然不過是寫實派，但表現的深刻，到他卻算達了極致。」〔註44〕再下來就是 1925 年，魯迅在公開發表文章中 5 次談到高爾基，第一篇寫於 1924 年 11 月 11 日、於 1925 年 1 月 12 日發表在《語絲》的《論照相之類》，文中談到外國名人的相片，其中提到「羅曼羅蘭似乎帶點怪氣，戈爾基又簡直像一個流氓」。〔註45〕這篇文章絕非針對高爾基，但捎帶的這一句明顯看出魯迅當時對於高爾基觀感不很佳。更重要的是，魯迅諷刺國人在翻譯外國人時使用中國姓，拿外國人作比附。1925 年 1 月 11 日、12 日發表的《咬文嚼字》中諷刺說：「以擺脫傳統思想的束縛而來介紹世界文學的人，卻偏喜歡使外國人姓中國姓：Gogol 姓郭；Wilde 姓王；D』An-nunzio 姓段，一姓唐；Holz 姓何；Gorky 姓高；Galsworthy 也姓高，假使他談到 Gorky，大概是稱他「吾家 rky」的了。」〔註46〕魯迅在小說《高老夫子》中諷刺高老夫子改名高爾礎，攀附高爾基，「但高老夫子祇是高傲地一笑；他的確改了名字了。然而黃三只會打牌，到現在還沒有留心新學問，新藝術。他既不知道有一個俄國大文豪高爾基，又怎麼說得通這改名的深遠的意義呢？所以他祇是高傲地一笑，並不答覆他。」〔註47〕《咬文嚼字》之後，魯迅續寫《咬嚼之餘》，談到拿他和任何人比附都會讓他不舒服：「我自己覺得我和三蘇中之任何一蘇，都絕不相類，也不願意比附任何古人，或者『故意』凌駕他們。儻以某古人相擬，我也明知是好意，但總是滿身不舒服，和見人使 Gorky 姓高相同。」〔註48〕另外魯迅在《論「他媽的！」》中提到，「Gorky 所寫的小說

卷第 395 頁。

〔註44〕魯迅：《〈幸福〉譯者附記》，《魯迅全集》第 10 卷，人民文學出版社，2005 年，第 187 頁。

〔註45〕魯迅：《論照相之類》，《魯迅全集》第 1 卷，人民文學出版社，2005 年，第 196 頁。

〔註46〕魯迅：《咬文嚼字》，《魯迅全集》第 3 卷，人民文學出版社，2005 年，第 9 頁。

〔註47〕魯迅：《高老夫子》，《魯迅全集》第 2 卷，人民文學出版社，2005 年，第 78 頁。

〔註48〕魯迅：《咬嚼之餘》，《魯迅全集》第 7 卷，人民文學出版社，2005 年，第 62 頁。

中多無賴漢，就我所看過的而言，也沒有這罵法。」〔註49〕這段雖是諷刺國人，但表明魯迅這時候已經閱讀了不少高爾基著作。總體看來，20 年代魯迅對於高爾基的關注除了翻譯上的一些具體情況，態度上已顯出對於國人拿高爾基當招牌的不滿與嘲諷。

魯迅對於高爾基態度的改觀，是伴隨著他對於無產階級左翼文學態度的改變。在革命文學論爭中，他「被逼」讀了些無產階級文藝方面的著作，其中就主要包括高爾基的文學作品和理論文章，隨後魯迅在對於俄羅斯的文學譯介中，高爾基開始走向前臺。1928 年魯迅所作的《〈奔流〉編校後記》中，詳細記載了編譯高爾基作品、選登高爾基畫像的情形，從這些記述中可以看到，魯迅較爲準確地把握著蘇聯境內高爾基評價的動向。魯迅曾翻譯了昇曙夢的《最近的戈理基》以及布哈林的《蘇維埃聯邦從 Maxim Gorky 期待著什麼？》，這兩篇文章介紹了蘇聯舉國慶祝高爾基 60 壽辰的情形，表現出對於高爾基宣傳的拔高，即把高爾基從過去的同路作家提升爲無產階級勞動者的作家。「在發達歷程中，則一面和勞動者相結合，一面又永是努力要從個人主義轉到勞動集團主義去。他不但是文藝上的偉大的巨匠，還是勞動運動史上的偉大的戰士。」〔註50〕「我們期待 Gorky 成爲我們的蘇維埃聯邦，我們的勞動階級和我們的黨——他和這是結合了多年的——的藝術家，所以我們企望 Gorky 的回來的。」〔註51〕儘管魯迅對於高爾基被拔高似乎略有疑慮，但是魯迅翻譯的這些文章本身就大有深意，也表明他或多或少認可蘇聯境內對於高爾基評介態度的改變。這客觀上也促進了魯迅的譯介，促進了國內高爾基的流行，尤其促成了國內同步對於高爾基認知的改變。魯迅翻譯的有關高爾基評論文章，也表明了魯迅自身創作思想的變化，至少表達出魯迅內心深處成爲勞動階級作家的期待。魯迅後來在《譯本高爾基〈一月九日〉小引》中解釋爲什麼高爾基從原來不被知識份子注意到後來的重視，「當屠格納夫，柴霍夫這些作家大爲中國讀書界所稱頌的時候，高爾基是不很有人很注意的。即使偶然有一兩篇翻譯，也不過因爲他所描的人物來得特別，但總不覺

〔註49〕魯迅：《論「他媽的！」》，《魯迅全集》第 1 卷，人民文學出版社，2005 年，第 245 頁。

〔註50〕昇曙夢著，魯迅譯：《最近的戈理基》，《魯迅全集》第 16 卷，人民文學出版社，1973 年，第 273 頁。

〔註51〕〔俄國〕尼古拉·布哈林著，魯迅譯：《蘇維埃聯邦從 Maxim Gorky 期待著什麼？》，《魯迅全集》16 卷，人民文學出版社，1973 年，第 336 頁。

得有什麼大意思。這原因，現在很明白了：因爲他是『底層』的代表者，是無產階級的作家。對於他的作品，中國的舊的知識階級不能共鳴，正是當然的事。」〔註 52〕這既是魯迅對於舊知識份子和高爾基無法相容的批評，也是對他自己接受高爾基過程的總結和反思，魯迅對於高爾基的態度已經明顯改觀。後來魯迅更是引用蘇聯革命者對於高爾基的評價作爲自己的態度，「高爾基的小說《母親》一出版，革命者就說是一部『最合時的書』。而且不但在那時，還在現在。我想，尤其是在中國的現在和未來，這有沈端先君的譯本爲證，用不著多說。」〔註 53〕從魯迅翻譯蘇聯評論高爾基的文章來看，魯迅或多或少有拿高爾基作榜樣，堅持作「底層」的代表者，作無產階級的作家。在我看來，革命文學論爭中魯迅的「轉變」的外因與其說是看了一些理論著作，毋寧說更多受到高爾基榜樣的啓示。需要注意的是，我強調的是魯迅「轉變」的外因中高爾基的影響，因爲無論如何，魯迅的「轉變」最重要的不是看了誰的作品，而是來自魯迅對中國社會的自我感知和體驗。

　　所以，儘管社會上對魯迅有中國高爾基的期待，儘管魯迅曾致力高爾基的譯介，甚至魯迅曾或多或少以高爾基爲榜樣，但魯迅一直沒有放棄對於自我獨立性的捍衛，對於自我特性的追求。1935 年魯迅致信蕭軍，「我看用我去比外國的誰，是很難的，因爲彼此的環境先不相同。……使我自己說，我大約也還是一個破落戶，不過思想較新，也時常想到別人和將來，因此也比較的不十分自私自利而已。至於高爾基，那是偉大的，我看無人可比。」〔註 54〕從這封私人信中，約略可以看出魯迅內心深處更爲眞實的想法，魯迅心目中既期待成爲無產階級的大眾的作家，更有不願拿自己和任何外國人相比附的意思。

　　直到魯迅逝世前幾天，他在和蕭軍、黃源等年輕友人的談話中提到自己不配和高爾基比。那是 1936 年 10 月 15 日，從青島回來的蕭軍約黃源一同去看望魯迅，黃源帶了別人託他轉送魯迅的高爾基雕像。魯迅讚賞雕像的時候，還不怎麼懂事的海嬰走出來，指著雕像說：「這是爸爸……」，「我哪裡配……」，說著魯迅把小像放在靠近身邊的桌子上。許廣平啓發海嬰讓他再猜

〔註52〕魯迅：《譯本高爾基〈一月九日〉小引》，《魯迅全集》第 7 卷，人民文學出版社，2005 年，第 417 頁。

〔註53〕魯迅：《〈母親〉木刻十四副‧序》，《魯迅全集》第 8 卷，人民文學出版社，2005 年，第 409 頁。

〔註54〕魯迅：《350824 致蕭軍》，《魯迅全集》13 卷，人民文學出版社，2005 年，第 528 頁。

測雕像是誰，海嬰在母親提示下高興地答出：「高爾基……高爾基」。魯迅聽後也很高興地對黃源說，「高爾基已被他認識了」。〔註55〕蕭軍的悼念文章《十月十五日》，也專門談到了魯迅和海嬰有關高爾基雕像的對話，也同樣提到魯迅聲明說「我哪裡配」，雕像是高爾基。〔註56〕郁達夫的回憶錄中也提到，葉靈鳳「引用蘇俄譏高爾基的畫來罵魯迅」是「陰陽面的老人」，魯迅笑著說，「他們比得我太大了，我只恐怕承當不起」。〔註57〕

魯迅在很多場合，尤其是和親朋好友們在一起時，多次談說高爾基的偉大，自己無法和高爾基比，這一是自謙，更有魯迅對自我價值、自我獨立性的堅持。高爾基有他自己的獨特性，他早期流浪下層社會間，體悟俄國社會的一切，成爲俄羅斯無產階級的作家。魯迅說自己是破落戶子弟，也許無法真正成爲無產階級的作家，祇是可以揭破其他破落戶子弟的「裝腔作勢」和暴發戶子弟的「自鳴風雅」。這也就是魯迅儘管一心想成爲無產階級作家，包括他熱衷推行蘇聯傳過來的新文字，但他清楚自己最主要的可能就是揭破哪些自詡爲「正人君子」、自詡爲「民族文藝家」、自詡爲「無產階級作家」們的虛偽。

魯迅的日本摯友內山完造回憶中記載，魯迅自己曾經說過，「說我是中國的高爾基，我並不高興。高爾基只有蘇聯的才是真的。被人家說成是中國的高爾基，其實就是說不如真的高爾基。我不是中國的高爾基，我是徹頭徹尾的中國人魯迅。」〔註58〕內山完造的回憶錄爲多年後寫成，文中所述魯迅言語並未有資料出處，不免有些文學修飾成分在內，好像魯迅一定要和高爾基較高下的意思。但大致傳達的魯迅的態度是基本可信的，那就是魯迅在談到別人把他和高爾基相比附時，魯迅總是強調自己的和高爾基不同的「國情」環境，即強調自己對於中國社會現實的針對性。

魯迅大量翻譯高爾基的作品和文學理論，照理說應該會深受高爾基的影響。社會上不少人也因爲魯迅不遺餘力於高爾基的譯介而把他們放在一起比

〔註55〕黃源：《魯迅先生》，原載：《文季月刊》1 卷 6 期，1936 年 11 月 1 日，見：《1913
～1983 魯迅研究學術論著資料彙編》第 2 卷〔1936～1939〕，中國文聯出版公
司，1985 年，第 284 頁。

〔註56〕田軍（蕭軍）：《十月十五日》，見魯迅紀念委員會編印：《魯迅先生紀念集‧
悼文第四輯》，文化生活出版社，1937 年，第 75 頁。

〔註57〕郁達夫：《回憶魯迅》，見郁達夫等編著：《回憶魯迅及其他》，上海宇宙風社，
1940 年。

〔註58〕見卞立強譯：《內山完造〈花甲錄〉中有關魯迅的資料》，《魯迅研究資料》，
文物出版社，1992 年，第 266～275 頁。

較，不過魯迅自己似乎不能承認高爾基對他創作的影響。1936 年 7 月，一位捷克文學者致信魯迅，請求魯迅爲他所譯的《魯迅短篇小說集》捷克譯本寫序，並推薦一篇闡述魯迅在中國文學史地位的論文作參考，魯迅把寫論文的事宜託給馮雪峰。幾天之後，馮雪峰「全憑了自己的印象」寫成一篇《關於魯迅在文學上的地位》，拿給魯迅過目。根據馮雪峰這篇文章的附記記述：「先生自己看過一遍，並且改了幾個錯字，塗了一兩句，就叫景宋先生謄抄了一遍寄出了。所以這並非一篇成文的文字。先生所塗去的是講到他受俄國文學者影響的地方，將我原稿上的托爾斯泰和高爾基兩個名字塗去了，他說，『他們對我的影響是很小的，倒是安德烈夫有些影響。』」〔註 59〕

其實，我們無論談及外國的哪個作家對魯迅的影響，都不能忽視作家的主體性吸收。這也就是爲什麼我們羅列出如此眾多魯迅和高爾基關聯的事實，而魯迅卻不願人們把他和高爾基比附，把他稱作「中國的高爾基」。正如後來馮雪峰應羅果夫之邀，爲《魯迅論俄羅斯文學》一書序中所寫的那樣，「蘇聯作家的作品和高爾基的言論則爲他研究蘇聯革命的實際經驗的對象，同時作爲研究文學和階級鬥爭關係的實例；他注意的，首先是蘇聯文學所反映的革命和它的教訓，以爲這對於中國革命以及他本人都有幫助；其次，他把蘇聯文學看作新的美學的實績，以爲這對中國新的革命文學的創造是可以做參考和範本的。」〔註 60〕

大致說來，魯迅對高爾基有一個逐步接受的過程，由開始不怎麼關心，到熱心於高爾基在中國的傳播，這些都在事實上滿足了人們把他和高爾基放在一起比附的期待。不過，魯迅對於任何外來作家或外來文化的接受，都以不喪失自我的主體性爲前提。儘管共產黨對於以「高爾基」爲首的國際知名左翼作家大力宣傳，並有意識地把魯迅作爲中國左翼的代表和高爾基等放在一起。但對於魯迅自己來說，他接受高爾基，熱心在國內傳播高爾基都是基於高爾基對中國的意義和價值。也正由於此，在大家都稱讚魯迅爲「中國高爾基」時，魯迅卻不斷勸阻別人不要把他和高爾基相比附，他更看重自己作爲「中國人」之於中國的意義和價值。

〔註 59〕武定河（馮雪峰）：原載：《工作與學習叢刊》之二：《原野》，1937 年 3 月 25 日，另見：《雪峰文集》（四），人民文學出版社，1985 年，第 22 頁。

〔註 60〕馮雪峰：《魯迅和俄羅斯文學的關係及魯迅創作的獨立特色》，《人民文學》1 卷 1 期，1949 年 10 月 25 日。

第四節　蓋棺論定：魯迅是「中國高爾基」

少了魯迅自己的堅持抵制，也因為 1936 年民族危機下國共意識形態對抗的總體趨緩，使得「中國高爾基」說法在魯迅逝世後大爆炸似的傳播開來。根據筆者統計，大概稱讚魯迅為「中國高爾基」的說法 80% 出自魯迅逝世後。

我們首先以消息報導和輓聯為例，可見稱呼魯迅為中國高爾基說法之盛。

1936 年 10 月 19 日魯迅去世當天，上海《大美晚報》刊登標題為「文壇巨星隕落，魯迅今晨逝世」的報導，文中寫道：「名驚世界之中國唯一學術家，今竟因病魔之纏繼高爾基氏之後而逝世，實為中國學術界之一大損失也」。〔註 61〕香港《港報》標題大字突出報導「文化界痛失領導，世界前進文學家，<u>魯迅先生逝世！</u>（下劃線為原文所有，筆者注）高爾基逝世後又一次震驚世界的噩耗，中國民族解放運動突失一英勇戰士，本報電滬發起文化界一致追悼辦法。」〔註 62〕上海的日文媒體《每日新聞》標題為：「中國的高爾基，魯迅氏終於逝世；忘掉我，世界文壇的損失」。第二天，上海《社會晚報》標題為「文星隕落：各界憑弔，殯儀館內瞻仰魯迅，『中國高爾基』蓋棺前夜」。〔註 63〕日本的《報知新聞》、《讀讀新聞》分別刊登有《高爾基的存在》、《魯迅的印象》，文章表達了對於中國高爾基去世的哀思。〔註 64〕幾天之後，全國其他地方基本上也都援引上海的「中國高爾基逝世」的消息，10 月 22 日，《北平新報》以魯迅好友曹靖華的訪談內容為題報導，「曹靖華一夕談：悲魯迅遽爾云亡；他說：蘇聯失掉了高爾基，損失不若中國死去魯迅大」；10 月 23 日，浙江《浙東民報》有題為「中國的高爾基魯迅氏在滬逝世」的報導。此後還有海外一些華文媒體如巴黎的《救國時報》、南洋的《星洲日報》等都有關於「中國高爾基」逝世的相關報導。

魯迅先生逝世後，靈柩停放在上海萬國殯儀館，10 月 23 日下午出殯，大

〔註 61〕魯迅紀念委員會編印：《魯迅紀念集·逝世消息》，文化生活出版社，1937 年，第 2 頁。

〔註 62〕魯迅紀念委員會編印：《魯迅紀念集·逝世消息》，文化生活出版社，1937 年，第 2 頁。

〔註 63〕魯迅紀念委員會編印：《魯迅紀念集·逝世消息》，文化生活出版社，1937 年，第 4 頁。

〔註 64〕《高爾基的存在》，〔日〕新居格著，子修譯，原文發表於 1936 年 10 月 20 日日本：《報知新聞》，《魯迅的印象》，〔日〕室伏高信著，陳琳譯，原文發表 10 月 20、21 日日本：《讀讀新聞》，兩篇譯文都刊登於：《國聞周報》13 卷 44 期，1936 年 11 月 9 日。

量群眾前來送葬。各界人士敬送輓聯挽詩，深情哀悼，不少輓聯都把魯迅和高爾基放在一起。郭沫若的輓聯為：「方懸四月疊墜雙星，東亞西歐同殞淚；欽頌二心憾無一面，南天北地遍召魂。」張西曼的輓聯是，「繼國父孫中山以後一人，為民族解放鬥爭而死；作文豪高爾基同時戰友，奠黑暗時代光明之墓。」上海婦女救國聯合會敬挽：「方悼國際大文豪隕落光明大地正哀痛思慕；又哭中國高爾基窒逝血腥奴場更悲憤欲絕。」京光文藝社同人敬獻的輓聯是：「倡民族復興象土國凱末爾；在文壇馳騁如蘇聯高爾基。」大同大學時事研究會輓聯直接題為，「悼我們的高爾基——魯迅。」〔註65〕

　　魯迅去世後，眾多人在挽詩詞中把魯迅和高爾基放在一起，這自然有時間上的關係，高爾基和魯迅去世的時間相差不過 4 個來月，自然會引發人們尤其是左翼人士的共同哀悼；其次的確有作對聯工整的需求。不過，這都是表層因素，更為深層的原因有兩點。

　　第一由於左翼青年們對高爾基和魯迅由衷的敬愛，所以把他們放在一起，唐弢就是其中代表。唐弢後來記載，他聽聞魯迅逝世消息後，趕到萬國殯儀館，站在魯迅遺體前淚流如雨。並在第二天，撕下兩塊白布，不顧平仄對仗，揮筆寫了一副輓聯，那聯語是：

　　　　痛不哭，苦不哭，屈辱不哭，今年誠何年，四個月前流過兩行
　　淚痕，又誰料，這番重為先生濕；

　　　　言可傳，行可傳，牙眼可傳，斯老真大老，三十載來打出一條
　　血路，待吩咐，此責端賴後死肩！

　　唐弢解釋了他作對聯的初衷和目的，「有人說魯迅先生是中國的高爾基，我在輓聯裏把兩人放在一起，卻並無這意思。只因欽佩高爾基，又非常愛戴魯迅先生，我從他們那裡得到過許多教益。從我年輕的時候開始，他們的形象已經鍥入我的心坎，無論面領私淑，他們都是我的老師，都是我永遠永遠的心愛的老師！」〔註66〕

　　第二個原因也是最主要的原因，那就是稱頌魯迅為中國高爾基，是來自當時共產黨對於魯迅的蓋棺之論。1936 年 10 月 25 日，《救國時報》刊登了兩篇悼念魯迅的文章，一篇是王明的《中國人民之重大損失》，一篇是蕭三

〔註65〕以上未注明的輓聯辭均出自，魯迅紀念委員會編印：《魯迅紀念集·輓聯辭》，
　　　　文化生活出版社，1937 年。
〔註66〕唐弢：《生命冊上》，浙江文藝出版社，1984 年，第 85～86 頁。

的《魯迅先生與中國文壇》。談及這兩篇文章的具體內容前，首先要談談《救國時報》在中共中央宣傳上的重要性。《救國時報》起初名爲《救國報》，1935年5月創刊，它是在莫斯科編輯，在巴黎註冊並公開印刷發行的，它雖然被宣稱爲巴黎反帝大同盟機關報，但實際上代表了中共駐共產國際代表團的聲音。不僅如此，由於國內紅軍正在長征途中，這個報紙對外擔負的似乎就是中共中央機關報的職能，至少一些重大政策常以中共中央的名義在《救國（時）報》發表。例如，著名的《八一宣言》就是以中共中央和中國蘇維埃中央政府名義發表。常在此發文章的蕭三後來說，「《救國時報》是王明命令李立三負責編輯的，實際上是王明的輿論工具，在莫斯科用中文出版，但對外說在巴黎。」〔註67〕由此看出，《救國時報》看似小報，實乃中國共產黨的大報，至少在當時部分充當黨報的功能。因此，在《救國時報》上發表的王明和蕭三悼念魯迅的文章，我們也不能簡單認爲是他們的個人觀點。在很大程度上，他們是代表在蘇黨領導人對魯迅的態度，代表了蘇聯和共產國際對於魯迅的評價。

　　王明在《中國人民之重大損失》開篇就寫到：「10月20日上午10點鐘，從《眞理報》上，我們見到了『中國高爾基』——魯迅同志病死上海的消息。」〔註68〕王明刻意在魯迅前面加上定語，強調他是「中國高爾基」，這是一個很重要的態度。在王明的心目中，高爾基是革命作家的榜樣，沿著這樣的思路擴展，魯迅自然被視作中國的高爾基，蘇聯對待高爾基的評價自然被王明套用到魯迅身上。蘇聯主流觀點當時聲稱「高爾基是一個作家兼政治家」，「世界上有過的最大的作家兼政治家。」〔註69〕在王明看來，魯迅「不僅是一個天才的文學家，而且是一個先進的政論家」。「正因爲魯迅是一個偉大的革命文學家和政論家，所以他和現代的一切偉大作家——高爾基、羅曼·羅蘭、巴比塞等一樣，對於本國人民，對於人類，對於正義，對於眞理，對於自由，對於光明——尤其對於在現世界大部分領域內還最受剝削最受壓迫的階級，同時是擔負著解放全人類的歷史使命的階級——無產階級，抱著無窮

〔註67〕蕭三：《訪問蕭三同志紀錄》，《魯迅研究資料》第4輯，天津人民出版社，1980年，196頁。

〔註68〕陳紹禹（王明）：《中國人民之重大損失》，見魯迅紀念委員會編印：《魯迅紀念集·悼文第四輯》，文化生活出版社，1937年，第6頁。

〔註69〕盧那察爾斯基著，蔣路譯，《論文學》，人民文學出版社，1978年，第337～338頁。

的熱愛。」〔註70〕王明的悼文既有對魯迅的哀思，更多則是藉此表達對國民黨的不滿，對共產黨和蘇聯形象的宣傳：

> 「中國高爾基」死得太早了！直到臨死的這一天，他還沒有遇到他想什麼就說什麼和想寫什麼就寫什麼的環境，他知道在世界上有一個國家裏，他可以言所欲言和行所欲行，但他因爲病和各種關係，直到死時未能實現到那裡去參觀的願望；同時他知道在中國境內也有了一個地方，他可以在那裡享有蘇聯政府尊敬高爾基一樣的榮譽，但他知道黑暗勢力絕不讓他能夠到那裡去，因此，他病死在極不自由的環境裏。

同日，《救國時報》上刊登的蕭三的《魯迅先生與中國文壇》裏，也肯定了魯迅的中國高爾基功用。

> 在世界文壇上，魯迅先生處處可比之高爾基。現在「蓋棺論定」，尤不能不肯定「魯迅是中國的高爾基」。

> 我們不久以前喪失了文豪高爾基。現在又失去了文豪魯迅。這對於世界、蘇聯和中國的文壇是何等巨大的損失！〔註71〕

王明和蕭三對於魯迅「蓋棺論定」的評價——魯迅是「中國的高爾基」，魯迅被塑造成完全擁護中國共產黨、嚮往蘇聯社會主義、讚賞共產主義的模範作家，也正是在這個意義上，魯迅才被稱爲「高爾基」。這裡面有意無意地表現出對於高爾基和魯迅的誤讀，這也是我們解讀「中國高爾基」這一說法中最重要的問題，即我們國內接受的是什麼樣的「高爾基」，反饋回去和高爾基並論的是什麼樣的「魯迅」。我們前面談到高爾基在國內的流行，他幾乎是受到大家一致頂禮膜拜的神聖作家。事實上，以今天的後見之明來看，不僅當時中國左翼瞭解的高爾基是片面的，就是當時蘇聯國內所認知的高爾基也是片面的。1991 年，蘇聯解體，許多有關高爾基的檔案材料和未曾發表的作品重現天日，似乎高爾基無論對於列寧政權還是後來的斯大林政權有合作和妥協，更有一些「不合時宜」的思想，這也是研究界所謂的「兩個高爾基」之說，甚至也有說高爾基臨死之前喪失了自由，死因乃是當政者

〔註70〕陳紹禹（王明）:《中國人民之重大損失》，見魯迅紀念委員會編印:《魯迅紀念集・悼文第四輯》，文化生活出版社，1937 年，第 6～7 頁。
〔註71〕蕭三:《魯迅先生與中國文壇》，見:《1913～1983 魯迅研究學術論著資料彙編》第 2 卷〔1936～1939〕，中國文聯出版公司，1985 年，第 508 頁。

的加害。〔註72〕

　　當然，我們並非要求當時的人們會有今天的「全面」眼光，但對於有關魯迅和高爾基比附評介來說，王明等人雖然無法得知高爾基和蘇聯政權緊張關係的內幕，但是他們可能深諳蘇聯宣傳高爾基的旨要。實際上中共和魯迅的關係如何並不重要，重要的是如何對外宣傳。魯迅先生逝世後，王明等迅速作出「中國高爾基」的蓋棺論定，稱讚魯迅是「文藝家」和「政論家」相結合的典範。毫無疑問，按照王明這樣的思路延展，魯迅完全配合黨的政策，黨的政策走向統一戰線，魯迅也跟著在文學界轉向民族話語。所以不難發現，在王明、蕭三的悼念文章中，多處斷章取義援引魯迅贊成「民族統一戰線」的話語。不過，在私下王明卻對魯迅並不完全附和黨的政策的行為表達了不滿。根據吳奚如的回憶，直到1938年王明對於魯迅的不滿依然有所體現，在他推薦的參加第三廳的左翼文化團體名單中，「唯獨沒有一個以胡風為代表的《七月》社同人，也就所謂『魯迅派』的作家」。吳奚如還回憶說，王明多次和他談話中，不滿魯迅先生過去反對「國防文學」。「說魯迅是個『讀書人』，脾氣古怪，清高，不理解黨的抗日民族統一戰線政策」。〔註73〕在王明的私下談話中魯迅祇是一個「脾氣古怪」、「清高」的「讀書人」，而到公開場合的魯迅則是一個「優秀的政論家」，其間的反差，不可謂不大。高爾基到死之前「不合時宜」的言語和抗爭，也表明他絕非蘇聯眼中的最偉大的「政治家」。恰恰同時出於對於知識份子獨立性的堅持上，也許可以把魯迅和高爾基放在一起比較分析，不過顯然，不應再是魯迅去比附高爾基，因為高爾基對於政權的妥協退讓明顯甚於魯迅。如果說有一些關於高爾基的內幕王明等並不知曉，他們所作出的「偉大政治家高爾基」是「無意」的誤讀，那麼魯迅是「政論家」、「中國高爾基」則是「有意」的「誤導」。

　　儘管王明等共產黨領導人的「中國高爾基」讚頌有對於魯迅和高爾基的誤讀，甚至不乏表裏不一的評價。但不論怎麼說，他們的說法進一步促使「中國高爾基」說法的流傳，尤其影響了左翼青年對待魯迅的態度。根據親身參與《救

〔註72〕有關高爾基和蘇維埃政權的關係，目前說法比較多，根據蘇聯解體後的檔案材料顯示，高爾基和政權的關係也有比較緊張的一面，雖是一家之言，大家不妨參考巴拉諾夫有關高爾基的描述；巴拉諾夫：《高爾基傳——去掉偽飾的高爾基及作家死亡之謎》，灕江出版社，1998年。

〔註73〕吳奚如：《我所認識的胡風》，《魯迅研究資料》第9輯，天津人民出版社，1982年。

國時報》編輯發行工作的吳玉章的說法,《救國時報》「在國內外擁有廣泛的讀者,成爲當時國內外同胞特別是進步青年很喜歡的報刊之一」,「它的發行量增長很快,在創刊時僅銷行 5000 份;不到一年,就增至兩萬份」,「在銷行的兩萬份中,國內約一萬份,不僅北京、上海、廣州、重慶等大城市,就是西康、新疆等邊遠地區和若干小縣城內也有它的讀者。」〔註74〕這樣看來,左翼人士很有可能看到《救國時報》,也有機會瞭解到黨的領導人對於魯迅的「蓋棺論定」。先前曾經因爲口號之爭對魯迅有所非議的左翼青年,也紛紛撰寫文章,哀悼魯迅,稱讚魯迅爲「中國高爾基」。如,發表在 1936 年 11 月 10 日《質文》2 卷 2 期上,林煥平的《巴比塞·高爾基·魯迅》、郭沫若的《民族的傑作》;發表在 1936 年 11 月 25 日《光明》1 卷 12 期上,楊騷的《切身的哀感》、何家槐的《學習魯迅先生的精神》、艾蕪的《悼魯迅先生》、周立波的《無可言喻的悲哀》等。上述這些文章都把魯迅和高爾基比附起來紀念。很顯然,這麼集中悼念的文章是經過大家的商議和策劃,而把魯迅放在和高爾基同等的高度也顯然是集體意見。如果說當時「國防文學」的主張曾經受到《救國時報》上政策的影響,那麼,當下對待魯迅態度的轉變恐怕也與《救國時報》上王明等人的文章有很大關聯。從《光明》雜誌上的悼文看,文章都比較簡短,內容也多是起到對外表態的作用,可能先前的隔閡還未能徹底消除吧!不過,郭沫若的態度是積極的而且值得我們注意,這點留待後面詳述。

不論左翼人士對於「中國高爾基」的解讀有何種不同,僅就廣泛接受這一稱號而言,標誌著先前因「國防文學」和「民族革命戰爭的大眾文學」而產生的分歧表面趨於一致。「中國高爾基」之說也成爲魯迅喪葬悼念這一民族儀式中最主導的話語,它遠比我們今天所熟知的「民族魂」更爲流行。左翼通過強調魯迅具有和高爾基一樣的進步意義,又有針對中國現實的「民族」意義,這樣就完成了把左翼革命話語和民族話語的完美融合。與此相對,國民黨和右翼文人在悼念魯迅上的沉默,他們根本不願去肯定魯迅的積極意義,這樣在魯迅喪葬悼念的民族儀式中他們完全缺席,而且成爲左翼和廣大中間知識份子從民族話語角度批判的對象。

正如「中國高爾基」的說法自出現伊始就體現出國共兩黨在話語權上的控制與反控制,那麼魯迅逝世後「中國高爾基」的「蓋棺論定」的形成標誌

〔註74〕吳玉章:《關於〈救國時報〉的回憶》,《吳玉章回憶錄》,中國青年出版社,1978 年,第 180 頁。

著左翼文學界在民族話語權上的壓倒性勝利。「中國高爾基」的讚頌自然又是對中國當權的國民黨政府的批判。王明的《中國人民之重大損失》中，處處隱含對國民黨政權的批評，認爲國民黨政府對於魯迅不夠尊重，對於魯迅的悼念不夠隆重。這一點國內很多人也有同感，不少人都認爲魯迅的成就絕對可以和高爾基相提並論，但是我們的國家卻無法和蘇聯相比，尤其中國國民黨政府對待魯迅的態度沒法和蘇聯對待高爾基那樣同日而語。還在魯迅先生逝世前，就有報紙批評中國政府對待魯迅，根本無法與蘇聯對待高爾基相比：

> 高爾基死了，在病重的時候，俄國政府的通信社塔斯新聞，每天很鄭重的發表他的脈搏，體溫。據說中國高爾基魯迅先生亦病了，而且亦很重但只好像有一次在報紙上看見一條很不詳細的消息，便沒有下文了。中國報上不斷的刊登著高爾基的病況，好像對魯迅很不關心似的。

> 魯迅如果不幸而死了，那準有人說一句「中國少了一個危險分子」。〔註75〕

沈鈞儒在魯迅下葬前曾有一段演說，「像魯迅先生那樣的人，應該有一個『國葬』。無論在哪一個國家都應該這樣，譬如在蘇聯，高爾基死的時候，是由史太林（斯大林，筆者注）親自擡棺。而今天在這許多人裏面，就沒有一個代表政府的人，中國的政府到哪裡去了？」聽眾們對於沈先生的演講報以「憤然的鼓掌」。〔註76〕高爾基死後是舉國上下一致哀悼，而中國的魯迅似乎沒有得到政府應有的尊重。「中國高爾基」的宣傳和悼念中，自然會上陞到一種對於現行政府的批評。這也就是爲什麼在魯迅去世後，國民黨政府刻意保持了「低調」，並統一宣傳口徑，僅可讚魯迅前期五四運動時的文學貢獻，禁止刊載對於魯迅加入左翼後的盲目讚揚。〔註77〕

儘管國民黨在魯迅逝世後保持低調，甚至禁止刊載左翼對於魯迅的讚揚。但這一切都擋不住「中國高爾基」之說在社會上的流行。畢竟，「中國高

〔註75〕羊：《高爾基與魯迅》，天津：《益世報》，1936 年 6 月 20 日，《1913～1983 魯迅研究學術論著資料彙編》第 1 卷〔1913～1936〕，中國文聯出版公司，1985 年，第 1407 頁。

〔註76〕衡：《出殯的行列》，《魯迅先生紀念集·悼文第四輯》，文化生活出版社，1937 年 190 頁。

〔註77〕有關此詳細論述，參見王荊之：《國民黨密令和魯迅研究》，《魯迅研究月刊》，1993 年，第 1 期。

爾基」是一個富有彈性的評價，對於很多意識形態色彩不很嚴重的知識份子
而言，他們更看重「中國高爾基」的「中國」意義。他們強調中國失掉魯迅
比蘇聯失掉高爾基，損失更大，更讓人悲痛。1936 年 11 月 9 日，上海《申報》
報導了北平（北京）文化界對於魯迅的悼念，各方比較一致的觀點就有：「氏
逝世後，及於中國之損失，一般均以蘇俄文壇本年高爾基逝世之損失比譬之。
惟故都文化界人士，大多以爲魯迅目前逝世，中國文壇損失，較蘇俄目前失
一高爾基爲尤大。其理由以爲：（一）蘇俄光明社會，已告實現，與黑暗搏鬥
之文學家，已不若謳歌光明社會者之重要，此在中國，則絕不相同。（二）高
爾基雖然已逝去，但後進文學家，正如雨後春筍，文壇重心，不患失去，中
國失一魯迅，文壇重心，頓有動搖之象。故其損失，可謂異常重大。（三）高
爾基爲純粹文學家，對於思想方面，有所憑藉；中國目前，則爲紛亂之社會，
氏以一身兼，文學家與思想家雙重責任，其逝世後，不獨在文學上青年失去
範本，即在思想上，亦失去重要導師，總結各方面意見，上述三點，似已一
致公認。」〔註 78〕在此之前，就在 1936 年 10 月 22 日，《北平新報》大標題
登載，「曹靖華一夕談：悲魯迅遽爾云亡；他說：蘇聯失掉了高爾基，損失不
若中國死去魯迅大。」〔註 79〕其實，曹靖華的意思是針對當時社會上流行的
中國高爾基說法的一種反駁，因爲在他看來，魯迅對於中國比高爾基對於蘇
聯更加重要，起到的作用也更大。不過，他的這種說法迅速成爲北平文藝界
的一種共識，甚至自然而然影響到全國。一方面大家都稱中國高爾基死了，
另一方面又都認爲高爾基之於蘇聯無法與魯迅之於中國相提並論。其實這些
都表明，中國高爾基的稱號有很多人更關注魯迅之於「中國」。

　　「中國高爾基」之說的流行，也影響到有關魯迅的學術界，有不少人把
魯迅和高爾基放在一起做學術意義的比較研究。反過來，學術界對於魯迅和
高爾基的比較研究爲「中國高爾基」之說提供了更爲嚴謹的學理基礎。據統
計，專門的二人比較論述，在當時就有潔兮的《魯迅與高爾基》、魏伯的《魯
迅與高爾基》、巴人的《魯迅與高爾基》、勞難的《魯迅爲什麼是中國的高爾
基》、錫金的《魯迅與高爾基》等。這些略帶學術意義的比較，也主要是論述
魯迅和高爾基對於各自國家民族的意義，尤其是強調魯迅之於中國的價值。

〔註 78〕 本報訊：《平文化界追悼魯迅》，《申報》1936 年 11 月 9 日。
〔註 79〕 魯迅紀念委員會編印：《魯迅先生紀念集・逝世消息》，文化生活出版社，1937
　　　　年，第 12 頁。

在潔兮的論文中，從文學生活到個人生活，對高爾基和魯迅進行比較論述，首先是他們文學上的戰鬥性，爲祖國寫作，爲大眾代言，揭露社會陰暗面；其次是他們個人生活和品德，對於金錢的蔑視，而對於青年指導工作的熱忱。儘管這篇論文在體系上過於隨意，而且似乎祇是簡單地求同比較，但畢竟開啓了高爾基和魯迅比較研究的大門。魏伯吸收了潔兮論文的成果，指出魯迅和高爾基共同偉大之處在於，「就是他們兩個卻是一個鬥士，題目在戰鬥裏創作，爲著戰鬥創作，把創作當作一個鬥爭的武器，使敵人致命的炮彈」；還有「教養青年方面，他們兩個也是一樣的」。除了二人的共同之處，作者指出了他們之間的些許差異，例如首先二人出身不同，個人生活、受教育經歷不同，並由此造成了文學表現上的不同；其次，魯迅在翻譯上比高爾基做得好，並且論及了魯迅對於高爾基的翻譯和對新文字的提倡；最後指出的是，二人的逝世對各自民族國家所造成的影響不同，和北平文藝界其他人觀點一樣，魏伯認爲，魯迅逝世帶給中國損失遠甚於高爾基之於蘇聯。〔註80〕在魯迅和高爾基的比較研究中，不能不提到巴人的《魯迅與高爾基》，這篇論文以馬克思主義作爲理論體系支撐，不僅對二人進行了求同求異的比較，更是運用理論闡述框架和作品分析的完美結合，堪稱是魯迅比較研究中的一篇典範之作。巴人指出，兩個人的相似之點，首先「在作品的表現上，都是以社會學的觀點來處理人物的。所謂社會學的觀點來處理人物，那就是如馬克思、恩格斯所說：『要寫出典型的環境下的典型人物』」；其次作者通過作品分析了二人各自的創作外來影響，「高爾基和魯迅同樣吸取了末期貴族作家那種古典的寫實主義的手法，魯迅之於果戈里，高爾基之於巴爾扎克，那血緣是無法斬斷的」。更能體現這篇論文深度的地方在於，巴人細緻解釋了魯迅自己否認受高爾基影響這一看似難解的事實，他選取了一個中間人物，尼采，通過對魯迅和高爾基各自受尼采影響的分析，把兩個人之間距離拉近，並透過中介尼采對二人異同都作出令人信服的闡釋，尤其是作者從馬克思主義的觀念出發，指出「他們都從尼采的個性主義，發展爲社會的歷史主義者，在本質的意義上說，他們都是馬克思主義者」。〔註81〕勞難的《魯迅爲什麼是中國的高爾基》和錫

〔註80〕魏伯的：《魯迅與高爾基》，《1913～1983魯迅研究學術論著資料彙編》第2卷〔1936～1939〕，中國文聯出版公司1985年，第665～668頁。

〔註81〕巴人：《魯迅與高爾基》，《魯迅風》17期，1937年7月20日，《1913～1983魯迅研究學術論著資料彙編》第2卷〔1936～1939〕，中國文聯出版公司，1985年，第1097～1100頁。

金的《魯迅與高爾基》兩篇文章幾乎都是對前人的回應，前者是對巴人的文章談自己的感想，後者是對潔兮和魏伯觀點的重複，祇是肯定魯迅的戰鬥性，肯定魯迅對中國的意義更大。毫無疑問，學理意義上的比較研究，把「中國高爾基」之說推進到更深的一個層次。當然，這些學術研究也都帶有左翼的思想背景，也體現出左翼關於魯迅評價理論化、體系化的努力。

　　總而言之，魯迅逝世後，由於王明、蕭三等共產黨領導人的蓋棺論定——稱讚魯迅為「中國的高爾基」，這也影響到了國內對於魯迅的評價。尤其是先前曾依據王明態度確定「國防文學」口號的左翼人士，也稱頌魯迅為「中國高爾基」的說法，這標誌著他們「消除」了過去與魯迅在民族話語上的「分歧」。所以說，「中國高爾基」的一致提法代表了左翼在由階級話語轉向民族話語所產生的分歧的結束。與此同時，富有彈性的「中國高爾基」評價成為不僅是左翼的也是社會上大多數人對於魯迅逝世後的「蓋棺論定」，國民黨對於魯迅逝世的沉默以及他們無法逆轉「中國高爾基」說法的流行，都顯示出國民黨在民族話語上的一敗塗地。

第五節　從「中國高爾基」到中國現代的「孔子」

　　魯迅逝世後，對於追悼和紀念魯迅產生重大影響的還有陝北黨中央的態度。陝北的中共中央和中央政府在得知魯迅先生逝世的噩耗後，於 1936 年 10 月 22 日發出三則電報，分別為《為追悼魯迅先生告全國同胞和全世界人士書》、《致許廣平女士的唁電》、《為追悼與紀念魯迅先生致中國國民黨中央委員會與南京國民黨政府電》。這三則電報代表了陝北黨中央對於魯迅的評價，這也是後來研究魯迅和黨的關係的最重要的文獻。根據中國社會科學院文學研究所魯迅研究室編的《1913～1983 魯迅研究學術論著資料彙編》顯示，彙編者把這三則電報收入在資料彙編第 1 輯中，並作出相應的彙編者說明：「由於當時的政治原因，中國共產黨中央委員會，中華蘇維埃人民共和國中央政府為魯迅逝世所發出的三則電報當時未能公開發表，我們作為特例收入本書，作為第一卷的壓卷之文。」〔註82〕首先要指出的是，彙編者所作的說明中提到三則電報未公開發表與事實不符。當時中共中央的機關報《紅色中華》於 1936 年 10 月 28 日第三

〔註82〕中國社會科學院文學研究所魯迅研究室編：《1913～1983 魯迅研究學術論著資料彙編》第 1 卷〔1913～1936〕，中國文聯出版公司，1985 年，第 1500 頁。

版刊登了這三則電報。在《爲追悼與紀念魯迅先生致中國國民黨中央委員會與南京國民黨政府電》中，中共中央向國民黨中央和政府呼籲說，「魯迅先生畢生以犀利的文章、偉大的人格、救國的主張、正直的言論爲中華民族解放而奮鬥，其對於我中華民族功績之偉大，不亞於高爾基氏至於蘇聯。今溘然長逝，理應予身後之稱榮，以慰死者而示茲。」〔註83〕可見，在陝北中央方面，同樣有把魯迅和高爾基比附的組織上的表態。而且陝北以外可能沒有看到公開發表的電文，但和陝北有聯繫的馮雪峰等人理應知道陝北方面就魯迅逝世這一重大事件的態度，馮雪峰的回憶錄也證實陝北的電報有到上海。〔註84〕因此，陝北方面把魯迅和高爾基放在一起比附的說法也有可能影響到一些左翼人士。不過，很顯然，與王明等公開而又明確的「蓋棺論定」稱魯迅爲「中國高爾基」相比，陝北方面可能對於「中國高爾基」說法的流傳影響不大。

但是，毫無疑問，陝北對於魯迅逝世後的悼念活動是非常瞭解的，他們不可能不知道中國「高爾基說法」的流行。但奇怪的是，除了上面的電文中稍微把魯迅和高爾基放在一起比附外，陝北方面尤其是領導人毛澤東再也沒有把魯迅和高爾基放在一起論述。以至於毛澤東爲何不稱讚魯迅爲「中國高爾基」反倒成了一個問題，例如前文注釋中提到的藍棣之先生就提出了毛澤東評價魯迅時不與高爾基比附的問題，作爲延安時代文藝親歷者的曾彥修先生，在接受有關魯迅在延安的採訪時也提到，儘管毛澤東給予了魯迅很高的評價，「不過，毛從不談魯迅是中國的高爾基」。〔註85〕

我們首先來看毛澤東爲首的陝北中央對於高爾基和魯迅的不同態度。1937年6月23日，《新中華報》刊載了題爲《蘇區文藝協會召開高爾基逝世週年紀念會》的本報特訊，「蘇區文藝協會爲了紀念世界的文學導師高爾基特別於本月20日晚召開高爾基逝世週年紀念大會，到會會員參加六七百人，首由丁玲女士報告紀念會的意義，次報告高爾基的一生，繼由毛主席演講：指出高爾基實際鬥爭精神與他的遠大的政治眼光，他不但是個革命的文學家，並且是個很好的

〔註83〕中國共產黨中央委員會；中華蘇維埃人民共和國中央政府：《爲追悼與紀念魯迅先生致中國國民黨中央委員會與南京國民黨政府電》，《紅色中華》第三版，1936年10月28日。

〔註84〕馮雪峰：《馮雪峰憶魯迅》，河北教育出版社，2001年1月第1版，第109～110頁。

〔註85〕潘磊：曾彥修：《曾彥修先生談「『魯迅』在延安」》，《新文學史料》2006年第2期。

政治家云。毛主席講演完畢後，還有朱德、周恩來、博古等軍政黨的領袖講話。」
〔註 86〕這段通訊簡單記載了毛澤東對於高爾基的評價，也就是本章開頭藍棣之
先生所提到的，毛澤東稱呼高爾基為偉大的政治家。從報導來看，不僅毛澤東
有講話，朱德、周恩來、博古等都有所表態。四個月後，1937 年 10 月 19 日，
是魯迅逝世週年紀念日，對照高爾基的週年紀念，延安魯迅週年紀念似乎有些
冷清，其中緣由頗耐人尋味。翻閱當時延安的主要報紙雜誌，由《紅色中華》
改名的《新中華報》，創辦不久的《解放周刊》都沒有關於魯迅逝世週年紀念的
記載。由此可見，當時黨政乃至文協都沒有魯迅逝世的週年紀念活動，只有陝
北公學沒有忘記紀念魯迅，並請來毛澤東演講。毛澤東的演講詞由「陝公」第
一期學員汪大漠作了紀錄。1938 年他在武漢時，把記錄稿投給胡風編撰的《七
月》雜誌。胡風於 1938 年 3 月出的《七月》上刊登了這篇演說以及記錄者汪大
漠的附記，附記聲稱「在延安時沒有把這紀錄稿交給毛先生看過，如果有漏遺
或者出入的地方，當然由記錄者負責。」〔註 87〕從這種情形中一再看出陝北對
於毛澤東的「魯迅論」並沒有足夠重視，記錄者未及時交付毛澤東審閱，也沒
有在延安的報刊發表，甚至在後來人民文學出版社編撰的《毛澤東論文藝》中
也沒有收入此文。也許有人認為，從文獻學的角度來看，這不算是毛澤東親自
訂正並同意發表的文稿。不過 1981 年 10 月 12 日胡風在《人民日報》上刊登了
有關《魯迅論》發表詳細經過的《一點回憶》，引用雪葦有關毛澤東肯定《七月》
的說法來做旁證，認定毛澤東是認可《魯迅論》的。〔註 88〕《人民日報》於 1981
年 9 月 22 日重新刊印了《魯迅論》這篇文章，並且在 1993 年人民出版社出版
的《毛澤東文集》第 2 卷中錄入此文，這也表明毛澤東的《魯迅論》是經過中
共中央文獻研究室訂正，也為中共中央所認可。引出這麼多題外話並非想說明
毛澤東的《魯迅論》就是中共中央的態度，相反，是要確定這篇文章是能代表
毛澤東個人對於魯迅的真實態度。

　　很顯然，1937 年 6 月延安的高爾基週年紀念，雖是以文協（中國文藝協
會）名義舉辦，但到場的不只有作家，而是黨政軍首領齊到，總計六七百人
參加。丁玲的報告也是講述紀念會的意義和高爾基的生平經歷，由此可以看

〔註86〕　本報特訊：《蘇區文藝協會召開高爾基逝世週年紀念會》，《新中華報》第二版，
　　　　　1937 年 6 月 23 日。
〔註87〕　毛澤東：《魯迅論——在「陝公」紀念大會上演辭》，見瞿秋白等著：《紅色光
　　　　　環下的魯迅》，河北教育出版社，2002 年，第 57 頁。
〔註88〕　胡風：《一點回憶》，《胡風全集》第 7 卷，湖北人民出版社，第 40 頁。

出，紀念高爾基重點不在文學上，而是出於政治的考量。高爾基傳奇的生平和經歷，也被賦予無產階級革命必然勝利的佐證。誠如上文所說的，這其中受到蘇聯高爾基宣傳的影響，有對於高爾基政治拔高的因素。對於毛澤東來說，他瞭解高爾基的恐怕不是其作品，而是蘇聯所傳輸過來的政治功用價值。不過，魯迅就不一樣，毛澤東或多或少是讀了魯迅的一些作品，也通過馮雪峰等人對於魯迅的思想狀況有所瞭解。可以肯定地說，如果毛澤東能多讀一些高爾基的作品尤其是那些「不合時宜」的作品，或者對於高爾基在蘇聯的實際情形多瞭解一點，恐怕毛澤東也不會贊同高爾基是偉大的政治家了。當然，這也祇是一種假設的肯定。

　　無論如何，僅從紀念會的規格上來說，1937 年延安對於高爾基的週年紀念明顯高於「中國高爾基」魯迅。「陝公」舉行的魯迅紀念大會更像是文教系統的內部活動，也許此時丁玲等正隨同西北戰地服務團下鄉，文協也沒有出來籌劃魯迅週年紀念活動。不過雖然沒有像高爾基紀念會有那麼多的黨政要人到場，但毛澤東的到來和講話，也讓這場紀念會在魯迅研究史上成爲重要的一筆。儘管毛澤東的講話當時在延安產生的影響並不大，因爲在延安壓根兒就沒有發表，但是講話精神畢竟奠定了後來延安魯迅學的基礎，乃至對於中國以後的魯迅研究都起到了不可估量的影響。儘管是一場文教系統內的魯迅紀念，不過讀完毛澤東的演講詞後，我的感覺和藍棣之先生有所不同。與 4個月前紀念稱讚高爾基爲偉大的政治家不同，在《魯迅論》中的確沒有看到毛澤東直接稱魯迅爲政治家。這也是藍棣之先生提醒的，注意到毛澤東評價高爾基和魯迅的區別和分寸。不過，毛澤東對於魯迅的評價依然是從一個政治家角度做出的政治評判，「我們今天紀念魯迅先生，首先要認識魯迅先生，要曉得他在中國革命史中所佔的地位。我們紀念他，不僅因爲他的文章寫得好，成功了一個偉大的文學家，而且因爲他是一個民族解放的急先鋒，給革命以很大的助力。他並不是共產黨的組織上的人，然而他的思想、行動、著作，都是馬克思主義化的。」〔註 89〕這段話集中表現了毛澤東認爲魯迅的價

〔註 89〕毛澤東：《論魯迅──在「陝公」紀念大會上演辭》，《1913～1983 魯迅研究學術論著資料彙編》第 2 卷〔1936～1939〕，中國文聯出版公司，1985 年，第889 頁。此處引用的：《魯迅論》和《人民日報》及後來的：《毛澤東文集》中的有所不同，不同之在於後來除了作一些字詞上的訂正，使其更通順外，還有一些增刪，如：《毛澤東文集》中的最後一句是「都是馬克思主義的」，之後還有一句，「他是黨外的布爾什維克」。

值更在於對革命的幫助和傾向於馬克思主義。

其實毛澤東的魯迅觀重點不在他是否把魯迅看作是一個政治家。因爲任何一個出色的政治家眼中，所關注的肯定是政治考量和政治分析，他不會「屈尊」僅僅就文藝談文藝。王明說魯迅是出色的「政論家」，毛澤東也認爲魯迅是作家中政治上的「方向的指導」，〔註90〕二人看待魯迅的視角並無本質的不同，問題在於，王明所看重的魯迅政論家和毛澤東眼裏的有何不同？爲什麼包括王明在內的社會很多人都稱讚魯迅爲中國高爾基，而毛澤東獨獨避免同樣的說辭呢？在這篇《魯迅論》裏，毛澤東對魯迅有一個著名的評價：「魯迅在中國的價值，據我看要算是中國的第一等聖人。孔夫子是封建社會的聖人，魯迅則是新中國的聖人。」（《毛澤東文集》中最後一句爲「魯迅則是現代中國的聖人」。）我們前面提到，「中國高爾基」的說法儘管暗含了左翼文學的民族話語，但畢竟是拿外國人來做比附，尤其是王明等人稱讚「中國高爾基」的說法中更有著蘇俄意識。毛澤東並沒有把魯迅和國外的名人來比附，而是把魯迅稱爲當代聖人，和中國古代聖人孔子相提並論。如果說王明等是把從外國的高爾基到國內的魯迅串起一條無產階級革命的主線的話，那麼毛澤東所連接的是從中國古代到現代的一根長線；王明等把魯迅和高爾基比附是要說明國際範圍內階級分野的合理性，毛澤東從孔子贊魯迅則表明中國國家民族言說的重要性。僅從這一點上來看，毛澤東和魯迅確有心靈相通的地方。上文我們曾經舉例馮雪峰「全憑了自己的印象」寫成一篇《關於魯迅在文學上的地位》，魯迅刻意刪去了曾受高爾基影響的評價，其實在這篇文章中，馮雪峰除了提到外國文藝對於魯迅的影響外，也談到了中國古代文學傳統的作用。馮雪峰認爲，魯迅的「文學事業有著明顯的深刻的中國特色」，在「文學者的人格和人事關係的一點上，魯迅是和中國文學史上的壯烈不朽的屈原、陶潛、杜甫等，練成一個精神上的傳統」，「顯示了中國民族與文化的可敬的一方面，魯迅是繼承了他們的一脈的」。根據馮雪峰的附記顯示，魯迅先生看到把他和中國文學史上屈原、杜甫等相提時，笑著說：「未免過譽了，——對

〔註90〕毛澤東曾經在延安文藝座談會期間，有一篇未公開發表的講話，其中提到，「文藝是一支軍隊，它的幹部是文藝工作者。它還要有一個總司令，如果沒有總司令，它的方向就會錯的。魯迅、高爾基就相當於總司令，他們的作品，他們說的話，就當作方向的指導。如果普通的文藝工作者沒有高級的指導，他的方向就可能會錯，他就會長期地停留在低級階段不能提高。」見毛澤東：《文藝工作者要同工農兵相結合》，《毛澤東文集》第2卷，人民出版社，1993年版，第431頁。

外國人這樣說說不要緊,因為外國人根本不知道屈原、杜甫是誰,但如果我們的文豪們一聽到,我又要挨罵幾年了。」〔註91〕不過饒有意味的是,魯迅刪去了高爾基影響他那一段話;雖然也說和屈原、杜甫比是過譽了,但終還是沒有刪去這一段。從這一點上也可以看出,魯迅期望的仍然是中國文學歷史中的界定,由此也可以推定,毛澤東的當代孔子式的評價較王明和蕭三的中國高爾基定論更貼近魯迅。也許這才是由馮雪峰架起的所謂溝通毛澤東和魯迅之間的橋梁,而過去我們強調馮雪峰溝通的是二人之間的無產階級革命性,顯然不全面。這也難怪魯迅的後期弟子胡風一看到這稿子就很高興,認為「這樣懇切的同志感情和這樣高的評介」是真正的「蓋棺論定」。〔註92〕

毛澤東《魯迅論》的評價中有意迴避了高爾基式的比附,而選用中國古人來作比。這表明,在把魯迅尊奉為偶像上,各方是一致的,但塑造成什麼樣的偶像卻有天淵之別,從毛澤東的「魯迅論」我們也似乎看到了後來文藝民族化的前兆。毛澤東《魯迅論》對於以後的魯迅評介和延安文藝運動走向都產生了深遠影響,尤其是這篇文章展現出左翼文學的民族話語走向。

小 結

既然左翼文學內部在民族話語分歧上的焦點人物是魯迅,那麼這分歧的結束也應從魯迅的逝世說起。事實上也是如此,魯迅去世後,他的葬禮和追悼活動本身就成為中國文學界最集中的一次民族話語展示,先前的「國防文學」提倡者公開悼念魯迅也昭示了左翼文學民族話語分歧表面上的消弭。當然,今天人們會津津樂道「民族魂」旗幟下覆蓋的民族意義,可是從當時的追悼文章和諸多「蓋棺定論」之詞來看,「中國高爾基」的說法更為流行。很顯然,這一稱號顯出共產黨人和左翼文學界在魯迅追悼活動中的主導作用。大家對於「中國高爾基」的一致認可中,讓我們再一次感受到左翼文學民族話語中的蘇俄因素、階級意識、民族話語以及世界性訴求的複雜糾纏。

雖然「中國高爾基」在魯迅逝世後最流行,卻也在魯迅生前早已有之。最早先是共產黨和左翼文人把魯迅和高爾基等世界知名左翼作家並列起來,

〔註91〕武定河（馮雪峰）:原載:《工作與學習叢刊》之二:《原野》,1937年3月25日,另見:《雪峰文集》(四),人民文學出版社,1985年,第22頁。
〔註92〕胡風:《一點回憶》,《胡風全集》第7卷,湖北人民出版社,第40頁。

擴大自我的宣傳和影響，當然這時期肯定的是魯迅世界範圍內的革命意義；爾後是右翼文人別有用心地公開稱呼魯迅為「中國高爾基」，但這無疑祇是助長了這一稱號的流行和擴展。在魯迅本人這邊，對於高爾基是一個逐步接受、欣賞的態度，而且他也為高爾基在中國的譯介作出了巨大貢獻。不過，因為黨的領導人尤其是在蘇聯的領導人，更希望魯迅成為一個像高爾基那樣的和蘇維埃保持一致的作家、政治家。但魯迅並不會因附和政權而放棄自我主體性，所以生前，魯迅不願意別人拿自己和高爾基比附。而死後「中國高爾基」這一稱呼所彰顯的左翼的民族話語，都不過是黨和左翼文學界的塑造，而這恰恰又一次揭示出左翼文學民族話語分歧的本質。

當然，魯迅逝世後，「中國高爾基」的說法爆炸式的公開傳播，與此相對應的則是國民黨和右翼文學對於魯迅逝世的沉默，國共之間、左翼文學和右翼文學之間在民族話語權上的爭奪，其成敗得失一目了然。更引人矚目的是，在延安，毛澤東並不看重魯迅評介中的高爾基比附，但卻強調魯迅為當代的孔子式的聖人。從中國高爾基再到中國現代孔子的說法，也預示了左翼文學民族化的真正開始。

第七章　民族的旗幟和左翼的旗幟

　　魯迅逝世後，郭沫若迅速寫了一系列的悼念文章，稱讚魯迅爲「民族的傑作」。郭沫若態度的轉變也再一次說明前章我們論述的魯迅逝世成爲民族話語分歧結束的開始。另外，郭沫若的態度轉變更多出自一種惺惺相惜，這也預示了郭沫若在魯迅之後成爲民族旗幟和左翼旗幟的可能。

　　事實上，儘管郭沫若曾因服膺黨的政策支持「國防文學」，和魯迅有過激烈論爭，但這並不意味著郭沫若在民族話語的構建和表述中喪失了自己的主體地位。從郭沫若 1936 年以來的詩歌創作和演講可以看出，郭沫若力圖構建一個超越政治意識形態的民族文化體系，甚至是想建構具有信仰意味的民族精神家園。他對於魯迅先生的評價，對於中國歷史的闡述，都成爲他構建民族文化體系、民族精神家園的一部分。另一方面，郭沫若抗戰時期不畏艱險，拋妻別雛的歸國經歷也迅速被浪漫化和傳奇化，他的這種人生選擇和人生經歷本身也成爲當時民族話語的一部分。而且，在當時不論國共兩黨都認可他作爲文化界民族的旗幟，顯然他獲得了比魯迅更廣泛的認可度，畢竟魯迅的民族意義國民黨方面並不十分認可。然而，隨著抗戰的深入和發展，國共兩黨對待郭作爲民族文化旗幟的宣傳態度上還是有所差異，國民黨亦用亦疑的態度和共產黨用人不疑的態度形成鮮明對照。使得郭原本構建的超越政黨意識形態的民族主義的文化體系和信仰體系有了傾嚮之別，這似乎也代表了諸多左翼人和知識份子的一個共同的文化選擇。

第一節　郭沫若的民族精神家園構建

　　左翼文學從階級話語轉向民族話語，主要的分歧產生在以周揚的爲首的

黨團和魯迅之間。魯迅《答徐懋庸》出來後，儘管如我們上文所論述，它並不代表著左翼文學界內部民族話語分歧的結束，但事實上，除了徐懋庸仍寫幾篇文章公開反駁魯迅外，也許是懾於魯迅的威信，周揚等人並未公開撰文回應。不過，遠在東京的郭沫若寫下了和魯迅《答徐懋庸》針鋒相對的《搜苗的檢閱》。這篇文章直到今天仍然沒有引起我們足夠的重視。

我之所以提到郭沫若這篇文章的重要，不僅僅因為他有和魯迅一樣的威望，而是在這篇文章中傳達的一些細節信息也同樣是非常豐富的。郭沫若與魯迅的公開信的針鋒相對體現在方方面面。例如，他提到以前不知道是魯迅提的口號，還有所保留，因為胡風是年輕人，公開批駁的話怕打擊了胡風的積極性。這言外之意呢，一是早知道是魯迅，我過去都不用那麼客氣了；二是魯迅這個人不知道怎樣保護青年人的革命積極性，在革命的導師資格上顯然不如他更具備。並且，郭沫若「故意」地讓人發表他的「戲聯」，「魯迅將徐懋庸格殺勿論，弄得怨聲載道；茅盾向周起應請求自由，未免呼籲關門」。僅就上聯而言，郭沫若顯然表達了對於魯迅打擊年輕人革命積極性的不滿，下聯牽扯到兩個口號論爭中又一個重要人物茅盾，下文隨後談到。而郭文接著提到：「這個事實（即口號是魯迅提的事實）的告白便是解決糾紛的曙光，我們怕胡風負氣，真真是多餘了的事。而且我們魯迅先生和茅盾先生也並不是要爭一個口號的人。魯迅先生有句話說的最好：『問題不在爭口號，而在實做。』又說：『我和茅盾郭沫若兩位，或相識、或未嘗一面，或未衝突，或曾用筆墨相譏，但大戰鬥卻都為著同一的目標，決不日夜記著個人的恩怨。』像這樣明達事理時常為大局著想的我們的魯迅茅盾先生豈肯在搭救得到了明白的解決之後，一定要為爭執一個口號使糾紛到底嗎？我想這決不會的。」〔註 1〕郭沫若的「曙光」指的就是順著魯迅的思路推導（這一思路後來為「國防派」辯解時反覆用過），既然你魯迅已經反覆說口號不重要，那你就把口號撤了，要不然就是故意挑起文藝界內戰，把自己人當假想敵實則當真敵看，所以郭文中談到魯迅所說的擁護戰線、為著同一目標時都加上了反諷的引號，並在行文中處處流露著對於魯迅、茅盾的不滿和諷刺。這又一次驗證了魯迅的說法，為著「同一的目標」，確「未嘗謀面」但終還是只有「筆墨相譏」。

魯迅逝世後郭沫若的態度有了一個大轉變。過去因支持「國防文學」和

〔註 1〕 郭沫若：《搜苗的檢閱》，《文學界》1 卷 4 號，1936 年 9 月 10 日，第 1～12 頁。

魯迅爭鋒相對，魯迅的逝世反讓他頓生惺惺相惜之感。郭沫若隨即寫了悼念魯迅的輓聯，並後續有一系列悼念文章如《民族的傑作》、《不滅的光輝》、《魯迅並沒有死》、《持久戰中紀念魯迅》等，把魯迅和高爾基放在一起稱頌，高贊「魯迅先生是我們中國民族近代的一個傑作」。〔註 2〕

　　從郭沫若發表的文章和他的相關言行來看，郭沫若悼念和敬佩魯迅的態度是眞誠的、發自肺腑的。他不像其他一些支持過「國防文學」的左翼人把悼念魯迅當做一種象徵性的表態，或者看到黨的領導人態度轉變之後才有所跟進。郭沫若從一開始就把悼念魯迅看做是民族話語的展開，他的文章和詩詞中反覆強調魯迅「民族傑作」、「民族精英」的意義。郭沫若曾呼籲，「貫徹魯迅精神使它永遠成爲我們的民族精神，是紀念魯迅的最好的方法，也是保衛國族的最好的方法。」〔註 3〕從這些論述的語氣和思維模式來看，郭沫若一方面是在讚頌魯迅的民族精神，另一方面也是自我進行民族精神文化的構建。

　　過去，我們過多強調郭沫若贊同「國防文學」其緣由是服膺黨的政策，〔註 4〕但這並不意味著他在民族話語的構建和表述中失掉自己的主體地位，並不能說他僅僅衹是一個「喇叭」，政策的傳聲筒。郭沫若自參與到左翼文學的由階級話語轉向民族話語的過程中來，就有他自己的一套體系建構。這從他 1936 年以來的詩文中就可看出。

　　1935 年下半年呆在日本安心做學術研究的郭沫若又開始活躍起來，他和東京「左聯」成員往來密切，並在 1936 年參與到「國防文學」的提倡和宣傳中來。其實，郭沫若除了相繼發表一系列支持「國防文學」的理論文章外，還留有一些詩作。很顯然，這些重要的作品比純粹的「理論」文章更值得我們重視和分析。1936 年的 9 月 18 日，這一特殊的紀念日子，郭沫若寫了一首詩《們》，是郭沫若抗戰中詩歌集《戰聲》中的首篇。

　　　　們！
　　　　中國話中有著你的存在，

〔註 2〕　郭沫若：《民族的傑作》，魯迅紀念委員會編印：《魯迅先生紀念集·悼文第三輯》，文化生活出版社，1937 年，第 14～15 頁。

〔註 3〕　郭沫若：《魯迅並沒有死》，巴金等著：《魯迅與抗日戰爭》，戰時出版社，1937 年，第 13～14 頁。

〔註 4〕　有關郭沫若最初對於國防文學的不贊成以及後來得知是黨的政策後表示全力擁護，此相關情形見兩篇文章，藏運遠：《東京初訪郭老》，林林：《這是黨喇叭的精神——憶郭沫若同志》，載新華月報資料室編：《悼念郭老》，生活·讀書·新知三聯書店，1979 年 5 月第 1 版，第 215 頁，156 頁。

　　我和瞥見了真理一樣高興。

　　你的出現不知道是從什麼時候起頭，

　　你在文言中是遭了排斥的，

　　文人的筆下跋扈著「等」、「輩」、「之類」，「之流」。

　　大眾在口頭雖然也很和你親近

　　但於你的存在卻沒感覺著啓迪的清新。

　　我自己的悟性也未免麻木不仁；

　　我和你相熟了四十多年

　　真正的相識才開始在一九三六年「九一八」的今天。

　　　　　　　　　　　　　　——《們》〔註5〕

　　這祇是詩歌的第一段，需要注意的是此處引用的詩歌和和解放後的版本有所不同，在1959年的《沫若文集》以及更晚的1982年《郭沫若全集》裏，原詩中「你的出現不知道是從什麼時候起頭」，這一句被修改爲：「元人的雜劇中把你寫作『每』，你的出現大約就從這時候起頭」。〔註6〕我們無從瞭解郭沫若改詩的動機，可能出於學術上的嚴謹考量吧！把原詩中「們」出現的不確定時間考證出來，從學術上來說，是一個完善。但是，詩歌決非學術研究，它更多是一種意象的象徵的表達。這一句不知「起於何時」的含混，其實傳達了更加豐富的訊息。從這一段以及隨後的詩句，如「我永遠和你結合著，融化著」，都表明了「我」與「們」結合的主題，即作家們與大眾結合、文藝和大眾結合的主題。這並不是一個新鮮的主題，也不是一個肇自中國文藝界內部的命題。在中國，有關無產階級文學的文藝大眾化問題的討論，就是由郭沫若和創作社同仁率先展開的，是出於對日本的藏原惟人提出的「無產階級現實主義」的理論和日本有關文藝大眾化討論的回應。〔註7〕詩中最爲關鍵的就是認定「們」是中國話中固有的存在，「不知道從什麼時候起頭」的含混也強調了「我們」歷史的久遠，「我們」的歷史、「中國的固有」這些表述無疑昭示了超越階級的民族的永恒。對於親歷者郭沫若來說，他不可能不清楚

〔註5〕　郭沫若：《們》，《戰聲》，戰時出版社，1938年1月初版，第1—6頁。

〔註6〕　建國後改動的：《們》參看，郭沫若：《郭沫若全集·文學編》第二卷，人民文學出版社，1982年，第3～5頁。

〔註7〕　有關郭沫若和創作社同仁關於文藝大眾化和革命文學的提倡，以及與日本文學思潮的關係可參見蔡震：《文化越境的行旅：郭沫若在日本二十年》，北京文化藝術出版社，2005年3月第1版，第165～168頁。

文學中「我」與「們」結合的情形，也不可能不明白這些理論來自日本——源頭爲蘇聯——的無產階級文學理論。但郭沫若在詩中仍然願意把「我們」表述爲一種永恒的存在，一種超越了個體生命的存在。作此詩時，郭沫若 45歲，「我和你相熟了四十多年」，又再一次強調「我們」先於「我」而存在，「我」一降生，就命定屬於「我們」中的一員，很顯然，這裡詩人「我」和「們」的結合，絕非革命文藝時期文藝大眾化的表述模式。接著，詩人更強調「眞正的相識才開始在一九三六年『九一八』的今天」，而且從郭沫若的手稿中，我們可發現，「一九三六年九一八」幾個字明顯爲後來添加。〔註 8〕對於九一八民族恥辱符號的刻意強化，正如「兩個口號」的提倡者都在強調九一八和東北題材一樣，這明顯體現出一種民族意識的訴求。《們》這首詩歌，雖然看似是和大眾結合的老主題，其實已經完成了從階級敘事向民族敘事的轉換。

> 當我感覺著孤獨的時候
> 我只要把你，和我或我的親近者，結在一道，
> 在我的腦中迴環著這樣的幾聲：
> 我們，咱們弟兄們，同志們，年青的朋友們……
> 我便勇氣百倍，筆陣可以橫掃千人。
> ……………
> 哦，們喲，我親愛的們！
> 中國話中有著你的存在，
> 我眞眞是和瞥見了眞理一樣的高興。
> 我要永遠和你結合著，融化著，
> 不讓我這個我有可單獨的一天。
> …………

——《們》

上述這些詩句中，作爲敘述主體的「我」，對於和「們」的結合充滿著一種樂觀的、自信的想像。那麼郭沫若的自信和樂觀從何而來呢？決不是出於科學的、客觀的分析，而是來自主觀強烈地對於「眞理」的信仰。這裡「眞理」已非階級理論的訴求，而是孤獨的「我」從「們」那裡所獲得的力量、勇氣與信念。就半殖民地的中國現狀而言，經濟落後、國力衰敗、軍事孱弱，

〔註 8〕　參見郭沫若：《郭沫若全集》文學編·第二卷，中正文前面序頁中影印的：《們》手稿之一頁，人民文學出版社，1982 年版。

尤其對於旅居日本多年的郭沫若來說，中日之間的實力對比他遠比一般人有
更清楚的認知。然而，郭沫若依然堅信中國的勝利，認定抗戰是民族復興的
開始，當然還有不少知識份子比郭沫若更樂觀，「速勝論」在抗戰伊始是個主
流思潮。沒有槍炮，沒有財富，但知識份子的自信和樂觀來自他們手握最大
的資本和財富——民眾。「精英們動員『我們的人民』並邀請他們進入歷史，
而且以他們的語言和文化書寫邀請信，同時將他們的『大眾情感』引入民族
的抵抗運動。這就是爲什麼民族主義始終是一種大眾化的、浪漫的和跨階級
的運動。」〔註9〕確乎如此，抗戰初期作家們都無比自信樂觀，大有振臂一呼
應者雲集之勢頭，此時的文學顯露出兩個重要的特質，一是對文藝宣傳動員
功能的強調，並由此引起對民眾語言和文化形式的肯定，再就是洋溢著浪漫
的美學風格。這兩個特質在郭沫若的創作上都有集中體現。在「中華文藝界
全國抗敵協會」成立當日，寫下《文藝與宣傳》，再次重申文藝的本質是宣傳，
並由此談及「文協」成立的意義。至於郭沫若抗戰作品中的浪漫風格，此詩
即爲最好體現，其他作品如歷史劇更無須贅述，總體而言抗戰時期是郭沫若
浪漫主義風格的又一次高峰。在此，我仍不厭其煩地聲明一次，郭沫若對於
文藝宣傳功用的強調，已經和稍早革命文學論爭時期大有不同，此時強調宣
傳，是要把「一切文化活動應該集中於抗戰有益這一焦點」；〔註10〕顯而易見，
這樣的區別似乎用不著費心解釋，大家都明白。但是依然激起我興趣的是，
郭沫若此時是通過何種語言方式動員民眾加入到「我們」的抗戰中來，和過
去動員民眾加入無產階級革命的語言方式有何不同？詩中對此問題有所指
涉：

> 你現今已有一套西式的新裝，
>
> 這新裝與你真是百波羅地合身。
>
> 哦！
>
> 　Mn！
>
> 　　Mn！
>
> 　　　Mn！
>
> 　　　Mn！

〔註9〕　〔英〕安東尼·史密斯（Anthony D.Smith），葉江譯：《民族主義——理論，
　　　　意識形態，歷史》，世紀出版集團，上海人民出版社，2006年4月，第69頁。
〔註10〕　郭沫若：《抗戰與文化》，《自由中國》，1938年6月20日。

你可不是 Marx 和 Lenin 的合體？

你可不是 Michelangelo 與 Beethoven 的和親？

你是「阿爾法」和「哦美伽」，

你是序言和結論。

　　　　　　　　——《們》

　　這段詩引起我興趣的不單是內容，更在於其語言形式，詩中出現非漢語的新文字。新文字的倡導起於瞿秋白，魯迅曾致力參與，郭沫若也積極擁護，寫下《請大家學習新文字》。郭沫若在東京的年青朋友們，大多熱心新文字的推廣和宣傳。只要我們對於新文字的來龍去脈稍作考查，就可發現其產生與「赤色」蘇聯密切相關，強調階級意識的張揚。因為在新文字的倡導者看來，漢字的繁複阻隔了大眾的覺醒，是階級文化霸權的體現，新文字才是大眾的文字。在向民族話語的轉變中，很多人認為，要進行新文字的普及和推廣，甚至提出「漢字不滅，中國必亡」，這是魯迅接受《夜鶯》記者採訪時的觀點，五四時期錢玄同提倡拉丁化時也有同樣的觀點。〔註11〕郭沫若和他在東京的年輕朋友雖然在口號問題上和魯迅有激烈的衝突和爭執，但對於魯迅提倡的民族危機中要強化新文字的觀點都予以贊同。郭沫若說：「普及國防的意識當然要有手段，拉丁化正不失為一個很好的手段，我們決不放棄拉丁化。」〔註12〕這首詩中，郭沫若把新文字用於民族動員，既是呼籲，又是實踐。但詩中有一些小小的悖反需要引起我們足夠的注意。新文字所書寫的內容就更容易理解麼？語言和文字用於交流，是公產而非私物。不論是用新文字還是舊文字，謀求的是民族動員的最大化，在郭沫若以及其他眾多知識份子的想像中，應該包含最最廣大的群眾。然而，儘管民族國家建構的動員對象都指向群眾，但能夠做出回應的恐怕多為讀書人，最起碼要識得幾個字。對於中國的廣大下層民眾來說，他們的狀態更多為「日出而作，日落而息，帝力於我何有哉」！這樣的狀態也許有人理解為生命的自由自在，但同時不也包含著一種反正要被奴役管他哪個統治者的心態嗎？在廣大的淪陷區，少數幾個人日本人就可以統治幾十萬的中國民眾，郭沫若在當時對這樣的現狀也有所瞭解，「聽說浦東一帶的敵兵，剩下的只有幾十個人，而我們

〔註11〕魯迅：《幾個重要問題》，《夜鶯》1 卷 4 期，1936 年 6 月 15 日。
〔註12〕郭沫若輯：《國防文學集談》，見：《兩個口號論爭資料選編》下，人民文學出版社，1982 年，第 852 頁。

的十幾萬民眾是在少數的漢奸傀儡之下，過著水深火熱的生活的。」〔註13〕
淪陷區民眾的生活就一定比非淪陷區人民的生活更「水深火熱」嗎？恐怕不
見得，後來不就有河南民眾同日本兵一起追打「國軍」的例子麼？問題並不
在於實際情形中民眾與知識份子關係的疏離，而在於知識份子對於「我們」
一體的強烈想像可以無視裂痕的存在。在抗戰期間郭沫若的劇作如《屈原》、
《虎符》等，民眾總是那些具有「愛國」情懷的精英們的追隨者，仰慕者，
知識精英和下層百姓之間的關係總是那麼其樂融融。筆者此處並非要解決知
識份子在民族動員中和民眾的關係問題，這也絕非三言兩語能說清楚。我想
探討的是，無論用新文字抑或舊文字，老百姓祇是存在於知識份子的「民族
想像」中而非現實的回應，回應民族想像的多為那些識字的邊緣知識份子，
而維繫他們之間的紐帶恰恰是漢語文字。郭沫若在詩中也寫道，「你現今已
有一套西式的新裝，這新裝與你真是百波羅地合身」。「西式」和「新裝」與
「民族永恒」之間關係如何？我們還可以進一步追問和思考，漢字是階級文
化霸權的體現還是民族符號的象徵？在這裡，郭沫若是含混的，把「們」的
新文字寫法 Mn，說成是馬克思和列寧的合體，米開朗基羅與貝多芬的和親，
從表面的意思看，都是取先一個的首字母和後一個的尾字母，但人名的選取
應該大有深意，一組是無產階級的政治家，一組是卓越的藝術家，作者並沒
有直接聲明他們就是「們」的體現，而是用否定的反問，這為我們留下無盡
的思考空間。馬克思、列寧，米開朗基羅、貝多芬以及後面希臘字母的「阿
爾法」和「哦美伽」放在一起整體理解，郭沫若給予的界定是「西式」的「新
裝」。很顯然，儘管有馬克思列寧，但絕非要表達階級性的訴求，換句今天
的術語來說，是世界化的、現代性的訴求。

　　當然新的疑問隨之而至，郭沫若是如何理解民族的世界意義、現代性價
值和民族的永恒認同之間的關係呢！一邊用著新式的字母，昭示出新裝的現
代性的意義，旗號卻是民眾語言；另一邊郭沫若從事著中國最古老的語言文
字的闡釋和研究，不斷昭示我們民族文化的悠久與輝煌，構建我們民族的永
恒形象。

> 我們的民族需要的是覺醒而不是睡眠，
> 催眠歌的音調應該暫時放在一邊，

〔註13〕郭沫若：《武裝民眾之必要》，見熊琦編：《郭沫若先生最近言論》，離騷出版
　　　　社，1938 年，第 53 頁。

　　讓它在幼兒的搖籃邊陪著母親做針線。

　　我們的民族在異族統制下睡了三百年，

　　睡眠的重量依然還沒有脫盡我們的眼，

　　我們的身上又受遍了帝國主義的萬箭。

　　……………………………

　　然而這民族卻是世界上的選民。

　　這民族已有四千年的文明的歷史，

　　他能創造文明不亞於希臘與埃及，

　　只可惜最後的封建階段未能揚棄。

　　　　　　　　　　　　　——《詩歌國防》〔註14〕

　　這些詩句所傳達的是郭沫若當時的主導想法，郭沫若那一段時間的創作和演講中，反覆宣揚中國歷史文化的悠久，如《我們為什麼抗戰》、《日寇之史的清算——在武昌「廣西學生軍營」講演》等等。昌明中國歷史文化的輝煌，本是郭沫若的研究特長，而抗戰時期郭沫若對於中華文明的宣揚，無疑是要強化我們的民族認同，也喻示我們的必勝。郭沫若有一篇文章題為《日本的過去·現在·未來》，不言而明，郭沫若此時無論怎樣談論日本，終究落腳在中國上。這篇文章連同郭沫若的不少演講，包括上述的詩句，都傳達出這樣的一個中華民族模式：過去：四千年的文明的歷史（輝煌）——現在：文化的衰落（原因是滿清異族的統治、帝國主義的入侵）——將來：抗戰的勝利屬於我們，中華民族再生、復興，重新成為世界文化、人類文化的重要組成部分。過去，我們曾是一個燦爛的、純正的中華文明，我們是世界文明之顛，過去表明我們的民族是原生的，也就是詩歌中所說的「世界上的選民」，我們的文明也是世界的第一序列，「不亞於希臘與埃及」。當然，民族的原生和第一序列並不能代表這民族的永恒，郭沫若在一些演講和文章中就提到瑪雅文明的消亡，要構造民族的永恒形象重要的是如何解釋持續與中斷。郭沫若把罪責歸到滿清統治者身上，並且用了「異族統制」的說法。「最不幸的便是滿清二百幾十年的統制，把我們民族的生機阻止了」；〔註15〕「清滿三百年間的文化統制，簡直是民族的自殺。不合理的文化統制把中國害到了目前的

〔註14〕郭沫若：《詩歌國防》，《戰聲》，戰時出版社，1938年1月初版，第7〜15頁。
〔註15〕郭沫若：《日本的過去·現在·未來》見熊琦編：《郭沫若先生最近言論》，離騷出版社，1938年，第41頁。

地步」；〔註16〕「我們中華民族在最近的三百年內，曾受過一度原始民族，滿洲人的蹂躪，受了他們的無理的統制束縛，聰明才智之士叠受摧殘，因此對於世界文化幾乎沒有絲毫的貢獻。」〔註17〕我並不想由此斷言郭沫若就是一個種族主義者，仍承續晚清的排滿民族革命傾向，這樣的結論太武斷而且缺乏說服力。以郭沫若的思想境界和文化眼光，他不可能還低於孫中山的五族共和的構想。郭沫若的主要考量，既然要闡釋我們的民族亙古而彌新，就必須對民族持續的中斷做出一個合理的解釋。儘管之前也有遼、金、元，而郭沫若更強調滿清的責任，因為滿清之前，中華民族至少還屬於世界文明的前列，也保持和世界其他先進文明的交流互動，滿清統治不獨對中華文明是個毀壞，而且也中斷了中華文明和其他文明的交流，抹去了中華文明在世界文明座標中的位置。郭沫若在對比中日文化時，指出中國更早向西方學習和交流，耶穌和《聖經》都是由中文譯介入日本的。當然，郭沫若以漢文化作為中華文明的主脈是非常清晰的，這多少有一些漢文化中心主義的意思。這在兩個口號之爭中也有所反映，魯迅對於把岳飛、文天祥標為民族英雄是反感的，而郭沫若則是積極認可的。過去如何燦爛，現狀又如何悲慘，抗爭的意義自然就被凸現。此詩中用了「揚棄」，就是要指向未來，蘊含了更新與再生的意思，蘊含了新的現代性價值取向的意義。

> 我們的國防同時是對於文化的保衛，
>
> 我們要在萬劫不復的破滅之前救起人類，
>
> 我們民族的復興是世界文化向更高一個階段的突飛。
>
> 現在是民族復興的時候，也是詩歌復興的時候，
>
> ——《詩歌國防》

這個時期，郭沫若的詩歌和演講中到處有「復興」與「再生」的字眼，如詩歌《民族復興的喜炮》（解放後的版本改為《民族再生的喜炮》），談到上海的炮聲「是慶祝我們民族的復興」。詩歌《抗戰頌》中也讚美炮聲「是我們民族復興的喜炮」。「再生」不僅是對於過去的認同，而且是全新的現代性的期待。郭沫若所涉及的不僅是暴日侵略下的救亡問題，而且是通過抗戰建設

〔註16〕郭沫若：《日寇之史的清算——在武昌「廣西學生軍營」講演》，見熊琦編：《郭沫若先生最近言論》，離騷出版社，1938年，第31頁。

〔註17〕郭沫若：《我們為什麼抗戰》見熊琦編：《郭沫若先生最近言論》，離騷出版社，1938年，第36頁。

現代民族國家的宏大構想，提出抗戰不光是軍事上擊敗日本，而且也包括文化精神領域在內的中華民族的全方位勝利，就像我們曾經領先日本那樣。「日本以七十年的努力，成功了一個現代化的國家，而我們應該以更快的速度，更好的方法使我們的國家現代化。」〔註18〕如果說過去我們的民族曾是世界上最卓越的文明，我們的復興就是作為「卓越」文明的復興，也就因此關乎整個人類的復興與發展，從而強化了「我們」作為「世界選民」的世界性、現代性價值和意義。在《我們為什麼抗戰》的講演中，郭沫若提到「不僅我們中國民族是達到了生死存亡的關頭，就是整個人類都是到了生死存亡的關頭了。」我們的抗戰也是「為全世界的文化而戰，為人類的福祉而戰」。〔註19〕

　　我們現在可以大致梳理一下郭沫若的民族文化體系建構，中華民族是由「我們」構成，我們是「世界的選民」，我們的過去是歷史悠久，文化輝煌；現狀是不堪忍受，包含了滿清以來的包括各種帝國入侵者欺壓下「我們」文明的衰敗，反抗是合理而又必須，我們要找回那個曾經「純正」的我們，同時又是「新生」的我們。過去，現在，未來構成了對於民族的永恒書寫。當我們看到郭沫若的表述模式——我們民族過去的美好、現時的受難、將來的新生，從而達到永恒不朽。我們自然聯想到的是宗教的解釋模式，樂園與基督的降生，基督的受難，基督的復活，永生。當然，在此我並不能確定說郭沫若是受到基督思想的影響，也不是暗示民族主義恰如宗教信仰一般。我想要表達的是，郭沫若的民族主義意識決不能被簡單地被解讀為是因為受到哪種政治意識形態的影響，或共產黨的民族統一戰線政策、或國民黨的三民主義政策、或者是蔣介石的主張，這些都簡單化了郭沫若的民族情懷。郭沫若的民族構想是一個遠比政治意識形態大得多的文化體系，甚至可以說是信仰體系。畢竟，作為政治家尤其是信奉馬克思唯物主義的政治家，不怎麼關心死亡與不朽。但死亡卻是戰爭中的常態，個體的生命可能會隨時消失，意義何在呢？郭沫若通過民族永恒敘述對此做出了充滿想像的回應。

　　　　畫一個十字，再畫一個十字
　　　　今天是我們中華民族積極前進的象徵，

〔註18〕郭沫若：《日寇之史的清算——在武昌「廣西學生軍營」講演》，見熊琦編：《郭沫若先生最近言論》，離騷出版社，1938年，第33頁。

〔註19〕郭沫若：《我們為什麼抗戰》見熊琦編：《郭沫若先生最近言論》，離騷出版社，1938年，第36、38頁。

> 我們要把一切猜疑，欺詐，萎靡，逡巡，
>
> 怕死，愛錢的惡德，私心，通同付諸火爐。
>
> 人生七十古來稀，但國族（民族）〔註20〕是有永遠的生命，
>
> 億萬斯年，我們要求永遠畫著十字進行。
>
> ——《人類進化的驛程》〔註21〕

這首詩歌最初發表於 1937 年 10 月 10 日上海《救亡日報》，爲紀念第 26 個雙十節而作。雙十節的政治意義毋庸多言，我們可能後來會因郭沫若高贊國民黨的國慶日而有意識形態上的分歧。我覺得這些都並非重點，重點是郭沫若對於「雙十」的敘述明顯讓人產生宗教的聯想。十字讓我們想到耶穌，當然這並非祇是作爲閱讀者我的單方面聯想，郭沫若曾在 1946 年的「雙十節」作詩《「雙十」解》，不過在 1946 年，郭沫若否定了他 1937 年對於「十字」的神聖描繪，否定了自己關於「億萬斯年，我們要求永遠畫著十字進行」的想像，認爲「雙十」「表示著雙料的耶穌」，一個十字比作帝國主義，一個十字比作封建制度，並「讓他倆成雙入土」〔註22〕關於郭沫若 1937 年的「十字」到 1946 年的「十字」意象的巨大反差，頗值得分析，只有待另找機會撰文詳述。不過，儘管郭沫若後來否定了耶穌和十字的神聖，但沒有改變的是對於民族神聖「十字」的信仰。「人生七十古來稀，但國族（民族）是有永遠的生命」。個體生命的降生是個偶然，什麼時候死亡也是偶然，但個體的生命終究會死亡則是必然。把偶然轉換爲意義，把宿命修改爲持續的永恒。即便沒有天堂，沒有彼岸，「民族」也是我們每一個體永恒的家園、樂園。我們每個個體的降生就是作爲「我們」「永恒」的中華民族一員而生，死亡也祇是個體生命的死亡，畢竟「永恒」的「我們」民族永遠不會死亡。

民族是我們永恒的家園，我們生與死意義的寄託。在抗戰期間，郭沫若多次談到死亡與不朽的話題。「我們起來抗戰，也就是甘心忍受莫大的犧牲，

〔註20〕此處解放後的：《沫若文集》和：《郭沫若全集》中都是「民族」，根據郭沫若的用詞習慣，疑似 1938 年的：《戰聲》中出現錯誤。不過，「國族」和「民族」都與我們所要論述的主題無影響，甚至「國族」是一個更符合當下理論界的用語習慣，更嚴謹的述語。因爲「國族」本身就蘊含了「民族」想像建立國家目標的現代性因素。

〔註21〕郭沫若：《人類進化的驛程》，《戰聲》，戰時出版社，1938 年 1 月初版，第 59～64 頁。

〔註22〕郭沫若：《「雙十」解》，《郭沫若全集・文學編》第二卷，人民文學出版社，1982 年，第 102～103 頁。

甘心忍受莫大的損害而來爭取我們民族的解放，保衛我們祖國的獨立的。試問：我們目前所受的損害可以和亡國相比嗎？我們目前所受的犧牲可以和滅種相比嗎？假使我們的國亡了，種滅了，我們的身家性命還有什麼存在？我們目前是要以一人的死爭回一族的生，是要以一家的亡爭回一國的存。」〔註23〕在陣亡的王銘章師長悼念大會上，郭沫若作了《把有限的個體生命融化進無限的民族生命裏去》的報告，郭沫若一邊大談「任何人都免不了有一個死」，「早遲會有你生命結束的時期到來」，「死是人人所必有的東西」，死是「人人所有的財產」。但是如何在必然的死亡之後繼續延續生命的意義，如何死而不朽，死後永生呢？就要像戰死的王銘章一樣，為永恒的民族而死。「王銘章師長，我們可以說，他是一個偉大的人生的成功者了。他是死了一個很光榮的死。但他果真是死了嗎？不，他並沒有死。他是把自己的聲明切實地融化進了民族的生命裏面。在民族存續的一天，王銘章師長是永遠生存著的。我們現在追悼他，寧應該慶賀他，慶賀他的成功，慶賀他的不朽。」〔註24〕並在演講的最後極為煽情地倡議，「讓我們大家把自己的有限的生命，融化進民族無限的生命裏去」。〔註25〕在「文協」成立大會上，郭沫若呼籲「我們要犧牲一己自由求民族之自由，犧牲一己生命求民族之生命，不單鞠躬盡瘁，死而後已，還要鞠躬盡瘁至死不已！」〔註26〕

　　過去我們常常談論郭沫若的泛神論思想或者其堅定的政治思想，然而，通過對郭沫若1936年以來的詩歌及其講話的分析，我們發現，一個「主神」壓倒一切，那分明就是民族主義的信仰。郭沫若通過對於民族永恒的書寫，為他自己建造了一個永久的精神家園，這是一套遠甚於政治意識形態的更宏大的文化體系和信仰體系。毫不誇張地說，郭沫若是左翼文學界乃至當時整個文學界對民族文化體系和民族精神家園建構最用力的一個，自然把郭沫若視為左翼文學界乃至全國文學界的民族旗幟一點也不過分。

〔註23〕郭沫若：《抗戰與覺悟》見熊琦編：《郭沫若先生最近言論》，離騷出版社，1938年，第63頁。

〔註24〕郭沫若：《把有限的個體生命融化進無限的民族生命裏去》，《沫若文集》第十一卷，人民文學出版社，1959年，第312～313頁。

〔註25〕郭沫若：《把有限的個體生命融化進無線的民族生命裏去》，《沫若文集》第十一卷，人民文學出版社，1959年，第314頁。

〔註26〕龔繼民、方仁念：《郭沫若年譜》，天津人民出版社，1992年，第385頁；另參見：《新華日報》1937年3月28日相關報導。

第二節　從民族的旗幟再到左翼的旗幟

　　作爲曾經左翼文學代表人物的郭沫若，自 1936 年以來的詩文及其演講既體現了他自己對於民族的永恒書寫，也顯示出左翼在民族話語方面的巨大成就。另一方面，郭沫若抗戰時期不畏艱險，抛妻別雛的歸國經歷迅速被浪漫化和傳奇化，也成爲他所要建構的民族文化體系的一部分。

　　郭沫若回國後，有關他的生平傳記尤其是他的歸國經歷記述，屢屢見諸報端，或刊印成冊。其中較爲引人注目的有殷塵（金祖同）的《郭沫若歸國秘記》，佐藤富子（安娜）的《我的丈夫郭沫若》，楊殷夫的《郭沫若傳》，丁三的《抗戰中的郭沫若》等，包括李霖的《郭沫若評傳》被重版重印刊行〔註 27〕，社會上的郭沫若熱可見一斑。與此同時，郭沫若浪漫的性格和語言特色也參與到了他自我浪漫化、傳奇化的過程當中，他的詩詞、演講、著述也都大量被出版，其中郭沫若的《在轟炸中來去》影響最大。郭沫若在此記述了他歸國後在轟炸中往來京滬兩地的見聞，上海文藝研究社 1937 年 11 月出版，後由抗戰出版社 1938 年 1 月再版。〔註 28〕無疑，抗戰初期，郭沫若是文化界、政界、軍界炙手可熱的風雲人物之一，在社會的影響力甚至超過共產黨這邊的諸多領導人，他無可爭議地被視爲民族的旗幟。

　　這些傳記包括郭沫若自我的記述，都給我們留下了郭沫若回國後和國民黨政權的密切關係的證明。如金祖同的《郭沫若歸國秘記》和安娜的《我的丈夫郭沫若》。雖然這兩部著作都有值得質疑的地方，〔註 29〕尤其是後者，曾在當時遭到了郭沫若本人的否認，郭接受記者訪問聲稱「此文係日人假託」，〔註 30〕但是，它們的影響都很大，如佐藤富子（安娜）的《我的丈夫郭沫若》曾在 1937 年《文摘》戰時旬刊第 20 號刊載；後由漢口戰時文化出版社出版，1938 年五月十四日是初版，五月二十七日就出了再版；〔註 31〕同時上海日新

〔註 27〕李霖：《郭沫若評傳》，現代書局，1932 年；另開明書店，1936 年第三版，37 年第四版。

〔註 28〕郭沫若：《在轟炸中來去》，上海文藝研究社，1937 年 11 月，另，抗戰出版社，1938 年 1 月再版。

〔註 29〕有關郭沫若旅日以及歸國的情形，以及對於殷塵的著作中不確切的史實的糾正，參見蔡震：《文化越境的行旅——郭沫若在日本二十年》，文化藝術出版社，2005 年。

〔註 30〕見《爲郭夫人的〈我的丈夫郭沫若〉訪問郭沫若先生》，原載：《文摘》戰時旬刊，1937 年第 21 號；另見：《郭沫若學刊》1990 年第 4 期的重新刊印。

〔註 31〕〔日〕佐藤子著；曉華，重子編：《我的丈夫郭沫若》，漢口戰時文化出版社，

社亦在 1938 年 5 月出版了此書。〔註32〕儘管這兩書在一些史實上的誤差，但是它們所體現出的精神和郭沫若自己著的《在轟炸中來去》大致相同，都是高揚郭沫若民族情懷。安娜的著作，郭沫若曾說是「日人假託」，從書中內容以及相關附錄文章來看，如果是有人假託，更像出自中國人之手。安娜在此書中著力表白和郭沫若的情感，以及對郭沫若一些重大歷史時刻的重大選擇作出了自己的看法，包括郭沫若的棄醫從文，郭沫若參加北伐，郭沫若的回國抗戰等等。安娜主要是從一個妻子的角度，從維持全家生存和維繫與郭沫若感情的角度作出評判。其實，就當時中國讀者的期待來說，安娜描繪的她和郭沫若如何曾在艱危中不離不棄，又如何又怨又哀憐郭在「妻之國和夫之國」的交戰時不顧妻兒的離開，這更加襯托了郭沫若民族情懷之重。安娜還提到了郭沫若在廣東時他們和蔣介石（當時還是師長，原書中如此說）的良好關係，而對於他們流亡日本祇是作了簡要的記載，並沒有點明原因，好像祇是因為生活所迫似的。這些有關描述和蔣介石關係的部分，包括此書附載的郭沫若的《歸國日記》對蔣的描述，都和郭沫若自己後來在《在轟炸中去來》相關內容大致相同。

郭沫若、蔣介石以及國民黨的其他和郭曾有交情或歸國後相識的高官，大家彼此都有意無意地淡化曾經的衝突，這大概也表明了國民黨對於郭沫若這樣的民族旗幟所具備的號召力的重視。有關郭和蔣的會面，郭沫若曾親自撰寫，《蔣委員長會見記》、《轟炸中來去》，詳細記述了受蔣委員長接見的全過程。文中多次提到了蔣介石給人溫暖、和藹的感覺，例如文中說道，「滿臉的笑容，眼睛分外的亮」的蔣看到他來，主動迎上打招呼道，「你來了，你的精神比以前更好」，「蔣先生一面和藹地說著，一面和我握手，手是分外的暖和。」郭沫若沒有感受到拘束，也沒有像其他人那樣，從蔣身上看到威嚴，而是「但他對我是格外和藹。北伐時是這樣，十年後的今日第一次見面也依然是這樣。這使我特別感覺著慰適。」郭也感受到了蔣健康的神態，堅定的眼神，「表明著鋼鐵樣的抗戰決心，蔣先生的健康也充分地保證著鋼鐵樣的抗戰持久性。」〔註33〕這篇文章的發表，也可以看做郭沫若的一種公開表態。

　　1938 年 5 月 14 初版：另參見 5 月 27 日再版。
〔註32〕〔日〕佐藤子著：《我的丈夫郭沫若》上海日新社，1938 年 5 月。
〔註33〕郭沫若和蔣會面的情形參見，郭沫若：《在轟炸中來去》，上海文藝研究社，1937
　　　　年 11 月，第 35～40 頁；另見，抗戰出版社，1938 年 1 月，第 29～37 頁。

自然這篇文章在左翼陣營中引起的軒然大波可想而知，多年以後，郭沫若爲此又一次作出了懺悔的表態，「肉麻當有趣的我們不知道喊了多少萬聲的『最高領袖』呀！喊一聲『領袖』立一次正，更不知道立了多少萬次的正呀！今天回憶起來，我不僅該向全國的同胞，向全武漢的市民告罪，就是向自己的喉嚨和兩隻腿也該得告罪的。」〔註34〕當然，這是多年以後的事情了。據說在當時，郭沫若私下否認說和蔣介石關係好，夏衍等人的回憶錄也是由此認爲郭沫若是按照周恩來的意思，策略性的讓步，好讓國民黨頑固派無話可說。〔註35〕而後來臺灣的孫陵也印證了此種說法，安娜的文章證實郭沫若曾和蔣介石關係很好，郭沫若私下否認，於是孫陵就把郭沫若的意思寫成文章發表出來，郭沫若又過來責備孫影響關係。〔註36〕

　　姑且不論郭沫若私下真實的想法如何，也姑且不論郭沫若對前後的自我矛盾解釋是否合乎事實。僅就當時郭沫若公開發表的文章和表態而言，僅就造成的社會影響而言，他和國民黨之間的關係是非常不錯的。他也在國民黨的體制中出了不少力，抗戰初期，文化宣傳和民眾動員工作之所以有聲有色，是和以郭沫若爲首的先前左翼人的努力分不開。但是，國民黨一直對於民眾的廣泛被動員存有警惕，對於文化人郭沫若等同樣如此，又想重用，又有戒心。從第三廳成立的人事安排，到《屈原》在國民黨的《中央日報》上發表又被國民黨壓制抵制，就是鮮明的例證，而第三廳的解散讓郭沫若再一次感受到了國民黨的不可信任。

　　其實，在民族話語的爭奪上，國民黨在抗戰初期本來佔據絕大優勢，正面部隊的浴血奮戰，全民士氣的高漲。在文化戰線上，國民黨也和郭沫若有很好的合作，不過，國民黨沒有用人不疑的大氣，他們逐漸喪失了繼魯迅之後被樹爲民族旗幟的郭沫若。當然，就郭沫若本人而言，可鮮明地感受到，在他身上具有反抗和作聖的雙重精神氣質，就像郭沫若早期詩歌《匪徒頌》所表現的，郭沫若身上具有濃烈的撒旦情結，抗聖和作聖的兩重性。1938年，楊殷夫著的《郭沫若傳》的序中稱讚道：「郭沫若先生是現代中國最偉大的革命詩人，他的偉大處，除了寫《哀希臘》的英國詩人拜倫以外，沒有第二人

〔註34〕郭沫若：《洪波曲》，《郭沫若全集·文學編》14卷，人民文學出版社，1992年第1版，第201～202頁。

〔註35〕參見夏衍的：《知公此去無遺恨》中對於郭沫若「吹捧」蔣介石的解釋，《人民文學》1978年第7期。

〔註36〕孫陵：《我熟識的三十年代作家》，臺北成文出版社，1980年5月版，第237頁。

能夠比擬。」楊在序言的最後用一句詩來概括截止到 47 歲的郭沫若,「拜倫輸百年,魯迅後一人。郭氏實足以當之無愧。」〔註 37〕用拜倫和魯迅的「摩羅」精神評價郭是不爲過,不過,楊殷夫沒有看到的是郭身上同樣有著濃厚的「作聖」氣質。

　　而在共產黨人和左翼一方,樹立郭沫若爲文化界旗幟的策略則是明顯而又堅定。根據後來曾在周恩來身邊工作的吳奚如回憶:「1938 年,黨中央根據周恩來同志的建議,作出黨內決定:以郭沫若同志爲魯迅的繼承者,中國革命文化界的領袖,並由全國各地黨組織向黨內外傳達,以奠定郭沫若同志的文化界領袖地位。」〔註 38〕1941 年在周恩來的籌備和策劃下,中共南方局發起了現代文學史上有名的「壽郭」活動(紀念郭沫若創作生活二十五週年和五十壽辰),周恩來在《我要說的話(代論)》代表中央明確表態,魯迅是半新半舊時代的人,「郭沫若創作生活二十五年,也就是新文化運動的二十五年。魯迅自稱是革命軍馬前卒,郭沫若就是革命隊伍中人。魯迅是新文化運動的導師,郭沫若便是新文化運動的主將。魯迅如果是將沒有路的路開闢出來的先鋒,郭沫若便是帶著大家一道前進的嚮導。」〔註 39〕

　　與此同時,奉郭沫若爲魯迅接班人的決定以黨的名義作出,也保證了郭沫若旗幟意義在左翼內部的一致認可。即便是先前因傾向魯迅而嫌惡郭沫若的左翼人士,也只有在黨的決議面前把自己的意見保留。例如,吳奚如也曾回憶了他把周恩來建議的、黨中央作出的決議——以郭沫若繼承魯迅爲全國左翼文化界的領袖——傳達給胡風等人時,胡風幾個《七月》社同人,「有牴觸情緒,沉默不語」。〔註 40〕

　　總之,在對郭沫若的宣傳和認可上,國民黨的遊移不定和共產黨的堅定不移,使得原本傾向於超越政黨意識形態的作爲民族旗幟的郭沫若,再一次轉向成爲左翼文學界的旗幟,用否定之否定來解釋,應該是左翼文學界的民族的旗幟。

〔註 37〕楊殷夫:《郭沫若傳》,民眾出版社,1938 年 1 月,序言頁。

〔註 38〕吳奚如:《郭沫若同志和黨的關係》,《新文學史料》1980 年第 2 期,第 131 頁。

〔註 39〕周恩來:《我要說的話(代論)》,《新華日報》1941 年 11 月 16 日第 1 版。

〔註 40〕吳奚如:《我所認識的胡風》,《魯迅研究資料》第 9 輯,天津人民出版社,1982 年。

小 結

魯迅逝世後，左翼文學界能夠替代魯迅，既具有民族旗幟作用又具有左翼文學價值意義的當屬郭沫若。實事求是地說，郭沫若回國後，原本真的是從過去的階級話語書寫轉向民族主義文化體系和信仰體系的構築。一方面郭沫若主動在魯迅逝世後調整對於魯迅的態度，使得郭沫若在左翼文學界內部替代魯迅成為可能。另一方面，他的詩文創作和演講，也確實傳達出構築民族文化的宏大體系的思考，顯示出他建構民族精神家園的意圖。郭沫若的這種努力，連同他浪漫、傳奇的人生經歷和歸國選擇，使得郭沫若當之無愧成為文化界民族的旗幟。不僅左翼文化界如此，就連國民黨和右翼文人也認可郭沫若在民族話語方面的積極作用。但是，隨著戰事的深入和發展，國共兩黨對待郭作為民族文化旗幟的宣傳態度上彰顯出了差異，國民黨亦用亦疑的態度和共產黨用人不疑的態度形成鮮明對照。使得郭原本構建的超越政黨意識形態的民族主義的文化體系和信仰體系有了傾嚮之別，這似乎也代表了諸多左翼人和知識份子共同的文化選擇。

第八章　從新啓蒙到民族形式——左翼文學民族話語走向探微

　　左翼文學從階級話語轉向民族話語，打出了「國防文學」和「民族革命戰爭的大眾文學」的口號，不論這兩個口號在內涵上有多麼大的差異，在本質上它們都是文學「救亡」的體現。中國現代文學和現代思想文化中與「救亡」主題糾纏在一起的是「啓蒙」，而且往往是「救亡」任務越緊迫時，啓蒙的命題隨之而被特別強調，左翼文學界在提倡民族話語的過程中也照例出現了「啓蒙」的號召。這就是陳伯達看似從周邊聲援「國防文學」時提出的「新啓蒙」口號。「新啓蒙」最初是「國防文學」運動中一個微不足道的口號，不過，魯迅逝世後，伴隨著「兩個口號」論爭的逐漸平息，「新啓蒙」運動卻轟轟烈烈開展起來。和「兩個口號」一樣，「新啓蒙」運動也是由左翼主導。如果說「國防文學」和「民族革命戰爭的大眾文學」的提倡者都或多或少強調他們的「文學救亡」的「前進」意義，也就是他們與過去的文學救亡以及國民黨的民族主義文藝的不同，那麼「新啓蒙」提倡者在「啓蒙」之前貫以「新」的稱號，則是強調他們和過去「啓蒙」運動的不同。這樣「新救亡」和「新啓蒙」雙重奏開啓了左翼文學以及思想文化新的一章，也顯示出左翼對於中國現代文學過去的總結和未來走向的思考。

第一節　「國防文學」中的「新啓蒙」

　　1936 年 9 月 10 日，《讀書生活》第 4 卷 9 期開辦了一個「國防總動員特

輯」，共計收錄有陳伯達的《哲學的國防動員》、楊騷的《文學的國防動員》、張庚的《戲劇的國防動員》、凌鶴的《電影的國防動員》、呂驥的《音樂的國防動員》。乍一看，這些不過是又一次有組織地聲援「國防文學」的活動，其中不少也是「國防文學」派的老面孔。但這組文章中排在首位的陳伯達卻是第一次出現在「國防文學」陣營中，他這篇文章似乎也是從文學的周邊哲學領域對於「國防文學」的聲援。而且這組「國防總動員特輯」文章包括了哲學、文學、戲劇、電影、音樂等諸多領域，給人感覺是要造就一個更大範圍的「國防文化」運動。

當然，更大範圍的「國防文化」運動也仍然是以「國防文學」為中樞，依然是左翼民族話語的體現。陳伯達的這篇文章排在「特輯」的首位，文章中提出了「新啓蒙運動」口號，以及有關成立「中國新啓蒙學會」的呼籲。「新啓蒙」儘管在當時可能還是一個並不怎麼有影響的口號，但它卻成了抗戰前後「新啓蒙運動」發端的標誌。這一口號在未來的社會影響絕不遜於「國防文學」以及相關的「兩個口號論爭」，甚至可以這麼說，「新啓蒙」運動的開展是伴隨著「兩個口號」的消沉而興起，所以，「新啓蒙」和「兩個口號」尤其是「國防文學」有著明顯的承續關係，畢竟後來參與「新啓蒙運動」的許多人如艾思奇、何干之等都參與過「兩個口號」的論爭，而且他們都基本傾向「國防文學」這一邊。甚至後來有參與者齊柏岩在宣傳新啓蒙運動時，仍不忘強調，「我們更要注意到『國防』方面，努力國防文學運動」。〔註41〕

「新啓蒙運動」更多提出的是一些思想文化上的號召、文學創作上的綱領。例如「新啓蒙」代表人物陳伯達提出的基本綱領是，「繼續並擴大戊戌、辛亥和『五四』的啓蒙運動，反對異族的奴役，反對禮教，反對獨斷，反對盲從，破除迷信，喚起廣大人民之抗敵和民主的覺醒。」陳提出喚起廣大民眾之抗敵和民主的覺醒，這主張在過去左翼的民族話語倡導中並不見新鮮。不過，陳的新穎之處在於他不是機械地把當今的國防運動和黨的或者共產國際的政策關聯起來，而是在中國思想文化發展的廣闊背景中尋求承續性，把當時的國防運動、國防動員和晚清以降的思想啓蒙運動聯繫起來。陳伯達敏銳地指出，「新哲學者」做得不好，應該實行自我批判的地方在於，第一，「對於中國的舊傳統思想，一般地缺乏了有系統的深刻的批判，而這種數千年來

〔註41〕齊柏岩：《五四運動與新啓蒙運動》，夏徵農：《現階段中國思想運動》，一般書店，1937 年 7 月，第 100～106 頁。

的統治傳統思想，目前卻正成爲帝國主義者（特別是東洋帝國主義者）和賣國賊用來奴役中國人民意識的有力工具。」第二，「也還沒有很好地和現實的政治結合起來，沒有很好地利用活生生的中國政治實例來闡釋辯證法，使唯物辯證法在中國問題中具體化起來，更充實起來。」〔註42〕陳伯達的意思很明顯，中國左翼人儘管在提倡救亡運動、國防運動，但是不夠中國化，沒有現實針對性。不夠中國化的地方體現在，因爲左翼人對於中國傳統思想文化缺乏應有的瞭解，更別提深入的分析和批判，以至於面對漢奸賣國賊也包括國民黨利用傳統思想文化愚弄人民時，不知如何應對、反駁、提出自己的主張和觀點；沒有現實針對性，儘管能夠運用唯物論、辯證法，但卻無法用來闡釋中國的實際問題。由此不難看出，陳伯達的新啓蒙主張已經提出了一個很重要的命題，即共產主義學說的民族化問題，也依稀看到後來延安的馬克思主義中國化的影子。這一主張，和周揚拘泥於政策路線提出的「國防文學」、「國防文化」相比，顯然是更完整、更嚴密的一種左翼民族話語，這也昭示了左翼在爭取民族話語權的宏闊氣魄。這種宏闊體現在三個方面，第一，對於左翼內某些左傾的、教條者的批評，要求其更加中國化和現實化；第二，對於帝國主義、漢奸、國民黨利用傳統文化進行專制統治的批判，所以提出反對禮教，反對獨斷，反對盲從，破除迷信；第三，對於五四啓蒙旗幟的啓用，以確立對於文化界的吸引力和感召力。過去，「國防文學」的提倡者無論怎樣表述總是難以擺脫蘇聯的影子和共產國際的因素，也面臨著對自我「突變」無法自圓其說的尷尬；而「民族革命戰爭的大眾文學」這邊的魯迅等人，作爲五四啓蒙精神的捍衛者，總是在民族統一戰線的表述中陷入一種無法說清的苦悶。顯然，陳伯達「新啓蒙」的主張，爲共產主義學說、民族化特色以及五四啓蒙運動三者之間關係做出了既清晰又富有彈性的闡述。

爾後，陳伯達繼續寫了《論新啓蒙運動》、《再論新啓蒙運動》、《文化上的大聯合和新啓蒙運動的歷史特點》等文，進一步完善了他的新啓蒙理論和主張。他提出新啓蒙繼承五四，批駁國民黨統治者、漢奸賣國賊以及日本帝國主義利用孔子哲學來奴役愚弄人民，提出孔子不應成爲民族英雄，孔子的哲學是「統治者的哲學，是服從者的哲學，是愚民的哲學」；〔註43〕他進一步

〔註42〕陳伯達：《哲學的國防動員──新哲學者的自己批判和關於新啓蒙運動的建議》，《讀書生活》第4卷9期，1936年9月10日。

〔註43〕陳伯達：《論新啓蒙運動──第二次新文化運動──文化上的救亡運動》，夏

闡發說新啟蒙的本質內容就是「思想的自由和自由的思想」，〔註44〕實行的是「文化的大聯合」；陳伯達還說明了新啟蒙運動和五四啟蒙運動的差異，主要是時代背景和社會性質不同造成，這其實暗示了五四啟蒙運動和資產階級的自由民主理論，新啟蒙運動和馬克思唯物辯證法新理論之間的相互對應關係。

　　陳伯達的新啟蒙主張得到了諸多左翼人的回應，在配合和補充陳伯達新啟蒙主張方面貢獻較大的當屬艾思奇和何干之。他們沿著陳伯達的上述三個方面的思路做了更進一步的補充，尤其是在闡釋新啟蒙運動和五四運動的關係上，做出了更有馬克思主義唯物辯證法的闡述。在艾、何看來，首先要強調中國「思想文化問題的特殊性」，〔註45〕中國現在再無法也不能像西方國家曾經配合資本主義那樣來開展啟蒙運動，之前中國的五四運動屬於資本主義文化運動的範疇，因而五四啟蒙運動有其積極的意義，但其資產階級主導的文化運動的局限也是顯而易見。新啟蒙運動的「新」體現在是無產階級作為主體，聯合（領導）資產階級來完成原本應由資產階級完成的啟蒙任務，因而新啟蒙是以馬克思學說為指導的完成資產階級目標的運動，這也就是艾、何所指出的，新啟蒙運動是對於五四運動的「揚棄」、「否定之否定」。〔註46〕

　　曾經否定過資產階級啟蒙運動的馬克思主義學說，經過否定之否定後，就形成了以馬克思主義學說為理論支撐的「新啟蒙」運動。既然是完成資產階級的文化命題，那麼「新啟蒙」運動必然是一場陣線廣泛的運動，它包含了一切反專制、反復古、反盲從的理性運動和自由運動，陳伯達、艾思奇、何干之等都對於自由進行了正面的解讀。和「兩個口號」論爭中，茅盾呼籲自由而遭到周揚、郭沫若的諷刺和批駁相比，「新啟蒙」運動更值得被稱讚為文化上的統一戰線運動。對於理性和自由的呼籲，也可看出「新啟蒙」和五四啟蒙相通的一面，由此不難理解，新啟蒙運動對於廣大知識份子的吸引力。在當時的北平，張申府等就熱烈回應新啟蒙運動，並成立新啟蒙學會，廣大

　　微農編：《現階段中國思想運動》，一般書店，1937 年 7 月，第 67～75 頁。

〔註44〕陳伯達：《再論新啟蒙運動》，夏徵農編：《現階段中國思想運動》，一般書店，1937 年 7 月，第 84～99 頁。

〔註45〕艾思奇：《論思想文化問題》，夏徵農編：《現階段中國思想運動》，一般書店，1937 年 7 月，第 14～32 頁。

〔註46〕艾思奇的文章參見：《新啟蒙運動和中國的自覺運動》，夏徵農編：《現階段中國思想運動》，一般書店，1937 年 7 月，第 76～83 頁；何干之的參考他的著作：《近代中國啟蒙運動史》第六章「國難與新啟蒙運動」的第一節「啟蒙運動的第二次否定」，生活書店，1937 年 12 月初版，第 195～204 頁。

知識份子曾參與其中。

　　「新啓蒙」運動雖然是文化領域中的民族統一戰線運動，不過，左翼佔據主導的地位毋庸置疑，馬克思主義學說也是他們的理論支撐。「新啓蒙」運動提倡者的努力也就是爲了把馬克思主義話語和民族話語對接起來。這也注定了陳伯達等左翼人士和曾經熱烈回應「新啓蒙」運動的張申府等自由主義者之間在立場上和目標上的迥異。大家在「新啓蒙」運動的總旗幟下，都是針對帝國主義、賣國賊以及國民黨利用文化復古實行專制統治的反抗，對於自由的呼籲，但是左翼人士這邊自由呼籲背後流露出馬克思必勝的思想趨勢，而自由主義者在思想自由目標之後卻是理論體系的匱乏；大家都倡導理性在新啓蒙運動中的重要性，但是左翼人士在提倡理性反對盲從的背後流露出唯物論和辯證法至上，實際上是無產階級的個人服從集體、國家的「新理性」主張，而張申府等的理性則是對於包括羅素在內的中西方唯理學說的綜合，實際上在重蹈資産階級提出的個人主義主張而最終不免倒向政權一方的覆轍；對於傳統文化和外來文化的關係，雙方都談到了綜合吸收、批判繼承，中西優秀文化的融合，但是以陳伯達等爲首的左翼人士和張申府等自由主義者所要建構的文化框架是不一樣的，陳伯達提出批判繼承傳統文化，吸收世界文化優秀成果，這一切都是要在馬克思主義的框架下，把中國傳統思想文化和外國文化辯證地結合起來，而張申府也提出文化上的綜合主義，提倡把孔子、羅素哲學、辯證法理論糅雜在一起，不過，他缺乏一個鮮明的主導理論框架，最終倒向去闡述「新生活運動」、「抗戰建國」、「國民精神總動員」等國民黨主流意識的新啓蒙意義。〔註47〕

　　總體而言，「新啓蒙」更多是理論話語的宣揚和爭奪，在「新啓蒙」理論支撐下缺乏應有的文學作品創作。不過，「新啓蒙」中的「啓蒙」旗號，對於繼承五四文藝傳統的作家們還是具有很大的吸引力和感召力。在抗戰初期全國統一的文化救亡中，就有作家秉承暴露民族劣根性的啓蒙思想，如抗戰初

〔註47〕　參見張申府的：《什麽是新思想啓蒙運動》中的相關表述，張在這部著作中從開始積極地回應唯理性反專制的新啓蒙逐漸轉到和國民黨的主流意識形態相結合。尤其在他此書的第八章「新啓蒙運動與新生活運動」、第十四章「抗戰建國文化的建立發端」、第十五章「戰時文化的推進」、第十六章「關於文化政策」，第三十二、三十三章有關「國民精神總動員」的闡述。張申府：《什麽是新思想啓蒙運動》，生活書店，1939 年 11 月初版，第 40～50，70～78，79～85，86～91，99～103，179～184，185～194 頁。

期取得巨大成就的左翼作家張天翼、沙汀等就是如此；也有人在創作中體現了陳伯達所主張的，不僅要啓蒙民眾，知識份子也要自我啓蒙，如曾經擔任《救亡日報》的記者於逄的《鄉下姑娘》就反映了這樣的主題。

總體而言，以左翼作爲主導的「新啓蒙」主張，針對民族危機嚴峻的事實，做出了較爲信服地把馬克思主義和民族化結合在一起的理論闡述，也部分廓清了之前左翼民族話語和階級話語糾纏不清的弊病。左翼「新啓蒙」提倡者用馬克思主義理論術語，對於五四以來的新文學、新文化進行了初步的清算整理，對於他們和「自由主義」的「新啓蒙」關係也作了既聯合又區別的說明。這就不僅爲馬克思主義學說的中國民族化方向做了前期的鋪墊工作，我們也可從中看出共產黨人構築「新民主主義文化」體系的端倪。

第二節　文藝界「民族形式」運動探微

陳伯達等人在提倡「新啓蒙」運動時，儘管理論體系已經比較完整和嚴謹，社會影響也比較大，但顯然時任中共北方局宣傳部長的陳伯達還不具備把理論體系上陞到黨的政策高度的權威。陳伯達和艾思奇等來到延安後，很快爲毛澤東發現和重視，尤其是他們提倡的馬克思主義理論民族化和大眾化的主張，恰好和毛澤東的思考有太多的共鳴。毛澤東和陳伯達、艾思奇等人書信往來頻繁，也不時有秉燭夜談的佳話傳出。不久，毛澤東把陳伯達從馬列學院調到自己身邊，一躍而爲中央軍委主席辦公室副秘書長，上陞到當時的延安權利上層，從此陳伯達成了毛澤東的重要筆桿子之一。

自遵義會議以來，毛澤東就在思考馬克思和民族特色如何結合的問題。一方面這是他多年來對於中國革命的思考和認知的結果，另一方面出於打擊黨內「留蘇派」的現實的政治考量。遵義會議後，毛澤東在軍隊中的權利更加穩固，在黨內的權利也逐步得到加強，但是毛澤東一直無法得到相應的話語權和闡釋權，這些權利一直被有留蘇背景的知識份子掌握。尤其 1937 年王明從蘇聯的回歸，這位被毛稱作「崑崙山下來的活神仙」進一步擠壓了毛澤東的話語權，不僅如此，還削弱了毛澤東在黨和軍隊中的權威。毛澤東很清楚，濃厚的蘇俄氛圍彌漫在意識形態領域，就像壓在他頭上的大山，始終無法自由施展拳腳。所以，1938 年 10 月在六屆六中全會報告的最後，毛澤東提倡展開學習運動，並試探著提出了馬克思主義和民族形式結合的主張。

　　共產黨員是國際主義的馬克思主義者，但馬克思主義必須通過
民族形式才能實現。沒有抽象的馬克思主義，只有具體的馬克思主
義。所謂具體的馬克思主義，就是通過民族形式的馬克思主義，就
是把馬克思主義應用到中國具體環境的具體鬥爭中去，而不是抽象
地應用它。……因此，馬克思主義的中國化，使之在其每一表現中
帶著中國的特性，即是說，按照中國的特點去應用它，成爲全黨亟
待瞭解並亟須解決的問題。洋八股必須廢止，空洞抽象的調頭必須
少唱，教條主義必須休息，而代替以新鮮活潑的，爲中國老百姓所
喜聞樂見的中國作風與中國氣派。〔註48〕

　　毛澤東講話中談到「民族形式的馬克思主義」、「馬克思主義的中國化」
之後，最先回應這一號召的竟然是文藝界。而更讓人訝異的是，文藝界最早
提出「民族形式問題」竟是過去不甚關注文藝的陳伯達。這就是陳伯達在毛
澤東講話之後迅速發表的《關於文藝的民族形式問題雜記》。〔註49〕文中陳正
式把民族形式的普遍主張和文藝創作這一特定領域聯繫起來。

　　毛澤東在黨的會議上提出把馬克思主義和民族形式結合起來的「學習」
運動，主要用來打擊黨內「留蘇派」；陳伯達等提出了文藝上的民族形式問題，
主要在周邊來造勢。事實上，毛澤東在黨內的馬克思主義中國化主張並不順
利，如毛澤東在學習運動中提出「馬克思主義中國化」以及民族形式問題，
然而令人意想不到的是毛澤東提倡「學習」的效果和初衷卻背道而馳，延安
的知識份子學習的不是如何中國化馬克思主義，卻朝著純理論，向著蘇俄方
向發展。在學習的浪潮中，本已失勢的王明似乎是柳暗花明又一春，「在這個
期間，王明頻繁出席了各種會議，做了很多報告和講演，發表了很多文章，
顯得十分活躍。」〔註50〕與此相對，陳伯達等提出的文藝民族形式運動卻轟
轟烈烈開展起來。陳伯達把民族形式和抗戰初期文藝上探討的比較熱的「舊
形式」等同起來，他在《關於文藝的民族形式問題雜記》中開篇就做了定調，
「近來文藝上的所謂『舊形式』問題，實質上，確切地說來是民族形式問題，
也就是『新鮮活潑的，爲中國老百姓所喜聞樂見的中國作風與中國氣派』（毛

〔註48〕毛澤東：《論新階段》，《解放》週刊，1938 年 11 月 57 期。

〔註49〕陳伯達：《關於文藝的民族形式問題雜記》，原載：《文藝戰線》第 1 卷第 3 期，
　　　　1939 年 4 月 16 日；徐迺翔編：《文學的「民族形式」討論資料》，廣西人民出
　　　　版社，1986 年，第 7～8 頁。

〔註50〕周國全，郭德宏：《王明傳》，安徽人民出版社，1998 年版，第 192 頁。

澤東《論新階段》）的問題。」〔註51〕正是陳伯達把民族形式問題和舊形式問題等同起來，促成了全國範圍內民族形式問題討論的進一步擴大。爭論的結果就是引發了文藝家對於民族化方向的思考，對於舊形式的肯定，甚至是過分強調舊形式而否認五四新文學傳統。但毫無疑問，大家對文藝民族形式的肯定，對於「中國作風與中國氣派」的認可，這都為毛澤東的馬克思主義中國化主張以及打擊「留蘇派」做好了輿論鋪墊。由此看來，毛澤東提出的民族形式本身並非針對文藝而發，但由於有強烈的政黨意識形態做支撐使得文藝界民族形式討論熱烈展開，反過來文藝界民族形式也成為毛澤東構建自身中國化理論體系的首要組成部分。

文藝界民族形式爭論的根本分歧就是對待新文化傳統和精英知識份子的態度。毛澤東提出馬克思主義中國化，提出民族形式運動，本來就是要打擊留蘇派，但是他所提倡的學習運動卻朝著蘇俄純理論方向去，這讓毛澤東明白，要消除濃厚的蘇俄意識就必須要改造這一意識形態的載體——知識份子，更要扭轉知識份子對於民眾的優勢地位。在文藝界民族形式論爭中，儘管郭沫若、周揚等人都提出一邊堅持五四新文化的方向，一邊吸收民間文化的長處尤其是形式方面，但仔細分析，我們就可發現向林冰的觀點最接近毛澤東發動民族形式運動的初衷。向林冰認為，民眾是社會變革的動力，所以創造民族形式的起點和目標都應以民眾的欣賞力為基準。向林冰批評「將大眾置於純粹被教育的地位，通過大眾的被覺醒，然後才把文藝交給大眾，而成為大眾的自己的文藝」，認為這是「外因論的文化大眾化理論」。〔註52〕在向林冰看來，民族形式應該由文藝的對象起著決定作用，而知識份子在歷史發展中的作用與地位，是從屬於人民大眾的，這種觀點比較符合毛澤東的見解。在民族形式爭論中，胡風敏銳覺察到這其中問題的嚴重性：「好一個文化上的文藝上的農民主義，民粹主義的死屍又在我們底文藝問題上散發著香氣了。農民的覺醒，如果不接受民主主義底領導，就不會走上民族解放的大路，自己解放的大路；因為，農民意識本身，是看不清楚歷史也看不清楚自己的。」針對向林冰所批評的「外因論」，胡風一針見血地指出：「好一個『外因論』，

〔註51〕陳伯達：《關於文藝的民族形式問題雜記》，原載：《文藝戰線》第1卷第3期，1939年4月16日；徐迺翔編：《文學的「民族形式」討論資料》，廣西人民出版社，1986年，第7～8頁。

〔註52〕向林冰：《論「民族形式」的中心源泉》，《大公報》1940年3月24日。

法寶一現，『先鋒隊伍』底腦袋就輕輕地落了地。」〔註53〕

　　接下來的歷史發展驗證了胡風清醒的預見。當然對於毛澤東來說，打擊蘇俄勢力和改造知識份子成爲在民族形式運動和整風運動旗幟下二位一體的事了。在《改造我們的學習》的報告中，毛澤東對1938年後開展的學習運動方向進行了批判，「廢止孤立地、靜止地研究馬克思列寧主義的方法」，〔註54〕而代之以學習馬克思普遍眞理與中國革命實踐相結合的當代中國化的馬克思主義！而且在這段時間一系列的講話和文章中，毛澤東用了大量諷刺挑戰性的辭彙，「教條主義」、「留聲機」、「希臘和外國的故事」、「言必稱希臘」、「老子天下第一」、「欽差大臣滿天飛」、「牆上蘆葦，頭重腳輕根底淺；山間竹筍，嘴尖皮厚腹中空」。這些辭彙像一把把劍刃刺向王明爲首的蘇俄派要害，但何嘗又不是針對知識份子呢？在《整頓學風黨風文風》中對知識份子公開進行了無情的嘲弄：「書是不會走路的，也可以隨便把它打開或者關起，這是世界上最容易辦的事情。這比大師傅煮飯容易得多，比他殺豬更容易。你要捉豬，豬會跑，（笑聲），殺牠，牠會叫，（笑聲），一本書擺在桌子上既不會跑，又不會叫，（笑聲），隨你怎樣擺佈都可以。世界上哪有這樣容易辦的事呀？」〔註55〕對此李書磊評價到：「這就把讀書完全當成了翻書、拿書的體力勞動來同捉豬殺豬比較，完全拒絕承認讀書的腦力勞動性質，拒絕承認讀書作爲一種腦力勞動的複雜性與艱難性，自然也就否定了讀書作爲認識眞知與眞理一途的作用，否定了書齋與學院獨立存在的價值。」〔註56〕《在延安文藝座談會上的講話》繼續了這樣的傾向，「最乾淨的還是工人農民，儘管他們手是黑的，腳上有牛屎，還是比資產階級和小資產階級知識份子都乾淨。」〔註57〕知識份子接受改造的命運從此開始，在隨後漫長的歷史發展中，知識份子在精神文化領域中的發言權幾乎蕩然無存。

　　當知識份子被改造得失去發言權時，五四啓蒙的思想主張也不復存在。從「國防文學」衍生出新啓蒙的話題，再從新啓蒙到文藝界民族形式運動，這既是一個從文藝出發而最終落到文藝上的循環，也是以啓蒙反專制式的民族話語到反啓蒙的民族話語的轉變。當初陳伯達等提出「新啓蒙」的口號，

〔註53〕胡風，《胡風評論集（中）》，人民文學出版社，1984年，255～256頁。

〔註54〕毛澤東：《改造我們的學習》，《整風文獻》訂正本，解放社編。

〔註55〕毛澤東：《整頓學風黨風文風》，《整風文獻》訂正本，解放社編。

〔註56〕李書磊：《1942：走向民間》，山東教育出版社，1998年，第147頁。

〔註57〕毛澤東：《在延安文藝座談會上的講話》，中原新華書店，1949年6月再版，第6頁。

儘管他們和五四啟蒙有所不同，也對五四啟蒙運動有所批判，但畢竟也提出了在民族話語中注重個體自由，個人主體性感受，強調民族話語中的反專制、反復古以及和中國實際結合的問題。後來，陳伯達也躬身參與文藝界民族形式運動，但是不論從他的言行還是這場運動的發展走向來看，民族的意義越來越被強調，可是知識份子的主體性感受、個體自由卻越來越被漠視，這和陳伯達等當初提倡新啟蒙的理念並不相符。

　　與此同時，馬克思主義中國化以及由此引發的文藝界民族形式運動，不僅是整合左翼內部在民族話語上的分歧，同時還要應對蔣介石及國民黨提出的復古主張。九一八以後，國民黨就開始強化自身對於「中國」特性的表述，後來左翼文化界也自 1936 年後開始由階級話語轉向民族話語，這些成為日後抗戰時期國共兩黨合作的文化基礎，也是全國文藝界團結局面形成的基礎。但這並不代表國共兩黨在「中國」旗幟下就沒有文化形態上的差異和對立。蔣介石掌控國民黨之後，開始把凌亂複雜的三民主義理念中的復古意識強化到極致，提出了中國國民黨以傳統的倫理觀念和民族意識為其組黨的基礎。1934 年蔣開始在全國發起了旨在倡導「禮義廉恥」觀的「新生活運動」。誠然，「新生活運動」對於一些迷信活動和不良習俗起到了糾正作用，展現出了國家民族文化建設的一面，然而這積極方面的作用實在有限的可憐。「新生活運動」對於禮義廉恥、上下尊卑的強調昭示出其名雖新而質實舊。新生活舊倫理的強烈反差無疑會激起秉承新文化傳統的知識份子的強烈憤慨，同時「新生活運動」對於國家主義統治的強化也勢必引起廣大共產黨和知識份子對於國民黨專制的不滿。據說，關於國統區的民族形式問題的討論，中宣部曾致電董必武做專門指示：「民族形式就是人民的形式，與革命的內容不可分，大後方很多人正利用民族口號鼓吹儒家和其他復古思想，故黨的報刊和作家對此更需慎重，不可牽強附會。」〔註 58〕由此，我們應該理解為什麼很多人把民族形式運動和 30 年代左翼的大眾化聯繫起來，和 20 年代五四的新文化運動聯繫起來，強調大眾和人民立場，強調其和五四相關的「新文化」立場，因為這樣可以把 30～40 年代一些依附和維護「國家機器」的民族運動剝離出去，描述出從五四新文化到左翼文學再到 40 年代民族形式運動的譜系，這個譜系也為我們敘述出共產黨民族國家文化建構的合法性、合理性。

〔註 58〕分別見徐光霄的：《〈新華日報〉在文藝戰線的鬥爭》，《抗戰文藝研究》1982
　　　　年 1 期；周正章的：《胡風事件五十年祭》，《粵海風》2005 年 3 期。

　　由此可見，以文藝界民族形式運動爲標誌的左翼民族話語，一方面是整合五四以來的新文化、新文學傳統，是對於國民黨復古主張、專制本質的批判；另一方面是以寫人民、歌頌人民爲歸依，對於知識份子的不斷改造。

小　結

　　左翼文學民族話語的最終走向應該是文藝界民族形式運動的開展。而文藝界民族形式運動最早源頭可追溯到「國防文學」提倡中的「新啓蒙」口號。「新啓蒙」冠之以「新」，是在於它以馬克思的唯物論和辯證法爲理論支撐，但是「啓蒙」的旗號本身對於知識份子就具有很大的吸引力和感召力。左翼文化界提出「新啓蒙」體現了左翼民族話語思考的深入和發展，也使得「新啓蒙」運動成爲更加充分的文化界民族統一戰線運動。當然，「新啓蒙」更多是一種理論倡導，對於文學創作也僅在於它的理論綱領意義。這樣看似「新啓蒙」運動和當時文學創作關係不大，其實不然，一方面「新啓蒙」從「國防文學」倡議中脫胎而來，它們之間有著密切的承續關係；另一方面，「新啓蒙」運動有把馬克思學說民族化的傾向，這就和後來的「馬克思主義中國化」密切相關，而馬克思主義中國化主張又和文藝界民族形式運動緊密相連。

　　「新啓蒙」運動的倡導者來到延安後，幫助毛澤東展開了馬克思主義中國化體系的構建。在文藝領域中，陳伯達等人配合馬克思主義的中國化，把毛澤東提出的「民族形式」倡議首先貫徹到文藝領域中。通過對毛澤東發起的馬克思主義中國化主張和「民族形式」運動的分析，可發現，民族形式運動原本是針對黨內洋教條派的，它強調馬克思主義的普遍眞理和民族形式的結合，也就是中國化的馬克思主義。具有政黨意識形態的民族形式運動卻在文藝界引發強烈爭論，爭論焦點是對待五四新文學和知識份子的態度。深受政治意識形態左右的文藝民族形式運動，實際上是以肯定舊形式、改造知識份子思想來整合左翼曾經在民族話語上的分歧。與此同時，不論是馬克思主義中國化還是文藝界民族形式運動，都有針對國民黨復古中國傳統文化的批判，強調自身是中國的民族舊形式和新文化的結合。因而在延安，一邊是高舉魯迅、高舉五四新文化的旗幟，一邊是對於知識份子的不斷改造、再改造。

餘論：含混的組織表態和「兩個口號」的歷史糾纏

　　左翼文學從階級話語轉向民族話語，一方面是其內部充滿分歧與爭論，另一方面是它和國民黨右翼文學在民族話語上的爭奪，不管是左翼文學內部的爭議還是對外與國民黨右翼文學的爭奪，政治政策影響都一直貫穿其中。從「國防文學」口號的產生、作品的確定和宣傳都有在黨的政策路線指引下組織的領導和推動作用，左翼文學民族話語分歧的結束也有黨組織的作用，如文藝界共同哀悼魯迅和黨的領導人對於「中國高爾基」蓋棺論定，文藝界對郭沫若為首的民族旗幟的認可和黨組織對於郭沫若文化界領袖地位的確定，由「新啓蒙」運動引發的馬克思主義中國化和文藝界民族形式運動中黨組織所起到的決定作用。

　　筆者主要是對左翼文學從階級話語到民族話語的轉向複雜性進行論述，儘管在前文多次反對把民族話語的分歧歸結為「兩個口號」的政治路線之爭或者宗派之爭，但是因為當年的參與者曾在解放後都有意把左翼文學民族話語的分歧引入「兩個口號」論爭上，由此造成了和「兩個口號」之間糾纏不清的歷史爭議。因此，在論文最後，筆者也就「兩個口號」的歷史糾纏的形成做簡單剖析，由此也可從周邊釐清左翼文學由階級話語轉向民族話語的複雜性。

第一節　旅蘇領導人傾向「國防文學」

　　「兩個口號」論爭引起那麼大的爭議，對於參與其中的人來說，都想得

到組織的明確表態。尤其是魯迅去世前的萬言信大批許多「國防文學」提倡者，而魯迅的逝世組織上又給予高度的肯定，「國防文學」派也參與到悼念魯迅的活動中，這樣對於「兩個口號」的是非問題就成了他們心頭的一個結。

如徐懋庸後來所說，「他是主要爲了弄清一九三六年上海文藝界關於抗日民族統一戰線中兩個口號的那場論爭，到延安去的」。〔註1〕我們先看徐懋庸記述的毛澤東對於「兩個口號」論爭的一些看法，「這個爭論，是在路線政策轉變關頭發生的。從內戰到抗日民族統一戰線，是一個重大的轉變。在這樣的轉變過程中，由於革命陣營內部理論水平、政策水平的不平衡，認識有分歧，就要發生爭論，這是不可避免的。其實，何嘗只有你們在爭論呢？我們在延安，也爭論得激烈。不過你們是動筆的，一爭爭到報紙上去，就弄得通國皆知。我們躲在山溝裏面爭論，所以外面不知道罷了。」〔註2〕毛澤東說「我們在延安，也爭論得激烈」，「我們」指哪些人？「爭論得激烈」所爲何？與「兩個口號」論爭是個什麼樣的關係？這些都是一些饒有趣味的問題，也許這樣的探討可能會偏離文藝的範疇，但對於瞭解「兩個口號」在其後的漫長歷史中的複雜糾纏不能不說是關鍵的鑰匙。

周揚「國防文學」的口號依據是從報上看到王明的《八一宣言》而來的，也就是說他們祇是單向的接受並自己理解政策。不過還有一點我們前文已經論述，那就是「左聯」解散和「國防文學」口號的提出很大程度上也和蕭三的信有關聯。蕭三的信既然能到周揚等人手中，那周揚他們也應該有辦法回信莫斯科。過去流行的說法是蕭三的信通過史沫特萊轉交給魯迅再轉到周揚等人手中。夏衍就是持這樣的說法，這種說法似乎表明上海也只有接收共產國際收信的單方面聯繫。但是根據一些研究者最新考證，蕭三信是直接從莫斯科寄到上海的魯迅那裡，並無中間人，因爲這一時期蘇聯莫斯科到上海的郵路並未斷絕。〔註3〕那麼爲什麼周揚等人在起爭執後沒有回信莫斯科蕭三處尋求指示呢？真的是當時的恐怖形勢使得回信不可能抑或是其他別的原因呢？周揚、夏衍等人沒有相關說明，「左聯」駐蘇代表蕭三也沒有留下訊息，這些都是一些非常有意思的細節，希望將來會隨著資料和檔案材料的豐富有

〔註1〕 徐懋庸：《徐懋庸回憶錄》，人民文學出版社，1982年7月第1版，第97頁。
〔註2〕 徐懋庸：《徐懋庸回憶錄》，人民文學出版社，1982年7月第1版，第104頁。
〔註3〕 蕭三莫斯科來信相關細節參考田剛的：《關於蕭三「莫斯科來信」的幾點辨證》，《魯迅研究月刊》2008年第2期。

進一步的釐清。但有一點可以確認，就是在蘇聯的蕭三等人對國內的「國防文學」主張及其引發的爭議等相關情形非常瞭解。蕭三曾寫過一篇論文，題為《談國防文學》，發表於 1936 年莫斯科出版的中文雜誌《全民月刊》上。全文現在恐難搜尋到，但大致內容蕭三自己後來有介紹：「兩個口號論爭期間，我寫過一篇題為《談國防文學》的文章，發表在一九三六年莫斯科出版的《全民月刊》（中文）上。當時我認識模糊，認為『國防文學』和『民族革命戰爭的大眾文學』這兩個口號都可以用。『國防文學』這個詞，可能來源於蘇聯陸海軍文學同盟（洛卡甫）提出的『國防文學』。」〔註4〕我們現在可以找到的是蕭三發表在《救國時報》上的《文藝上的兩個口號與實做》，內容大致和他談到的《談國防文學》相同，也是表態認為兩個口號並不衝突。文章一開篇就寫到，「我們很高興聽到中國的一些作家們提出『國防文藝』這個口號。因為這是中國的作家們感覺到目前中國受日寇侵略得忍無可再忍而亟於想在文藝方面盡『中國人』一分子的天職，以鞏固國防，以挽救危亡。我們贊成『國防文藝』這個口號，因為它『具體、明瞭、通俗，已經有很多人聽慣，它能擴大我們政治的和文學的影響。』（魯迅）；因為它『是廣義的愛國主義的文學』，『是作家關係間的標幟』。（郭沫若）」蕭三的表態中沒有聲明是自己反而使用了「我們」，可見頗能代表在蘇聯的一些人的看法，甚至是共產國際代表們的聲音。蕭三很巧妙地「斷章取義」引用魯迅來證明魯迅其實並不反對國防文藝，引用郭沫若的觀點更表明國防文藝的通用性。第二段蕭三接著談到「我們」「很贊成魯迅先生等提出的『民族革命戰爭的大眾文學』這個口號」，因為它的明確立場和深刻性。第三段則很自然地表態說，「兩個口號都好，都是抗日的性質，因此可以並存」，並且認為，兩個口號「實質上是一而二、二而一的東西」。第四段，蕭三不忘為茅盾的自由創作辯解，並引用茅盾的相關觀點。最後蕭三得出結論，「目標一致，創作自由。這是第一。第二，誠如魯迅先生所說：『問題不在爭口號而在實際做。』」〔註5〕蕭三考慮得似乎極為周全，把魯、郭、茅的意見綜合在一起，都給予肯定。不過，仔細分析整篇文章，基本論調是以「國防文學」為基礎，同時又想到如何協調魯

〔註4〕 見：《訪問蕭三同志記錄》，《魯迅研究資料》（4），天津人民出版社，1980 年 1 月第 1 版，第 195～196 頁。

〔註5〕 蕭三：《文藝上的兩個口號與實做——『國防文學』和『民族革命戰爭的大眾文學』》，《救國時報》1936 年 9 月 30 日。

迅和茅盾與「國防文學」口號的關係。很顯然，蕭三的態度頗能代表在蘇聯
的黨領導人的一些態度。

不過，讓人訝異的是，蕭三後來接受訪談時說，「兩個口號」論爭時他「認
識模糊」，這樣的說法反讓我們更模糊了。是蕭三寫信給國內「左聯」領導人
要求解散「左聯」，要求文學上的口號要符合政治政策的啊！更讓人「模糊」
的是，蕭三的模糊是說他贊同兩個口號並存，那麼不模糊的話他該傾向於哪
個口號呢？在 1980 年他接受採訪時無非是想表明自己對於王明爲首的「國防
政府」以及相配套的「國防文學」的投降性缺乏應有的注意。但是從他兩個
口號論爭時期所寫的文章來看，基本上都是以國防文學爲基本態度，盡力調
和二者的衝突，消除彼此間的差異。這情形一再說明，不同的時間地點，談
論「兩個口號」的態度可以截然不同，這也是「兩個口號」問題愈往後愈複
雜的原因吧。不過，至少由此我們可以知道，遠在蘇聯的領導人和共產國際
是非常清楚國內的「兩個口號」論爭，並且相當關心此次論爭。正如後來有
人評價蕭三時提到：「特別值得稱述的是，在三十年代中國國內掀起有關『國
防文學』和『民族革命戰爭的大眾文學』兩個口號的論爭，當時在蘇聯的蕭
三對這論爭非常關切，曾在《救國時報》發表了一系列有關文章；（：）如《國
防文學》、《文人聯合戰線》、《文藝家聯合戰線的兩個口號》、《文藝上的兩個
口號與實做》、《擴大文藝界的聯合戰線》等等。」〔註6〕

當時黨中央在蘇的領導人王明對於兩個口號論爭的情形知曉多少呢？他的
態度又是如何呢？首先，可以肯定的是，對於國內轟轟烈烈的兩個口號論爭，
他肯定知情，因爲《救國時報》曾發表了不少有關「兩個口號」爭論的文章，
而《救國時報》根據蕭三所言，乃由王明直接掌控。當時王明對「兩個口號」
論爭沒有明確表態的文章、言論，我們也只能羅列他對於相關事件和相關人的
態度。共產國際七大後的幾年間，王明對於統一戰線談論特別多，其中，他就
反覆大談特談「國防政府」。例如他專門寫了《論蘇維埃政府與國防政府之間，
紅軍與抗日聯軍之間的相互關係》，解釋他在《八一宣言》中提出的「國防政府」
主張。〔註7〕另外王明在得知魯迅先生逝世的消息後，著文《中國人民之重大
損失》，把魯迅稱讚爲「中國高爾基」，「他不僅是一個天才的文學家，而且是一

〔註6〕 公木：《蕭三評傳》上，《新文學史料》，1999 年第 1 期。

〔註7〕 王明：《論蘇維埃政府與國防政府之間，紅軍與抗日聯軍之間的相互關係》，《抗
日救國政策》，陝西人民出版社，1937 年版，第 37 頁。

個先進的政論家」。王明在談到魯迅和統一戰線的關係時，稱讚道：「當中國共產黨去年發表建立抗日救國統一戰線新政策時，魯迅始終表示熱烈地擁護並積極地組織參加文化界反日民族統一戰線的事業。」〔註 8〕儘管王明和蕭三一樣斷章取義地引用魯迅《答徐懋庸》信中支持統一戰線的觀點，但從傾向上看，他明顯認同國防文學，甚至因此私下嫌惡魯迅。根據吳奚如的回憶，王明和他談話中多次表示出對於魯迅的不滿，「不滿魯迅先生過去反對『國防文學』。說魯迅是個『讀書人，脾氣古怪，清高，不理解黨的抗日民族統一戰線政策』，……為了反對魯迅先生，王明還對和魯迅先生有友誼的內山完造加以誣衊：『日本特務』」。吳奚如還談到，他向周恩來薦舉胡風為政治部設計委員，「周副主席同意了，但被王明否決。因為胡風是『魯迅派』，過去是反對『國防文學』的。」還有和魯迅關係密切的曹靖華有事找王明，根據吳奚如的說法也是王明讓他出面謝絕。〔註 9〕從吳奚如的表述中我們可以清楚地看出，王明也是把國防文學當做自己製定的政治政策的一部分來看待，而魯迅對此的反對自然引發他的反感，儘管他在不久之前悼念魯迅的文章中稱讚魯迅對民族統一戰線的擁護，稱讚魯迅是偉大的「政論家」。由此，我們很容易理解所謂「政論家」和「讀書人」的差異，以及帶來的「兩個口號」問題的複雜性演繹。

　　時隔多年後，王明卻不無得意地提出，「兩個口號」的說法都出自他的文章或他主持中共中央時的政策，「事實上這兩個口號都是根據中共中央文件提出的。周揚以及中國共產黨左翼作家聯盟黨團的其他一些人，1936 年初提出『國防文學』口號的根據，是 1935 年 8 月 1 日為進一步發展抗日民族統一戰線而發表的中共中央和中華蘇維埃共和國中央政府《為抗日救國告全體同胞書》（《八一宣言》）。其中宣佈了組織『全中國統一的國防政府』和『全中國統一的抗日聯軍』的口號。……魯迅等人於 1936 年 5 月提出『民族革命戰爭的大眾文學』的口號時，所依據的是中共中央 1931 年 9 月 19 日因日軍 9 月 18 日侵佔瀋陽而發表的宣言。宣言提出了武裝民眾進行抗日的民族革命戰爭的口號。……祇是過了四個多月以後，在 1932 年 1 月 28 日開始的上海抗戰時期，與這一政策相關的口號才第一次提了出來。」王明總結說，「周揚和魯迅據以提出各自的文藝界抗日統一戰線口號的上述兩個中共中央文件，都是

〔註 8〕　王明：《中國人民之重大損失》，《魯迅新論》，新文出版社，1938 年版；另載
　　　　　陳紹禹：《王明選集》第四卷，汲古書院出版，第 443～450 頁。
〔註 9〕　吳奚如：《我所認識的胡風》，《魯迅研究資料》(9)，天津人民出版社，1982 年。

王明撰寫的」。〔註10〕王明和「國防文學」口號的關係前文已有詳述，此處無需贅言。王明有關「民族革命戰爭的大眾文學」口號的說法和馮雪峰、胡風等人的表述有相吻合之處，即「民族革命戰爭」是在一二八之後黨提出的口號。查閱中共中央的文件政策，的確在 1932 年上海事變後中央的文件中頻繁出現「民族解放戰爭」、「革命的民族戰爭」、「民族革命戰爭」等口號。當然，我們前文已經論述過，不管「民族革命戰爭的大眾文學」是否基於王明 1932年提出的「民族革命戰爭」口號，或者是瞿秋白提出的這個口號，再或者是1935 年底以來毛澤東對於「民族革命戰爭」的表述，魯迅經由深刻人生體驗提出的口號和政策口號之間顯然有巨大的差異。不過，就王明對於「兩個口號」的評價而言，這兩個口號的論爭似乎就是兩個不同時期王明政策的較量。所以他雖然和蕭三一樣認為「兩個口號」可以並存，但他的態度還是有一定的傾向：「歷史事實表明，在當時的具體政治條件下，『國防文學』的口號更適合建立文藝界抗日統一戰線的任務；因此它得到了大家的贊許，受到了文藝界的歡迎，而在許多地方人們還提出了『國防詩歌』、『國防戲劇』、『國防電影』等口號。」〔註11〕

　　當然，周揚等人對於蘇聯的蕭三、王明等人的表態是否及時掌握到，我們並不能十分確定，不過，依據常理推定周揚等人應該多少看到蕭三、王明等在《救國時報》上的文章，也應該有一些把握認定蘇聯的領導人是欣賞他們的口號的。另外，由我們上文引述吳奚如的回憶可知，時任中共長江局負責人的王明傾向「國防文學」的態度，對於國統區左翼文化運動走向產生深遠影響，他有意重用贊同「國防文學」主張的郭沫若等人，而有意排擠和「國防文學」有爭論、過去魯迅周圍的人。

第二節　陝北的含混表態

　　如果說周揚等和莫斯科的聯繫是否為雙向，目前只能是建立在推斷的基礎上，那麼上海左翼和陝北的聯繫則有具體鮮明的證據，尤其是馮雪峰到上海的首要任務就是帶著電臺來溝通中央和上海的聯繫。而且在馮雪峰到上海之前，

〔註10〕王明著，徐小英等譯：《中共五十年》，東方出版社，2004 年 3 月第 1 版，第274、275、277 頁。

〔註11〕王明著，徐小英等譯：《中共五十年》，東方出版社，2004 年 3 月第 1 版，第274 頁。

吳奚如說他們中央特科和外界有聯繫，並且他們也曾介入周揚和胡風之間的糾紛，吳奚如回憶說，「文藝界兩個口號尚未掀起之際，周揚和胡風之間的分歧，已激化而公開了，聚訟齦齦，莫衷一是。黨中央特科為了清除左聯內部（左聯黨團失去了上級黨的領導已很久了）的『內戰』，一致敵對起見，決定派白丁（徐平羽）去找周揚談話，我去找胡風，要他們知道有黨中央部門（特科組織他們均不知道，只讓他們知道我們和中央有聯繫）的人員參加下，一起開個談心會，開誠布公，消除隔閡，團結對敵。但非常遺憾，這一目的沒有達到。」〔註12〕吳奚如回憶說他們為消除周胡之間的糾紛而有所努力，這大致可信。不過，吳說他們和中央有聯繫，這值得辨析，並且這種聯繫的渠道究竟是否完全通暢無阻，值得懷疑。因為，1935 年 11 月，中央特科在上海基本上結束了組織使命，即便剩有先前特科人員，也同樣是脫離組織的散兵遊勇。所以，「國防文學」提出時，上海的中央特科不大可能有和中央直接的聯繫。

不過，馮雪峰和陝北黨中央聯繫渠道的方便和通暢是眾所皆知。但是，馮雪峰為什麼沒有就有關問題請示黨中央呢？根據馮雪峰後來在「文革」期間的交代，他認為當時他有嚴重錯誤，「就是，沒有把提出一個口號看成是一個重大的問題，因而既沒有向黨中央請示，也不曾同魯迅商量，請他用他的名義提出。」〔註13〕馮雪峰可能沒有把新口號上報黨中央，但一定把黨內同志對待魯迅的態度向陝北作了彙報。1936 年 7 月 6 日，張聞天和周恩來聯名寫信託劉鼎帶給馮雪峰，其中專門表達了對於馮雪峰上海文藝界統一戰線政策的肯定，以及對於魯迅先生的關切。信中這樣寫道：「關門主義在目前確是一種罪惡，常常演著同內奸同樣的作用。但這些人同內奸是不同的，解決的方法也完全不同。解釋還是第一。你對周君（指周揚，筆者注）所用的方法是對的。你的老師與沈兄好嗎？念甚。你老師送的東西雖是因為交通關係尚未收到，但我們大家都很熟悉。他們為抗日救國的努力，我們都很欽佩。希望你轉致我們的敬意。對於你的老師的任何懷疑，我們都是不相信的。請他不要為一些淺薄的議論，而發氣。」〔註14〕由此可見，中央瞭解到左翼文化

〔註12〕吳奚如：《我所認識的胡風》，《魯迅研究資料》（9），天津人民出版社，1982 年。
〔註13〕馮雪峰：《有關一九三六年周揚等人的行動及魯迅提出『民族革命戰爭的大眾文學』口號的經過》，載《雪峰文集》（四），人民文學出版社，1985 年 7 月第 1 版，第 513〜514 頁。
〔註14〕程中原：《體現黨同魯迅親密關係的重要文獻——讀 1936 年 7 月 6 日張聞天、周恩來給馮雪峰的信》，《魯迅研究月刊》1992 年第 7 期。文中所引內容，均

界的分歧，並且堅決站在魯迅這一邊。當然，此回信是建立在馮雪峰單方面彙報基礎上的，未必意味著陝北對於上海的情形完全瞭解。

可以確定的是，在「兩個口號」爭執起來後，陝北方面應該會有所注意。上文引自徐懋庸的回憶錄中毛澤東不是也說，「你們是動筆的，一爭爭到報紙上去，就弄得通國皆知」。魯迅先生去世後，中共中央機關報《紅色中華》有一個悼念魯迅的專版，專門刊登了魯迅先生《答徐懋庸並關於抗日統一戰線問題》中的一些觀點。〔註15〕可見陝北方面對於「兩個口號」論爭知之不少，而且到這時為止，黨中央的態度是鮮明的肯定馮雪峰和維護魯迅。另外，1937 年 1 月馮雪峰回到延安向黨中央彙報工作，同毛澤東等領導同志都作過長談。「在許多次夜談中，毛澤東一再關切地詢問魯迅逝世前後的情況，表示了對魯迅的殷切懷念。毛澤東和中央其他領導同志對馮雪峰的工作表示滿意。」〔註16〕以毛澤東和馮雪峰之前的關係而言，多次夜談並非沒有可能，夜談內容也不可能不涉及魯迅和「兩個口號」論爭。但令人奇怪的是，馮雪峰後來的回憶中從未留下關於陝北彙報工作的詳細表述。

此外，在 1937 年 3 月間，從陝北來的周恩來曾作為中共代表在杭州和蔣介石就國共合作進行談判，途經上海逗留，並秘密召集了上海中共黨員。根據相關材料表述：「1937 年 3 月，周恩來在談判間隙路過上海時，指示潘漢年和馮雪峰商量，邀集一部分文化界的積極分子和黨員負責幹部，分別座談當時的形勢和黨的方針政策。潘漢年精心安排，分兩批以在飯店吃飯的形式，讓周恩來都和大家見了面。這對於當時上海的進步文化界是一個很重要的事件。對於推動當時的鬥爭起到了積極的作用。被邀請參加座談的有茅盾、馮雪峰、夏衍、周揚、沈志遠、章漢夫等。」〔註17〕不過馮雪峰、周揚等人後來回憶錄和文章均未涉及此事，而夏衍回憶關於他和周恩來的第一次見面是在七七事變後。〔註18〕根據相關檔案資料，周恩來在上海「秘密會見中共上

<hr>

見本文所刊載的原信手稿部分。

〔註15〕《魯迅先生的話》，《紅色中華》1936 年 10 月 28 日，總第 308 期第三版。

〔註16〕馮夏熊：《馮雪峰——一位堅忍不拔的作家》，見包子衍、袁紹發編：《回憶雪峰》，中國文史出版社，1986 年 7 月第 1 版，第 13 頁。另外陳早春等著的：《馮雪峰評傳》也是同樣的表述，似乎是參考了馮夏熊的文章，見陳早春、萬家驥著：《馮雪峰評傳》，重慶出版社，1993 年 10 月第 1 版，第 226 頁。

〔註17〕尹騏：《潘漢年傳》，中國人民公安大學出版社，1996 年 12 月第 1 版，第 175 ～176 頁。

〔註18〕夏衍：《懶尋舊夢錄》增訂版，北：生活‧讀書‧新知三聯書店，2000 年，第

海地下黨的同志」，確有其事。〔註19〕既然周恩來來到上海召集了中共黨員，馮雪峰和周揚應該會在召見之列，尤其是馮雪峰和周恩來的會面那一定是可以推測的事實。周恩來談的是黨的統一戰線政策，那麼他對文藝界爭執的態度是什麼？馮雪峰爲什麼也沒有留下任何有關這次會面的記錄？這些迷霧只有亟待新檔案材料的發現來破解了。

　　在馮雪峰1937年1月回陝北之前，陝北是較傾向「民族革命戰爭的大眾文學」。1936年11月22日，中國文藝協會成立，毛澤東、博古等出席大會。毛澤東發表演講說，「發揚蘇維埃的工農大眾文藝，發揚民族革命戰爭的抗日文藝，這是你們偉大的光榮任務。」〔註20〕同時到會的博古也講到：「現在的抗日民族革命戰爭中中國文藝有了新的傾向，這需要新成立的蘇區的文藝協會從基本路線上去影響推動團結起來，成爲抗日民族革命戰爭中戰鬥力量，用正確的文藝來反映偉大的英勇鬥爭的現實，使廣大群眾能從鬥爭中來學習。」〔註21〕中國文藝協會的發刊詞也提到：「特別現時全國進行抗日統一戰線的民族革命戰爭中把全國各種政治派別，各種創作傾向的文藝團體文藝工作者團結起來，以無產階級的文學思想來推動領導，擴大鞏固在抗日統一戰線中的力量，更是黨和蘇維埃新政策下的迫切要求。」〔註22〕注意這幾段引文中一個共同的詞語──「民族革命戰爭」，而且都是用來限定文藝，毛澤東也同時明確提到了「大眾文藝」，博古的演講和中國文藝協會的發刊詞也表達了大眾文藝的意思。這樣綜合起來理解，幾乎可以認定黨中央是傾向「民族革命戰爭的大眾文學」這一口號。

　　也許，有人會說這樣的證據不夠直接，這樣的論斷不很充分。但是有很多當事人以及學者在後來常把毛澤東更不直接的講話作爲論爭「國防文學」合理的證據。例如毛澤東下面一段話常被引用來支持「國防文學」的正確，「根本改革過去的教育方針和教育制度。不急之務和不合理的辦法，一概廢棄。新聞業、出版事業、電影、戲劇、文藝，一切合於國防的利益。禁止漢奸的

248～249頁。

〔註19〕見中共中央文獻研究室編：《周恩來年譜（1989～1949）》，中央文獻出版社，1989年3月第1版，第360頁。

〔註20〕《毛主席演講詞》：《紅色中華·紅中副刊》第一期，1936年11月30日。

〔註21〕《博古主席的演講詞》：《紅色中華·紅中副刊》第一期，1936年11月30日。

〔註22〕《中國文藝協會的發起》：《紅色中華·紅中副刊》第一期，1936年11月30日。

宣傳。」〔註23〕這段話後來不僅被周揚、夏衍等當事人在各個場合反覆引用，很多學者也同樣由此簡單認定這是毛澤東對於「國防文學」的肯定。〔註24〕

當然，在此我並非要以毛澤東的態度再來對「兩個口號」做一個生死評判。恰恰相反，我盡最大限度把毛澤東和其他領導人對於「兩個口號」直接或間接的表態都羅列出來，是想要反駁那些後來總是斷章取義，引用隻言片語自以爲「是」的做法。因爲，我們越是按照政治路線、政策是非判定「兩個口號」，我們其實就越模糊了左翼文學從階級話語轉向民族話語分歧問題的焦點。當然，這本身也就成了左翼文學從階級話語轉向民族話語複雜性體現的一部分。

1937 年 5 月，鑒於從上海抵達陝北的文藝工作者越來越多，黨對於「兩個口號」的評定工作也開始提到議事日程上來。爲此，新成立不久的中國文藝協會在 5 月間召開了兩次座談會，討論「兩個口號」論爭問題，到會的有七八十人，丁玲擔任主席。在丁玲的委託和安排下，第一次座談會首先由原來從上海來的文藝理論組的負責人朱正明作關於聯合戰線下的文藝運動的報告，並希望能夠對於「兩個口號的論爭作一個決定的檢討」。朱正明自己也承認，過去對於「兩個口號」論爭關注並不仔細，爲了作報告才開始細細研究「兩個口號」的論爭以及文藝運動在聯合戰線中的關係。不過朱正明自己也承認，「然而最困難的問題是材料的缺乏。我所搜得的材料是幾冊文藝刊物和一本《夜鶯》的『民族革命戰爭的大眾文學』的專號。要將全部的材料搜集攏來實在已是不可能的事情，無論你是怎樣的設法，因爲這時蘇區內書籍尚在缺乏的時代。但聯合戰線的政治理論上的材料卻是非常豐富的而且是全部

〔註23〕毛澤東：《反對日本進攻的方針、辦法和前途》，第二卷，人民出版社，1991年，第 343～351 頁。

〔註24〕例如，夏衍回憶錄中就引用了毛澤東的此斷文字並爲自己辯護說：「這明白不過地說明毛澤東同志提過『國防教育』這個口號，同時也要求『戲劇、電影、文藝，一切合乎於國防的利益』，也就是說，他並不忌諱使用『國防』這個字眼。」見夏衍：《懶尋舊夢錄》增補版，北京生活・讀書・新知三聯書店，2000年，第 223 頁；另外趙浩生與周揚的訪談錄中，周揚也提到了毛澤東的國防教育主張，見趙浩生：《周揚笑談歷史功過》，《新文學史料》1979 年第 2 期。研究者中對於「兩個口號」論爭有深入研究的學者徐慶全也引用了毛澤東的文字作爲黨肯定周揚等人的證據，並更進一步論述說：「如果周揚能夠讀到毛澤東發表的一系列闡述抗日民族統一戰線的政策的文章，他心中甚至會湧起『英雄所見略同』之感。」見徐慶全：《周揚與馮雪峰》，湖北人民出版社，2005 年 1 月第 1 版，第 107 頁。

的，我將王明的聯合戰線的名著以及毛澤東與當時蘇維埃政府的全部關於民族統一戰線的材料，很容易的都搜集到了，這在蘇區以外倒是一件困難的事了。」朱正明報告的第一句就是談文學不能同政治脫離，文學是不能超出現實而存在著的東西，「因此，要判定『國防文學』與『民族革命戰爭的大眾文學』哪一個是最為適宜，我們不得不拿當前的政治局勢來做衡量的尺度。」然後，朱正明分析了一通局勢以及統一戰線政策，並據所閱讀的有限材料推導出結論，「於是顯然的『國防文學』這個口號是更適合於進行和建立戰線的，『民族革命戰爭的大眾文學』這個口號是太狹窄了。即以它的名字一項而論，標榜『大眾文學』，那麼非大眾的份子就已經都被關在門外，丟到聯合戰線之外去了。民族統一戰線不僅是要『大眾』的聯合，而且是要聯合非『大眾』的資產階級、地主以及甚至軍閥等等。如果政治上的聯合戰線或整個聯合戰線的陣營是這樣的廣泛，而文藝界的聯合戰線卻是如此的狹窄，那麼這個聯合戰線是不可能建立的。所以『民族革命戰爭的大眾文學』的這一口號在目前確實不合適的。」同時，朱正明認為，主張「民族革命戰爭的大眾文學」的一方駁斥「國防文學」論者的那些非難和指責，「覺得大多很少有成立的根據，有許多是他們的誤解或不瞭解」。胡風的那篇提倡「民族革命戰爭的大眾文學」的重要文章，在朱正明看來是「非常的籠統和含糊」，「讀了幾遍仍舊沒有能在他文章裏看懂『民族革命戰爭的大眾文學』這一口號的徹底內容」。朱正明還記述了當時座談會主席丁玲及其他幾位同志的意見：「丁玲是座談會的主席，她也繼之發表了一篇很長的意見，她認為這兩個口號的內容的根本意義並無衝突，『民族革命戰爭的大眾文學』這個口號在現在看來不大適合。對於這一點，夢秋也表示了相同的意見。我們幾個人在事前並未作過決定的討論。」「吳奚如和白丁（音譯，原書注〔註25〕）也發表了很多的意見。……兩人是贊成『民族革命戰爭的大眾文學』這口號的，因為它的革命性質比較明顯。〔註26〕這是陝北文藝界就兩個口號問題所召開的第一次非正式座談會，因為討論氣氛熱烈，主要是吳奚如等堅持為「民族革命戰爭的大眾文學」辯護，所以緊接著又召開了第二次座談會。在第二次會上，雖然吳奚如等仍堅持己見，但最後還是由當時的宣傳部部長吳亮平作了官方的結論，他說：「對

〔註25〕參見我們上述吳奚如的引文中所做注釋，可知「白丁」是徐平羽的筆名。

〔註26〕朱正明：《陝北文藝運動的建立》，《西北特區特寫》，每日譯報社編印，1938年，第52～57頁。

於『國防文學』和『民族革命戰爭的大眾文學』這兩個口號的論爭，我們同毛主席與洛甫、博古等也作過一番討論，認爲在當前，『國防文學』這個口號是更適合的。『民族革命戰爭的大眾文學』這個口號，作爲一種前進的文藝集團的標幟是可以的，但用它來作爲組織全國文藝界的聯合戰線的口號，在性質上是太狹窄了。」〔註27〕

上述這些表述都是出自朱正明的《陝北文藝運動的建立》，是他於當年秋天回到上海後所寫，它的史料價值不容低估。不過，他記載中的丁玲的表態——認可「國防文學」非議「民族革命戰爭的大眾文學」口號，我覺得值得進一步推敲。丁玲自己雖沒直接置身「兩個口號」爭執中，但丁玲作爲最早來到陝北的文藝界的明星級人物，其態度無疑對於延安文藝界有不可低估的作用。丁玲在上海和胡風及馮雪峰有過密切的接觸，前文也有丁玲提到馮雪峰給她講述黨的政策以及上海文藝界的情形。另外，丁玲從上海到陝北是由聶紺弩陪同，在火車上便「歡快的同×君（指聶紺弩，筆者注）談著上海最近幾年的事」，丁玲和聶紺弩在火車上什麼都談，很快就像老朋友似的。〔註28〕而聶紺弩在上海是傾向於「民族革命戰爭的大眾文學」這一口號。由此推想，丁玲對於「兩個口號」論爭多少瞭解一些，而且傾向性也比較容易判斷。延安文藝研究專家艾克恩後來整理的有關這次座談會的情形還有這麼一段，他說「根據負責這次座談會的一位同志回憶，當時他曾就『兩個口號』的論爭問題，問過毛澤東同志。毛澤東同志笑著回答：『兩個口號都是對的。不過，一個有立場，一個沒有立場。』」〔註29〕我估計艾克恩筆下的「一位同志」是丁玲，因爲擔任座談會主席的是丁玲，不正好符合「負責這次座談會」的說法麼？另外，恰好還有一段關於丁玲晚年的傳記也印證了我的推斷，其中有記載丁玲關於「兩個口號」問題的表態，這段傳記中記述了一個叫蔡恒茂的人去採訪丁玲的材料。

> 不日，黃沫帶來了一份複寫的材料，是哲學社會科學部文學研究所一個叫蔡恒茂的研究人員寫的，內容就是他奉命去山西省長治市郊區老頂山嶂頭村訪問丁玲。從材料看，丁玲的生活和身體還可

〔註27〕 朱正明：《陝北文藝運動的建立》，《西北特區特寫》，每日譯報社編印，1938年，第58頁。

〔註28〕 丁玲：《魍魎世界・風雪人間——丁玲的回憶》，人民文學出版社，1989年7月第1版，第112頁。

〔註29〕 艾克恩：《延安文藝運動紀盛》，文化藝術出版社，1987年1月第1版，第19頁。

以，她想早日平反，回到革命隊伍中來，爲人民服務，爲黨工作。
蔡恒茂請她談文學史上「兩個口號」的論爭問題，她講了她到陝北
以後，毛主席找她談過這個問題，主席講的大意是兩個口號——「國
防文學」和「民族革命戰爭的大眾文學」都可以用，不過後者有立
場，前者沒有立場。〔註30〕

這段有關丁玲材料的記載也再一次表明，丁玲知道毛澤東對於「兩個口號」
的明確表態。但問題在於丁玲有沒有在大會上把毛澤東這段話講出來，如果
有，爲什麼朱正明的記載不是如此？如果沒有，那原因又是什麼呢？另外，
中宣部副部長吳亮平作的結論性報告中說他徵求了毛主席與洛甫、博古的意
見，認爲「國防文學」更合適，那麼丁玲和吳亮平的說法豈不矛盾麼？

對於這些疑問，我個人推想，毛澤東給予丁玲的說法是私下的、個人的，
因此，丁玲在大會上並未明確提出，而吳亮平徵求到的意見則是毛澤東公開
意見的表態。當然毫無疑問毛澤東對於丁玲的表態比較接近他個人的眞實想
法，也比較符合丁玲對於「兩個口號」的認知。但是，延安的現實情況是從
上海來的多爲當時的「國防文學」提倡者，而且延安當時的政策路線仍然是
王明等人爲主導。

再往後，上海文藝界的重要人物如胡喬木、周揚、艾思奇、徐懋庸、王
學文、周立波等相繼來到延安。從這名單就可以看出，去延安的多爲「國防
文學派」的中堅，這的確是一個耐人尋味的現象。這些人大都由當時的上海
辦事處主任潘漢年安排去延安，那麼潘漢年在「兩個口號」論爭中扮演了什
麼角色，就很值得仔細分析。

總得說來，潘漢年在「兩個口號」論爭前、論爭中以及論爭後態度上有一
個逐步轉變的過程。在胡風他們提倡新口號之前，潘漢年從莫斯科回來，在上
海和馮雪峰碰面，據胡風說他提出新口號是得到了馮雪峰並潘漢年的支持的。
「他（指馮雪峰，筆者注）提到『國防文學』口號，覺得不大好，並說，漢年
也覺得不妥當。後來知道，潘漢年是從蘇聯回來的，可見，他到魯迅家之前是
見過潘漢年的。」〔註31〕在「兩個口號」論爭爆發並愈演愈烈時，潘漢年致信
給「國防文學」的支持者郭沫若，「我們有許多意見，要你、茅盾、魯迅三人共

〔註30〕楊桂欣：《我所接觸的暮年丁玲》，中國廣播電視出版社，2004 年 9 月第 1 版，
　　　　第 4 頁。
〔註31〕胡風：《胡風回憶錄》，人民文學出版社，1993 年 11 月第 1 版，第 56 頁。

同簽名發表一個意見書公開文化界——內容側重文學運動，與你所反對賣國文學的聯合戰線諸論點差不多，已由茅盾兄起草，恐來不及經你過目，可是我們相信發表後不會使你滿意，或少有未盡善盡美之處，盼你另文補充，發揮。我們認爲在原則上不會有不同意見，所以擅越替你簽名了，請原諒。」信件內容由蔡震先生發現，並且他分析了潘漢年在兩個口號論爭中的作用：「自胡風擅自以個人名義提出『民族革命戰爭的大眾文學』口號後，六七月間上海文化界『紛爭』呈愈演愈烈之勢，馮雪峰與周揚的矛盾也使得他們之間的對立情緒更嚴重。這肯定是令馮雪峰頭疼的情勢。潘漢年恰在此時來到上海，我們是不是可以做這樣的推測：在他與馮雪峰研究去陝北方案的同時，馮雪峰也想到請潘漢年爲自己的工作助一臂之力。……郭沫若因主張『國防文學』是被看作『周揚派』的，而若想把魯、郭、茅三人聚合在一起，就馮、潘二人的文壇經歷和關係而言，唯潘漢年有可能做得到。所以，由魯、郭、茅三人發表一個意見書的考慮，極有可能是潘漢年想到的。」〔註32〕由此可見，馮雪峰和潘漢年在文藝界口號紛爭起來後都極力想方設法平息矛盾，二人的立場和態度也比較一致。不過，到了 1937 年六七月間，「兩個口號」論爭似乎早已偃旗息鼓，就在這時，上海辦事處正副主任潘漢年和馮雪峰看法上出現了分歧。根據夏衍後來的回憶，這個時間潘漢年先後會見了他和周揚等人。夏衍自然是向這位上海的黨的最高負責人訴委屈，而潘漢年則是極力安撫和鼓勵夏衍，表態黨對於周揚和夏衍等人在上海的工作還是充分肯定的。而就在這時，出現了馮雪峰鬧情緒告假回鄉的事情。一邊是周揚、夏衍等人的訴苦，一邊是馮雪峰的擅自離崗，潘漢年對待馮雪峰態度的急轉則可以預料得到。作爲和潘漢年一起從莫斯科回來的胡愈之爲我們留下了相關記載：

> 這時，潘漢年是上海辦事處主任，馮雪峰是副主任，我們彼此聯繫較多，有關黨的事情我都找雪峰。但是，一九三七年七七事變前後，有較長一段時間我沒有見到雪峰。有一天晚上，雪峰突然到我家來了，我高興地問他：「好久不見了，你到哪裡去了？」他氣色很不好，賭氣似的說：

> 「我到南京去了，現在不去了。他們要投降，我不投降。我再也不幹了，我要回家鄉去。」

〔註32〕蔡震：《在「兩個口號」論爭中被茅盾遺忘了的一些史事》，《新文學史料》2007 年第 2 期。

......

　　第二天我找到潘漢年，問究竟怎麼回事。潘說：「雪峰這樣子不
對，談判還未成功，怎麼說投降呢？這是中央的事情，他是共產黨
員，怎能自己說跑就跑掉？組織紀律呢？他說再也不幹了，他不幹
什麼？不幹共產黨嗎？！」〔註33〕

從這時起，馮雪峰以後的命運注定將是曲折和坎坷的。參加談判的中央領導
人包括潘漢年肯定及時把馮雪峰的情形彙報給陝北中央。張聞天等領導人通
過博古、潘漢年致電馮雪峰，要求馮雪峰回延安，並把上海事情交代清楚。
張聞天的電報多次提到上海來的同志對馮雪峰在上海的領導極爲不滿，「中央
即欲討論如何發展全國文化運動問題，並總結來年的上海文化運動。同時上
海來人對於你在上海文化上的領導均不滿意。中央當然不能聽一面之詞。因
此兄之來延安開會實際必要。如果兄對於現任工作不滿意，亦可由中央重新
分配適當工作。」〔註34〕其實從張聞天的電報內容上看，還是懇請規勸成分
居多，並非嚴厲斥責。然而，爲什麼馮雪峰會對黨有那麼大的激憤情緒呢？
除了現在研究界比較主流的說法，即和博古的恩怨衝突外，我分析原因可能
是馮雪峰得知了陝北從組織上對於「國防文學」的肯定，這讓馮雪峰無法忍
受，並且馮雪峰始終認爲自己和魯迅沒有錯，所以他甚至說，「黨錯了，魯迅
是對的。」〔註35〕同樣在得知組織上對於「國防文學」的肯定後，潘漢年的
態度則有很大轉變，開始頻頻和夏衍等聯繫，安撫鼓勵他們。而對於馮雪峰
的批評和指責，潘漢年則比中央領導人都要嚴厲得多，並且在馮雪峰尚未離
開上海時，潘漢年就上報中央說馮雪峰離滬回鄉去了。對於此時的馮雪峰和
潘漢年的關係，也有學者提出了疑問：「另外，我隱約感覺，在當時，馮雪峰
與潘漢年的關係似乎也弄得不好，或者說有些問題的看法有分歧。否則，何
以馮還在上海潘卻在電報中說他已經不告而別了呢？但是，我沒有更多的材
料來論述這一看法，姑且存疑。」〔註36〕

　　這樣，首先是「兩個口號」陣營中的各人的選擇影響到了黨中央對於「兩

〔註33〕胡愈之：《我所知道的馮雪峰》，包子衍、袁紹發編：《回憶雪峰》，中國文史
　　　　出版社，1986年7月第1版，第71～72頁。

〔註34〕程中原：《關於馮雪峰1936～1937年在上海的新史料》，《新文學史料》1992
　　　　年第4期。

〔註35〕王培元：《遠望雪峰》，《上海文學》2006年12期。

〔註36〕徐慶全：《周揚與馮雪峰》，湖北人民出版社，2005年1月第1版，第115頁。

個口號」的態度，反過來，黨中央對於「兩個口號」的表態又影響到了他們各自將來的命運。比如，馮雪峰、胡風等都因各種原因拒絕去延安，而周揚等人卻都來到了延安。這樣，延安領導人的態度會怎樣豈不一目了然。所以我們就不難理解，延安方面對於周揚等人的歡迎和重視——人還未到，黨報已迫不及待地發佈了消息並給予了工作安排。這就是在 1937 年 10 月 4 日《新中華報》上刊登的有關陝北公學院的籌設近況，其中隆重提到了即將到來的教授人選，「教授——艾思奇、周起應，李初梨等五人已離滬北來」。周揚後來也談到：「到了延安以後，黨還是很信任我，兩個口號問題也沒有多談，這裡面當然還有別的原因。當時在黨裏同我有爭論的同志沒有回去，所以這個問題就不談了。」〔註 37〕

儘管黨不再認為周揚等人提出「國防文學」，引發和魯迅的爭執是什麼大錯誤。但是，周揚等人的志忑一定存於心底。所以他們自然會抓住一切機會主動尋求黨中央領導人對於上海問題的看法。周揚後來反覆談到的毛澤東和他之間的一段談話：「我剛到延安時毛主席跟我有一次談話。毛主席在談話中說，做事不要有委屈的感覺。他說：委屈無非有三種情況：一種是你自己對，他根本不對。那你不要感到委屈，因為真理在你身上。真理在你身上，你會感覺到有力量。還有一種情況是，確實你錯了，人家是對的；不過你自己認識不到，所以感到委屈。第三種情況是，一半是你對，一半是人家對，你也不必感到委屈，反正你有一半不對嘛。毛主席這幾句話是在幾十年前隨便談的，卻對我有很大幫助。」〔註 38〕

很顯然，毛澤東的這話說得很有技巧。對於「國防文學」派的另一主要人物，毛澤東表態同樣充滿技巧。徐懋庸是 1938 年 3 月到的延安，5 月中下旬致信毛澤東，請求接見，談上海的問題。第二天，徐懋庸就得到毛澤東的回信並 5 月 23 日左右受到毛澤東的召見。徐懋庸覺得自己委屈最大，被魯迅公開點名批評，之後又遭周揚等人批評其寫信給魯迅乃個人主義行為。毛澤東聽完徐懋庸的訴說之後，根據徐懋庸的記載，答覆六點，如下：

　　　（1）「關於兩個口號的爭論的問題，周揚同志他們來延安以後，

〔註 37〕趙浩生：《周揚笑談歷史功過》，《新文學史料》1979 年第 2 期。

〔註 38〕周揚：《在鬥爭中學習》，《文藝報》1978 年第 4 期，另載：《周揚文集》第五卷，人民文學出版社，1994 年 5 月第 1 版，第 4 頁。根據徐慶全 2000 年採訪周揚女兒周密的記錄，周密也講到周揚晚年在「文革」結束後反覆談到毛澤東和他談如何對待委屈的這一段談話。

我們已基本上有所瞭解。今天聽了你們所談的，有些情況使我們更清楚一些，具體一些。」

（2）「我認為，首先應當肯定，這次爭論的性質，是革命陣營內部的爭論，不是革命與反革命之間的爭論。你們這邊不是反革命，魯迅那邊也不是的。」

（3）「這個爭論，是在路線政策轉變關頭發生的。從內戰到抗日民族統一戰，是一個重大的轉變。在這樣的轉變過程中，由於革命陣營內部理論水平、政策水平的不平衡，認識有分歧，就要發生爭論，這是不可避免的。其實，何嘗只有你們在爭論呢敍我們在延安，也爭論得激烈。不過你們是動筆的，一爭爭到報紙上去，就弄得通國皆知。我們是躲在山溝裏面爭論，所以外面不知道罷了。」

（4）「這個爭論不但是不可避免的，也是有益的。爭來爭去，真理越爭越明，大家認識一致了，事情就好辦了。」

（5）「但是你們是有錯誤的，就是對魯迅不尊重。魯迅是中國無產階級革命文藝運動的旗手，你們應該尊重他。但是你們不尊重他，你的那封信，寫得很不好。當然，如你所說，在某些具體問題上，魯迅可能有誤會，有些話也說得不一定恰當。但是，你今天也說，那是因為他當時處境不自由，不能廣泛聯繫群眾的緣故。既然如此，你們為什麼不對他諒解呢。」

（6）「但錯了不要緊，只要知道錯了，以後努力學習改正，照正確的道路辦事，前途是光明的。」〔註39〕

毛澤東的這 6 點指示幾乎是對於徐懋庸的完全肯定，徐懋庸聽到這些話後的激動與高興可想而知。徐懋庸說他「覺得每一句話都解開我心裏的一個疙瘩，聽完之後，如混沌開竅，如重感冒發了汗，頭腦清醒，身體輕鬆了，同時非常興奮」。「激動得幾乎流下眼淚，說不出話來」。〔註40〕

很顯然，毛澤東對於「國防文學」派富有技巧的肯定表態，是因為這些人是延安文化界、文學界的中堅人物。例如我們還可以再羅列一些可能影響毛澤東對於「兩個口號」評判的人事。如與周揚同來的艾思奇在最初受到毛

〔註39〕 徐懋庸：《徐懋庸回憶錄》，人民文學出版社，1982 年 7 月第 1 版，第 103～104 頁。

〔註40〕 徐懋庸：《徐懋庸回憶錄》，人民文學出版社，1982 年 7 月第 1 版，第 104 頁。

澤東的重視可能遠超周揚，而艾思奇是「國防文學」的主要擁護者；另外還有一個人需要值得重視，那就是比周揚等早到延安的胡喬木，作為「文總」黨團書記的胡喬木，是組織上解散「左聯」和決議通過「國防文學」的重要人物，而胡喬木後來受到毛澤東的重用成為黨內意識形態的主要負責人。

由此可見，先前的「國防文學」派的中堅幾乎都到了延安，而「民族革命戰爭的大眾文學」這邊呢，魯迅先生逝世，馮雪峰脫離組織，胡風拒來延安，前往國統區，而且聽很多人說政治很可疑。因此，雖然毛澤東對有王明痕跡的「國防文學」概念心存芥蒂，但並不妨礙重用「國防文學」派來構建和宣傳自身的文藝體系。所以，毛澤東在批評「國防文學派」對魯迅不夠尊重的小缺陷外，給予了這些人很高的信任。毛澤東在私下對周揚說，魯迅也有「黨八股」，對周揚表示了充分的理解；[註41] 對徐懋庸說魯迅的話也有「不恰當」。周揚等對於毛澤東的「批評」心領神會，從此開始非常「尊重」魯迅了，出任「魯藝」的實際負責人，在延安常作魯迅紀念的報告，常寫有關魯迅的文章，成為延安的魯迅專家。這不能不讓人感歎歷史的弔詭！

當然，毛澤東對於周揚等人的「重用」祇是這個複雜問題的一個方面，另一面就是毛澤東對丁玲所作的真實表態。據說，毛澤東還在丁玲面前專門評判過周揚，說「周揚這個人，長處是聽黨的話，黨犯錯誤，他錯誤，黨正確，他正確。」[註42] 這表明，用周揚是一面，但並不代表是非就可以模糊。對於周揚、徐懋庸等所期望的「兩個口號」是非的裁定，毛澤東對此十分敏感而表態卻是意味深長的含混。可能激動興奮的徐懋庸自己都沒有覺察毛澤東和他談話中的另一層意思，徐懋庸的回憶記載，毛澤東聽他說到後來基本上認為魯迅是正確的時候，毛澤東把「魯迅」兩字錯聽為「路線」，馬上就問：「路線？誰的路線是正確的？」徐說：「我說的是魯迅，不是路線。」毛澤東笑了一下說：「哦！」[註43] 由此可見在毛澤東的心目中對於路線是非的敏感，而路線問題是遲早要觸及的一個大問題，所以「國防文學派」後來的命運依稀可以窺出。當然，具有政治敏銳力的周揚不可能對此毫不知情，我們

〔註41〕 蔡清富整理：《周揚關於現代文學的一次談話》，載：《新文學史料》，1990 年第 1 期，124 頁。

〔註42〕 李輝：《搖蕩的秋韆——是是非非說周揚》，海天出版社，1998 年 7 月第 1 版，第 104 頁。

〔註43〕 徐懋庸：《徐懋庸回憶錄》，人民文學出版社，1982 年第 1 版，第 102～103頁。

從周揚在整風期間寫的自傳材料就可窺出一斑。他在自傳中刻意迴避其提出「國防文學」口號和王明《八一宣言》以及蕭三信的關係，而是說在得知季米特洛夫的反法西斯統一戰線報告後，就直接決定解散「文總」及其「左聯」並提出了統一戰線的「國防文學」口號。〔註44〕這表明，周揚已經想極力與王明路線切割開來。所以，對周揚等人來說，在延安重獲知遇之恩，但欣喜之餘又無時無刻不感受到套在脖子上的枷鎖，這就是後來他所說的口號問題始終是壓在他心頭的一座大山，三十年代是他身體中的「另一個癌」。〔註45〕

果然，在隨後的漫長歷史中，「兩個口號」被反覆拿出來說事，今天用它來收拾這個，明天用它來解決那個。在這樣的反反覆覆中，今天我們除了說「兩個口號」是宗派之爭外似乎沒有別的更好的選擇。其實不然，當我跳出「兩個口號」之爭，而著眼於個人體驗、文學感受和政策路線之間關係的探討時，就發現一個更加豐富的左翼文學從階級話語向民族話語的轉變過程，這無疑會加深我們對於這段文學的理解。

〔註44〕周揚：《周揚自傳》，《三聯貴陽聯誼通訊》2006 年 3 期。
〔註45〕周揚晚年在動手術前對前來看望他的龔育之說，他身上有兩個癌，一個是肺癌，一個是 30 年代。龔育之：《幾番風雨憶周揚》，《百年潮》1997 年第 3 期；另參見李輝編著：《搖蕩的秋韆──是是非非說周揚》，海天出版社，1998 年 7 月第 1 版，第 189 頁。

結　語

　　中國左翼文學從階級話語轉向民族話語，率先來自於對蘇聯文學的介紹。因爲蘇聯有軍人作家進行「國防文學」的創作，密切關注蘇聯文學的周揚也開始呼籲中國「國防文學」的出現。這是中國左翼文學界第一次提出「國防文學」的口號，儘管周揚最初對於「國防文學」的闡述仍然囿於階級的視野，但左翼文學口號中首次「國」的出現，成爲中國左翼文學開始從階級話語轉向民族話語的一個信號。

　　不過由於周揚初次提倡「國防文學」是出自個人文藝喜好，加之闡述不清，所以並沒有引起太多關注。「國防文學」眞正成爲文學界一個引人注目的文學口號是和黨的政策轉變有關。1935 年黨的《八一宣言》和共產國際代表蕭三來信相繼傳入國內，左翼文學界把它們都看做是黨的政策來做文藝上的貫徹。由此，左翼文學界黨團組織召開會議，宣傳貫徹黨的《八一宣言》和蕭三信精神。在《八一宣言》「國防政府」路線指導下，結合蕭三信提出的文藝應該配合政治口號的「建議」，周揚爲首的上海左翼文化界黨團以組織名義討論通過了「國防文學」口號，並以黨團名義層層往下傳達，形成了社會上探討「國防文學」的熱潮。由此可見，左翼文學界在由階級話語轉向民族話語時，主要不是依靠理論話語優勢，畢竟有關文學民族話語的倡導國民黨和右翼文學界早已爲之了，左翼採取的是有組織的統一行動。這也看出上海文化界黨組織雖和中央失去聯繫，但卻很注重強調對於左翼文學內部的控制力。這種有組織的集體行爲，自然會在社會上形成較大影響力，與先前較爲鬆散的民族主義文藝派相比，左翼文學界從開始轉向民族話語的倡導中，已佔據了上風。

　　對於左翼文學界內部來說，「國防文學」配套黨的國防政府政策提出，而社會上廣大中間派作家和讀者也都把「國防文學」看成是「國防政府」的文學體現。事實上，組建「國防政府」的呼聲最早是從中間派政治力量發出的，於是1935年共產黨提出「國防政府」的倡議自然也迎合了社會的輿論要求。與此同時，日本威脅的加劇也逼迫國民黨政府尋求蘇聯的支持，因此他們也不得不展開和共產黨人的談判。「國防政府」成爲雙方這時都可接受的一個構想。這樣，社會上對於「國防政府」的接受也自然影響到大家對於相應的「國防文學」的認可。

　　「國防文學」因國防政府主張而獲得認可，另一面，「國防政府」的主張中所存在的問題也注定將影響到「國防文學」上。具體說來，共產黨領導人王明首先提出以「國防政府」爲基礎的統一戰線政策，自然功不可沒，但他的新政策不是源自對於中國實際情形的感受，而是遵循蘇聯和共產國際政策的轉變。因而，使得原本應體現中國民族主義的統一戰線的政策卻流露出濃厚的蘇俄痕迹，這種情形自然在受政策指引的「國防文學」這一口號上也有所反映。

　　「國防文學」本應該是中國民族話語的體現，但最早的倡導者都把蘇聯的「國防文學」作品作爲樣板，來規範左翼內部的創作。尤其讓人費解的是，最受「國防文學」提倡者青睞的作品《對馬》中有很多有悖於中國人民族感情的描寫。蘇聯把《對馬》看做是他們「國防文學」的典範，授予其國家獎勵——斯大林文學獎。其實，《對馬》並不是一部優秀的小說，從文學審美角度來看，它鮮有值得稱道的地方。它之所以在蘇聯受到歡迎並獲得國家政權認可，不僅在於揭露沙皇俄國必然潰敗的事實，更在於它對日俄戰爭慘敗的書寫，喚醒民族恥辱的記憶，提醒蘇聯民眾致力於蘇日20世紀30年代在中國東北又一次的爭鬥。儘管蘇聯評論家一致讚賞《對馬》的「前進」意義——保衛社會主義、保衛世界和平的意義，但很顯然作品並不是主要宣揚共產國際主義精神，而是蘇聯國家主義的體現。

　　對於中國左翼文學界來說，他們不得不面臨自我所樹立的《對馬》是中國「國防文學」的典範和作品中宣揚蘇聯國家主義之間的尷尬。但是，很多左翼作家、理論家有意無意忽略《對馬》中的蘇聯殖民話語，轉而強調蘇聯社會主義國家的進步民族主義觀。這只能說明，中國左翼作家在倡導民族主義時，最初就存有不小的悖論。一邊是中國民族主義的張揚，一邊是唯蘇聯

及其政治政策（政治政策也服膺於蘇聯）馬首是瞻。左翼作家們解決悖論的方式是用組織模式替代個人的理解和感受。事實上從很多左翼作家的評論來看，當時高贊《對馬》是進步民族主義體現的很多人並未眞正讀過原作，他們的觀點不過是從蘇聯的作品評論或者對於對馬海戰的評價而來。儘管如此，左翼作家們仍有組織的一致宣稱《對馬》的進步民族主義，這就注定了左翼內部的民族話語的分歧和國共之間民族話語之爭的形成。

左翼內部，魯迅對於蘇聯很流行的《對馬》有些不以爲然，一方面是他聽說日文翻譯有所刪減而覺興趣全無，更重要的是他對於《對馬》所描述的「日俄戰爭」早有自我認知和評價，這就是日本的「幻燈片」事件和魯迅從文的緣由。與此同時，國民黨右翼文人不斷攻擊類似《對馬》作品中的蘇俄意識，諷刺左翼提倡「國防文學」就是要像《對馬》一樣保衛社會主義國家蘇聯，進而揭批左翼的「國防文學」實質是「賣國文學」。

對於左翼文學界來說，這種批評和攻擊直指他們要害，僅僅靠進步的民族主義解釋很難讓人信服。不過，蘇俄的痕迹在當時社會上還不至於被認爲是「賣國」的表現，畢竟日本帝國主義在當時才是中國民族的最大威脅。對日妥協的國民黨人卻用民族主義的號召加強對於內部的統治，與此相應表現的「民族主義文學」自然也爲多數人不齒。而《對馬》作品雖有蘇聯殖民話語的宣揚，但其強烈的反日主題肯定爲諸多國人所認可。這樣，原本不利於左翼文學民族話語的蘇俄意識，在當時的社會情形下，反倒成爲左翼文學民族話語的一個優勢。

爲了進一步爭取在民族話語上的主導權，左翼文學界開始策略性地利用岳飛題材來做自身民族話語的宣傳。從蕭三的來信到「國防文學」的提倡，復活岳飛民族英雄形象成爲左翼文學界最看重的一個題材。然而，岳飛類題材在當時本是和國民黨以及右翼文人的民族話語宣傳息息相關。這樣，左翼介入到岳飛題材的書寫中，一方面面臨和國民黨的爭奪，另一方面面對左翼內部的異議。因爲，先前國民黨和右翼文人提出民族主義文學來對抗左翼的階級話語時，岳飛就是一個重要的工具。爲此，左翼曾針鋒相對批駁，尤其是魯迅把岳飛式民族英雄視爲「沉滓的泛起」。當左翼提倡復活岳飛民族英雄時，魯迅反覆指出這種提法是「非現代」的，也是戰略上的錯誤選擇。魯迅「落伍」的堅持和對左翼岳飛式民族話語的批評，遭到了左翼內部「國防文學」提倡者郭沫若等人的反批評。由此可見，左翼內部國防文學提倡者和魯

迅在民族話語提倡上有很大的分歧。

當跳出左翼文學界在更廣闊的社會範圍內考察岳飛類題材創作時，我們就可發現，魯迅對於岳飛式民族話語的「非現代」批評並非多餘。岳飛民族英雄的塑造，暗含了國民黨國家主義的宣揚，尤其是諸多岳飛類傳記、小說和戲劇中對於岳飛剿匪和抗擊異族同等重要的書寫，不僅影射國共的政治鬥爭，更重要的是對於「愚忠」的奴隸道德的宣揚。因此，左翼文學界提出的復活岳飛民族英雄的構想既難落實到文學實踐中，又有滑落到提倡奴隸道德道路上的危險。由此我們不難理解，魯迅後來曾批判「國防文學」提倡者的奴隸工頭本質。

毫無疑問，國共兩黨在爭奪岳飛的形象塑造上，是國民黨方面的國家話語佔據了優勢和先手。然而在向民族話語的轉向中，左翼有人提出了和岳飛大致同時代的水滸英雄的「國防」意義。儘管這祇是左翼文學民族話語提倡中極為少見的個例，卻蘊含了極其深遠的意義。水滸英雄的造反事迹可以成為共產黨人自身形象的投射，而把水滸英雄和民族大義焊接起來，恰好是左翼文學應該要努力的方向。果真，在抗戰爆發後的延安和國統區進步文化界，都青睞水滸題材的創作，都著力於水滸英雄民族大義的書寫。延安很有影響的《逼上梁山》就展現出鮮明的左翼民族話語色彩，而國統區張恨水的《水滸新傳》中描寫梁山英雄受招安後去抗擊異族的事迹也彰顯了這種大義。這種對於原作的改寫受到了共產黨人的高度讚揚，並認為張恨水的水滸就是對於共產黨的書寫。

與國民黨重視岳飛形象相比，共產黨突出水滸英雄的民族情懷，由此可知國共兩黨在民族話語上的爭奪。很顯然，在這場爭鋒中，隨著抗戰的深入與發展、國民黨統治的腐敗和社會不平等的加劇，民眾對於水滸英雄的抗爭精神和原始平等理念更為欣賞。正如老資格的紅軍將領，後來的開國上將陳士榘所總結的：「蔣介石禁了不少馬克思主義等革命書籍，他犯了個大錯誤就是沒有禁《水滸傳》。」「因為很多農民根本接觸不到馬克思主義的書，而且你給他看他也看不懂，如讀天書，而《水滸傳》通俗易懂，情節吸引人，個個人物栩栩如生，又特別符合中國貧富差別大、廣大農民仇恨為富不仁的國情。我們很多將軍、士兵都是看了《水滸傳》才想到上山的。」〔註 1〕因此，從提倡岳飛到重視水

〔註 1〕 金汕、陳義風著，陳人康口述：《一生緊隨毛澤東——回憶我的父親開國上將陳士榘》，人民出版社，2007 年，http://lz.book.sohu.com/chapter~8009~4~1.html。

滸英雄題材的創作，共產黨人把水滸英雄的劫富濟貧的俠義和保家衛國的民族
大義相互結合起來，成為其爭取人心所嚮的一個成功範例。

　　左翼文學從階級話語轉向民族話語中又一個成功的範例當屬對於夏衍
《賽金花》的宣揚。從最初推崇蘇聯的「國防文學」作品《對馬》，到對我們
自己國家歷史題材岳飛、水滸故事的重視，可以看出左翼文學的「民族」性
越來越強。不過，岳飛題材的創作畢竟沒有落實到實踐中而只停留在口頭的
呼籲上，水滸題材作品的出現也是在多年以後。真正被樹立為左翼文學界民
族主義典範之作的是夏衍的《賽金花》，它被眾多的評論家認為是左翼提倡的
「國防文學」的標本。

　　在左翼文學界看來，夏衍《賽金花》的「國防意義」是因為它的「諷喻」
價值《賽金花》諷刺了清政府官員的喪權辱國，實際上是針對當權者國民黨
的諷喻。從這也可看出，左翼文學的民族話語自始至終都和國民黨在做鬥爭。
相應地，國民黨也迅速作出回應，查禁了《賽金花》劇作和演出，這也從另
外一個方面反證了《賽金花》的「暴露」「諷刺」式民族話語的意義，體現出
了左翼和右翼文人在民族話語上的控制與反控制。不過很顯然，從讀者當時
的接受來看，並不主要認可《賽金花》暴露諷刺的「國防意義」，而是從主人
公賽金花身上尋找民族主義的價值。這就形成了夏衍劇中揭露當權者和讚揚
賽金花兩個主題之間的裂痕。儘管「國防文學」提倡者極力肯定前一個主題，
但對於社會上大多數人來說，他們來看《賽金花》是出於窺視妓女豔事的庸
俗心態和莊嚴肅穆的國家意識的雜糅。當然，夏衍的劇作尤其是後來的演出
明顯迎合觀眾的這種心態。茅盾、魯迅就是針對此諷刺批評《賽金花》是在
「國防文學」旗幟下媚俗的妓女類作品。

　　通過對於賽金花題材創作的整體考察以及對於夏衍劇作和演出的細緻分
析，我們可發現，上海左翼文人的民族話語，除了黨的政策、蘇聯的榜樣示
範之外，還受到上海租界民族主義傳統的制約。《賽金花》以妓女作為依附性
知識份子和民族國家的象徵，作品中妓女豔事的書寫、知識份子的自我投射、
莊嚴民族國家的隱喻，這些東西糾纏在一起，讓我們感受到了左翼文學民族
話語的複雜和弔詭。

　　雖然左翼民族話語本身是複雜的、充斥著裂痕，但仍是在以組織的名義
和「權威」宣傳和推廣。左翼文學界對於《賽金花》的評價和宣傳就是一種
集體操作，這注定了會進一步引發左翼內部民族話語分歧和爭執的產生。正

如茅盾回憶魯迅所說：

至於周揚他們的口號內容實質到底是什麼，我還要看看他們的口號下賣的是什麼貨色。後來夏衍的《賽金花》發表了，有人寫文章把它樹為「國防文學」的標本，魯迅見了哈哈大笑道，原來他們的「國防文學」就是這樣的。〔註2〕

但在另一方面，《賽金花》發表後不久，賽金花本人淒慘病逝於北京。她的去世引發了社會上討論評議賽金花的熱潮，而此時劇作的演出自然引發了強烈的關注。這樣，《賽金花》的劇作和演出總體上是擴大了左翼文學民族話語的影響。

正因為有了對於「國防文學」口號和相關作品題材的不同理解，如對於《對馬》、「岳飛式」民族話語、《賽金花》的理解，魯迅和「國防文學」提倡者態度明顯不同甚至完全對立。這就注定了在民族話語轉變過程中，分歧會不可避免的產生，而焦點則是左翼文人以政策為上和魯迅以堅守主體性為本之間的差異。然而，通常我們卻簡單認為，左翼文學在民族話語上的分歧就是「兩個口號」的論爭，並把這一論爭歸為自己人的「誤會」或宗派勢力之間的紛爭。其實，這是一種簡單的似是而非的結論。誠然，引發爭議的「民族革命戰爭的大眾文學」口號是圍繞著魯迅而產生的。但是，左翼文學界內部在民族話語上的分歧並不主要體現在「兩個口號」政策的是非之爭上，而在於政治政策所主導的文學上的民族話語和基於人生體驗的民族話語之間的區別。隨著黨的政策轉向統一戰線，左翼文藝界亦隨之轉變，但是在轉變的過程中，還要有賴作家個體的獨立感受和認知，而不論是「國防文學」提倡者周揚等人還是「民族革命戰爭的大眾文學」的動議者馮雪峰，都對此並無深入思考。

馮雪峰返回上海，創意了「民族革命戰爭的大眾文學」這一口號，他所依據的也是陝北黨中央通過的統一戰線政策。馮雪峰所掌握到的政策和周揚等人通過報紙瞭解到的黨的政策雖有些許不同，但並無根本分歧，所以，周揚和馮雪峰提出的「兩個口號」並不是政策是非之爭。馮雪峰所設想的依然是在政策的範疇下解決魯迅思想認知問題，平息因周揚等人造成的魯迅對於黨的政策的分歧。馮雪峰的動機是好的，是著眼於中國文學和中國共產黨的前途與發展。但是，他並未完全感受到魯迅的真實心態，這樣，雖然馮雪峰

〔註2〕 茅盾：《我走過的道路》（下），人民文學出版社，1997年，第52頁。

處處維護體諒魯迅，但他以政策為出發點和旨歸終究和魯迅堅守個人人生體驗以及個體主體性還是有所差異。當我們對於馮雪峰和魯迅之間的差異有所注意時，就可發現，其實左翼文學從階級話語轉向民族話語時分歧的本質不在於「兩個口號」之爭，更不像過去我們所理解的是「兩個口號」的政治路線之爭、宗派勢力之爭，而是民族話語的統一思想要求和個人自由、個體主體性之間的分歧。

　　既然左翼文學內部在民族話語分歧上的焦點人物是魯迅，那麼這分歧的結束也應從魯迅的逝世說起。事實也是如此，魯迅去世後，他的葬禮和追悼活動本身就成為中國文學界最集中的一次民族話語展示，先前「國防文學」的提倡者公開悼念魯迅也昭示了左翼文學民族話語分歧表面上的消弭。當然，今天人們會津津樂道「民族魂」的意義，而從當時的追悼文章和諸多「蓋棺定論」之詞來看，「中國高爾基」的說法更為流行。這一稱號也顯出共產黨人和左翼文學界在魯迅追悼活動中的主導作用。從大家對於「中國高爾基」的一致認可中，我們再一次感受到左翼文學民族話語中的蘇俄因素、階級意識、民族話語以及世界性訴求之間的複雜糾纏。

　　「中國高爾基」之說在魯迅逝世後最流行，而在魯迅生前已有人提出。最早是共產黨和左翼文人把魯迅和高爾基等世界知名左翼作家並列起來，擴大自我的宣傳和影響，當然這時期肯定的是魯迅世界範圍內的革命意義；爾後右翼文人別有用心地公開稱呼魯迅為「中國高爾基」，但這祇是助長了這一稱號的流行和擴展。在魯迅本人這邊，對於高爾基是一個逐步接受、欣賞的態度，而且他也為高爾基在中國的譯介作出了巨大貢獻。不過，因為黨的領導人尤其是在蘇聯的領導人，更希望魯迅成為一個像高爾基那樣的和蘇維埃保持一致的作家、政治家，而魯迅並不會因附和政權而放棄自我主體性，所以生前，魯迅不願意別人拿自己和高爾基比附。死後「中國高爾基」這一稱呼所彰顯的左翼的民族話語，都不過是黨和左翼文學界的塑造，而這恰恰又一次揭示出左翼文學民族話語分歧的本質。

　　魯迅逝世後，「中國高爾基」的說法爆炸式的公開傳播，與此相對應的則是國民黨和右翼文學對於魯迅逝世的沉默，國共之間、左翼文學和右翼文學之間在民族話語權上的爭奪，其成敗得失一目了然。更引人注目的是，在延安，毛澤東並不看重魯迅評介中的與高爾基比附，但也強調魯迅為當代的孔子式的聖人。從「中國高爾基」再到「中國現代孔子」的說法，也預示了左

翼文學民族化的真正開始。

魯迅逝世後，左翼文學界能夠替代魯迅，既具有民族旗幟作用又具有左翼文學價值意義的當屬郭沫若。實事求是地說，郭沫若回國後，原本是真的要從過去的階級話語書寫轉向民族主義文化體系和信仰體系的構築。一方面郭沫若主動在魯迅逝世後調整對於魯迅的態度，使得郭沫若在左翼文學界內部替代魯迅成為可能。另一方面，他的詩文創作和演講，也確實傳達出構築民族文化的宏大體系的思考，顯示出他建構民族精神家園的意圖。郭沫若的這種努力，連同他浪漫、傳奇的人生經歷和歸國選擇，使得郭沫若當之無愧成為文化界民族的旗幟。不僅左翼文化界如此，就連國民黨和右翼文人也認可郭沫若在民族話語方面的積極作用。但是，隨著戰事的深入和發展，國共兩黨對待郭作為民族文化旗幟的宣傳態度上彰顯出了差異，國民黨既用亦疑的態度和共產黨用人不疑的態度形成鮮明對照，使得郭原本構建的超越政黨意識形態的民族主義的文化體系和信仰體系有了傾向選擇，這似乎也代表了諸多左翼人和知識份子的共同文化選擇。

左翼文學民族話語的最終走向應該是文藝界民族形式運動的開展。而文藝界民族形式運動最早可追溯到「國防文學」提倡中的「新啓蒙」口號。「新啓蒙」口號最早由陳伯達提出，而且它在「兩個口號」都陷入沉寂後一度成為社會熱議的焦點，並由此形成了轟轟烈烈的「新啓蒙」運動。「新啓蒙」運動冠之以「新」，是在於它以馬克思的唯物論和辯證法為理論支撐，這也就是說它和過去的五四啓蒙運動有區別，但是「啓蒙」的旗號本身對於知識份子就具有很大的吸引力和感召力。左翼文化界提出「新啓蒙」體現了左翼民族話語思考的深入和發展，也使得「新啓蒙」運動成為更加充分的文化界民族統一戰線的運動。當然，「新啓蒙」更多是一種理論倡導，對於文學創作也僅在於它的理論綱領意義。這樣看似「新啓蒙」運動和當時的文學創作關係不大，其實不然，一方面「新啓蒙」從「國防文學」的倡議中脫胎而來，它們之間有著密切的承續關係；另一方面，「新啓蒙」運動有把馬克思學說民族化的傾向，這就和後來的「馬克思主義中國化」密切相關，而馬克思主義中國化主張又和文藝界民族形式運動緊密相連。

「新啓蒙」運動的倡導者來到延安後，幫助毛澤東展開了馬克思主義中國化體系的構建。在文藝領域中，陳伯達等人配合馬克思主義的中國化，把毛澤東提出的「民族形式」倡議首先貫徹到文藝領域中。通過對毛澤東發起

的馬克思主義中國化主張和「民族形式」運動的分析，可以發現民族形式運動原本是針對黨內洋教條派的，它強調馬克思主義的普遍真理和民族形式的結合，也就是中國化的馬克思主義。而具有政黨意識形態的民族形式運動卻在文藝界引發強烈爭論，爭論的焦點是對待五四新文學和知識份子的態度。深受政治意識形態左右的文藝民族形式運動，實際上是以肯定舊形式、改造知識份子思想來整合左翼曾經在民族話語上的分歧。與此同時，不論是馬克思主義中國化還是文藝界民族形式運動，都有針對國民黨復古中國傳統文化的批判，強調自身是中國的民族舊形式和新文化的結合。因而在延安，一邊是高舉魯迅、五四新文化的旗幟，一邊是對於知識份子的不斷改造、再改造。

　　上述過程就是我們對於左翼文學由階級話語轉向民族話語的大致梳理和描述，這個過程之複雜可見一斑。一方面左翼文學和國民黨右翼在民族話語上的分歧和爭奪，一方面是左翼內部民族話語的分歧和爭論。

　　左翼文學界反對國民黨的民族話語，是因為國民黨不過是利用民族主義來加強統治，維護統治永遠是第一位的，要不怎麼會有「攘外必先安內」的政策。從這個意義上來說，左翼文學界反對國民黨的民族主義文學，符合近代以來民主的民族主義傳統。較早完整闡述民族主義的梁啓超曾把民族主義分為平權派和強權派兩種，也就是我們通常所說的民主的民族主義和集權獨裁的民族主義。民主的民族主義認可人人有天賦之平等、自由、自主等權利，人人之合意結契約而成民族國家，民族國家是用來維護人的平等、自由等權利的。這才是我們在異族入侵踐踏我們的自由、平等時甘願為民族國家浴血奮戰的真正動力，這也是梁啓超所說的「其民有權者謂之有權國」。〔註3〕儻若一個國家政權實行專制，不能給人民以平等、民主、自由之保障，卻僅僅以強權式的國家主義來強迫人們擁護這個國家，這並非真正民族主義的體現。這也是左翼作家們通過文學揭批國民黨民族主義專制本質的行為恰恰體現了真正民族主義的緣由，正如西方流傳的「專制之下無祖國」信念一樣，也正如中國五四以來無數知識份子提倡的那樣，對抗專制就是愛國的表現。其實五四的知識份子還有更極端的言論，如陳獨秀在《愛國心與自覺心》中曾有這一段：

　　　　且平情而論之，亡國為奴，豈國人之所願。惟詳察政情，在急
　　激者即亡國瓜分，亦以為非可恐可悲之事。國家者，保障人民之權

〔註3〕　梁啓超：《新民說》，張品興編：《梁啓超全集》第3卷，北京出版社，1999
　　年7月第1版，第675頁。

利，謀益人民之幸福者也。不此之務，其國也存之無所榮，亡之無所惜。〔註4〕

再比如，胡適日記曾有題爲《論「去無道而就有道」》的一段，記載他初聞王闓運言「即令瓜分，去無道而就有道，有何不可？」覺得這是不知羞恥之言，後來在美國生活幾年思想有所變更之後，胡適批評國家主義和民族主義者提出自己人統治總勝於外人統治的說法，提出「若以袁世凱與威爾遜令人擇之，則人必擇威爾遜」。〔註5〕

當然，陳獨秀和胡適等祇是把「亡國」之慨和「擇威爾遜」作爲一種符號象徵，即眞正的民族主義立場是以民主爲依託。

由此看來，共產黨人和左翼反抗國民黨國家機器的統治，左翼文學界批判民族主義文藝派的反動，這些都和五四以來倡導的民主的民族主義理念有相同的地方，這也是魯迅一直願意和左翼合作甚至「甘願」被「利用」，爲左翼的民族主義奔走吶喊的緣由。但是，這並不意味著因此可以完全放棄個體的獨立性僅僅服從「領導指示」就可以了。個體的人生體驗，獨立的文學感知在政治政策面前都可以完全放棄，這不就成了左翼人一直反對的國民黨利用民族旗幟的所作所爲了麼？當左翼文學界也陷入到「岳飛式」民族話語時，正如魯迅憂慮的，這種看似「毫釐的錯誤」卻「是整個戰鬥失敗的泉源啊！」

魯迅逝世後，左翼同人再也少有魯迅那樣的「憂慮」，當最終的思想統一運動來臨時，如以文藝的民族形式運動打壓知識份子和新文學啓蒙傳統時，除了個別人（如胡風）外，都是沉默的甚至主動投身其中。這樣中國文學的主題開始走向「民族」壓倒了「啓蒙」的書寫，當然自此以後文學的民族話語越來越盛，作家們都在和穆旦一樣讚美「一個民族已經起來」，而穆旦詩作中留下的空白——可「人」呢，起來沒？這種「讚美」之下的對於人的隱憂，恐怕已經沒有多少人注意和細究了！

〔註4〕 陳獨秀：《愛國心與自覺心》，《甲寅雜誌》第一卷第四號，署名：獨秀，1914年11月10日。

〔註5〕 胡適著，曹伯言編：《胡適日記全編》2，安徽教育出版社，2001年10月第1版，577～579頁。

附表一：左翼文人心目中的「國防文學」作品和題材〔註1〕

編號	作　者	文　章	所列舉作品篇目	發表期刊雜誌
001	周揚（企）	《「國防文學」》	A・NoviKov-Priboy 的《對馬》； N・Jikhonov 的《戰爭》； Tarasov-Rodionov 的《男爵之死》、《第五號彈藥筒》； V・stavsky 的《友情》； N・zalka 的短篇； Naluiskin 的《塞凡斯塔波爾》； Lvanov 的《納伊普漢的講和》。	1934 年 10 月 2 日《大晚報》
002	周立波	《關於「國防文學」》	《震動全球的十日》	1935 年 12 月 21 日《時事新報・每周文學》
003	梅雨	《國防文學的內容》	《對馬》、《潰滅》、《鐵流》、《伊特勒共和國》	1936 年 1 月 11 日《時事新報・每周文學》
004	何家槐	《作家在救亡運動中的任務》	《八月的鄉村》、《南國之夜》、《生死場》、《齒輪》、《萬寶山》、《義勇軍》、《豐年》。 另外作者提出一些題材和主人公的描寫，如義勇軍的抗戰，罕見的賣國，知識份子的分化，學	1936 年 1 月 11 日《時事新報・每周文學》

〔註1〕　此統計表根據：《文學界》、《光明》等雜誌以及：《「兩個口號」論爭資料選編》等彙編而成。

			生運動的悲慘壯烈的事實；另可以復活古代民族英雄，如岳武穆、文天祥、薛仁貴、花木蘭、蘇武等；還有一些史實如鴉片戰爭、黃海之戰、諒山之戰、義和團事變、太平天國、五四、二七、五卅、1925～1927大革命、漢口九江租界收回、萬縣慘案、九一八、一二八。此外作者提到國外的民族抗爭事實都可入寫。	
005	田漢（講述）	《國防戲劇與國難戲劇》	《對馬》	1936年1月15日《中國社會》1卷2期
006	胡洛	《國防文學的建立》	作者沒有提出明確的作品，但提出一些題材領域：如義勇軍的抗爭，農民的怒潮，塞內外的民族英雄，學生運動的悲壯逝世，歷年的反帝運動；另外，暴露漢奸的醜態，暴露帝國主義的殘酷，民族資本的衰殘，農民的痛苦，都市的畸形。	1936年2月5日，《客觀》1卷12期
007	張尚斌	《「國防文學」和民族性》	作者沒有提出明確的作品，指出國防文學要描寫英勇抗敵的大眾，它也要描寫「毀家紓難」的人們。	1936年2月9日，《大晚報》
008	周立波	《非常時期的文學研究綱領》	蘇聯的《對馬》、《戰爭》；茅盾的《右第二章》；張天翼等人的小說；《八月的鄉村》、《生死場》；艾蕪的《南國之夜》鐵霍洛夫的《戰爭》；《鐵流》、《潰滅》；巴比塞的《火線下》；雷恩的《戰爭》；《桃園》、《雪人》；賓斯奇的《在黑暗中》；裴特菲的《勇敢的約翰》；《比利時的悲哀》。	1936年2月10日《讀書生活》3卷7期
009	周鋼鳴	《民族危機與國防戲劇》	《八月的鄉村》，《怒吼吧！中國》，《最初的歐羅巴之旗》，《鐵甲列車》，《毀滅》、《鐵流》、《對馬》，《戰爭》，《伊特勒共和國》岳飛等民族英雄應該成為寫作對象	1936年2月20日《生活知識》1卷10期。

010	風子	《「國防文學」的感想》	作者提出，國防文學的正面敵人是帝國主義，它的主要任務是反帝，抗×也是反帝的一種。古代的如岳飛、文天祥不必復活。	1936 年 1 月 11 日《時事新報‧每周文學》
011	謝六逸	出自力生《文藝界的統一國防戰線》中作家意見摘抄	日本在一二八之後有鼓動日本軍民的《爆彈三勇士》，我們的《爆彈三勇士》在什麼地方呢？	1936 年 3 月 20 日《生活知識》1 卷 11 期。
012	王夢野	《中國的反帝文學與國防文學》	長篇：李輝英《萬寶山》、張天翼《齒輪》，林菁《義勇軍》、黎錦明《戰煙》、田軍《八月的鄉村》、蕭紅《生死場》、馬子華《他的子民們》，周楞枷《煉獄》 短篇：茅盾《右第二章》、艾蕪《咆哮的許家屯》、《南國之夜》、《歐洲的風》、周楞枷《餓人》 李輝英《九月十八日瀋陽》、金魁《逃難》 戲劇：適夷《S‧O‧S》和《工場夜景》田漢《亂鐘》，《暴風雨中的七個女性》、《回春之曲》、白薇《長城外》、李健吾《老王和他的同志們》	1936 年 3 月 20 日《生活知識》1 卷 11 期。
013	梅雨	《國防文學與弱小民族文學》	顯克微支《血與劍》、沙多維奴《流浪的人們》；楊逵《送報夫》，呂赫若《牛車》，張赫宙《山靈》；趙重滾《示威》，金門熔《朝鮮》和《春》，權煥《血》，欣石然《火焰》；阿哈儂垠《更夫》，普魯士《哨兵》，裴特菲《勇敢的約翰》，桑陀藥《娜耶》；愛哈比華豁《叛逆》、《暴風雨前》、《傷痕》、鎖鏈中的印度》；益爾昌《阿索爾之死》	1936 年 3 月 20 日《生活知識》1 卷 11 期。
014	何家槐等	《國防文學問題——〈文學青年〉文藝座談會第一回》	王任叔提出的有《阿 Q 正傳》《子夜》可以說是國防文學的作品。林淡秋指出《子夜》和《阿 Q 正傳》不是直接、純粹的國防文學	

015	柳丹	《現階段中國文學必然之傾向》	《八月的鄉村》、《豐收》、《生死場》	1936 年 4 月 15 日《忘川》第 1 期。
016	谷人	《國防文學與民眾解放》	《八月的鄉村》、《生死場》；周楞枷《餓人》，適夷《S·O·S》，艾蕪《南國之夜》，張天翼《齒輪》	1936 年 4 月 20 日《眾生》1 卷 4 期。
017	式加	《國防文學批評的建立》	《庚子事變彈詞》、《歐羅巴之旗》、《怒吼吧中國》、《八月的鄉村》、《賽金花》	1936 年 4 月 21 日《時事新報·每周文學》
018	義悟	《不是空嚷，也不是標語口號》	《八月的鄉村》、《生死場》、《賽金花》、《沒有祖國的兒子》、《撞棺遊行》	1936 年 5 月 26 日《時事新報·每周文學》
019	周鋼鳴記錄	《賽金花》座談會	《賽金花》（11 人次集體認可）	1936 年 6 月 5 日《文學界》創刊號
020	周木齋	《水滸傳》和國防文學	《水滸傳》	1936 年 6 月 5 日《文學界》創刊號
021	蔣平	《今後中國文學的路向》	《八月的鄉村》	1936 年 6 月 10 日《新地》創刊號
022	柳林	國防文學的理論與實踐	短篇小說：艾蕪《咆哮的許家屯》，樓建南《戰地的一日》、茅盾《右第二章》、周楞枷《餓人》 戲劇：適夷《S·O·S》和《工場夜景》、白薇《長城外》 長篇：李輝英《萬寶山》、田軍《八月的鄉村》、蕭紅《生死場》列弓射《阿弓》，許幸之《一二八上海戰爭》	1936 年 6 月 15 日《浪花》1 卷 1 期
023	洛底	《「國防文學」和作家的聯合戰線》	田軍《八月的鄉村》、蕭紅《生死場》、周楞伽《煉獄》、李輝英《萬寶山》	1936 年 6 月 15 日《浪花》1 卷 1 期
024	周揚	現階段的文學	李健吾《老王和他的同志們》，靳以《離散》； 《八月的鄉村》、《生死場》《賽金花》	
025	黃峯	《國防文學在蘇聯》	《對馬》、《戰爭》	1936 年 7 月 10 日《文學界》1 卷 2 期

025	李田意	《論「國防文學」》	「國防文學」的對象，應當是整個的民眾；目的是喚起民眾對國防的注意；決不是消極的；決不是謳歌一切戰爭的文學；取材應該是多方面的；是生產在大眾中並流行在大眾中的。	1936 年 7 月 10 日《人生與文學》第 2 卷 2 期
026	渠明然	《論國防繪畫》	《毀滅》、《一週年》	1936 年 7 月 14 日《大晚報》
027	阜東	《戰爭文學‧反戰文學‧國防文學》	鐵霍納夫《戰爭》、雷馬克《西線無戰士》和《戰後》、巴比塞《火線下》	1936 年 8 月 3 日《大晚報》
028	荒煤	《國防文學是不是創作口號》	《走私》、《東北之家》	1936 年 8 月 10 日《文學界》1 卷 3 號
029	鄭伯奇	《〈賽金花〉的批評》	《賽金花》	1936 年 9 月 1 日《女子月刊》4 卷 9 期
030	田漢	《庚子事變和賽金花》	《賽金花》	1936 年 9 月 1 日《女子月刊》4 卷 9 期
031	凡海	《作家應該從「九一八」之後寫些什麼》	羅烽《殘廢人》	1936 年 9 月 5 日《文學大眾》
032	郭沫若（輯）	《國防文學集談》	大家一致公認《走私》、《賽金花》以及岳飛題材 林林的自述《賽金花》、《八月的鄉村》、《生死場》； 香山的自述《蘇聯工人遊歐記》	
033	林林	《詩的國防論》	岳飛的詞；黃公度的詞，邊塞詩人的詞	1936 年 11 月 10 日《文地》1 卷 1 期
034	北鷗	《國防文學的理論建設》	《已開墾的處女地》、《百煉之鋼》	1936 年 11 月 20 日《新認識》
035		《賽金花》座評	《賽金花》（7 人次認可）	1936 年 11 月 24 日《大晚報》
036	周立波	《一九三六年的小說創作——豐饒的一年》	端木宏良《遙遠的風沙》、荒煤《長江上》、舒群《沒有祖國的孩子》、宋之的《□□□紀念堂》、羅烽《獄》	1936 年 12 月 25 日《光明》2 卷 2 號

參考文獻

一、民國資料

（一）民國報刊

《小說月報》　　　　　　《文學界》　　　　　　《光明》

《讀書生活》　　　　　　《文學》　　　　　　　《奔濤》

《新壘》　　　　　　　　《文藝月刊》　　　　　《文藝戰線》

《夜鶯》　　　　　　　　《申報》　　　　　　　《救亡情報》

《中央日報》　　　　　　《解放》　　　　　　　《鬥爭》

《紅色中華》（《新中華報》）　　《高爾基研究年刊》

（二）民國圖書

B

巴金等著《魯迅與抗日戰爭》，戰時出版社，1937 年。

白動生《岳飛》，正中書局在 1936 年初版，1943 年重慶第 4 版。

C

陳建華《革命與形式——茅盾早期小說的現代性展開》，復旦大學出版社，
2007 年。

褚應瑞《岳飛抗金救國》，上海民眾書店，1939 年。

褚應瑞《精忠報國的岳飛》，上海民眾書店，1942 年。

褚應瑞《精忠報國的岳飛》，世界書局印行，出版時間不詳。

D

丁三《抗戰中的郭沫若》，戰時出版社，1938 年。

登太編《魯迅訪問記》，春流書店，1937 年。

杜君謀《賽金花遺事》，上海大方印務局，1936 年。

F

范作乘《岳飛》，中華書局，1935 年；1943 年重慶再版。

G

谷劍塵《民眾戲劇概論》，民智書局，1934年。

谷劍塵《岳飛之死》，中華書局，1936年。

顧一樵《岳飛及其他》，新月書店，1932年。

顧一樵《岳飛》，商務印書館，1940年。

郭沫若《在轟炸中來去》，上海文藝研究社，1937年。

郭沫若《戰聲》，戰時出版社，1938年。

H

何干之《近代中國啓蒙運動史》，生活書店，1937年。

洪淵《賽金花故事》，廣益書局，1948年。

J

劍膽《名妓李雲飛後身賽金花之歷史》，出版時間地點不詳。

蔣醒若《賽金花》，上海戲劇出版社，1936年。

金祖同《郭沫若歸國秘記》，言行社，1945年。

景宋等編著《魯迅創作方法及其他》，新中國文藝社，1939年。

K

孔繁霖《岳飛》，青年出版社，1946年。

L

樂雯剪貼翻譯並編校、魯迅序《蕭伯納在上海》，上海野草書屋，1933年。

李劍虹審選、袁清平編輯《岳文戚史集》，軍事新聞出版社，1935年。

梁乙眞《民族英雄百人傳》，青年出版社，出版時間不詳。

梁乙眞《民族英雄史話》，黃埔出版社，出版時間不詳。

李霖《郭沫若評傳》，現代書局，1932年。

劉半農、商鴻逵《賽金花本事》，北平星雲堂書店，1934年。

呂思勉《白話本國史》三，商務印書館，1923年。

魯迅《魯迅最後遺著》，莽原書屋，1936年。

魯迅紀念委員會編印《魯迅先生紀念集》叢書，文化生活出版社，1937年。

M

茅盾等著，登太編《魯迅訪問記》，文化勵進社，1939年。

毛澤東《在延安文藝座談會上的講話》，中原新華書店，1949年。

毛澤東《整風文獻》訂正本，解放社編，新華書店，1949年。

P

彭國棟《岳飛評傳》，由商務印書館在 1945 年重慶初版。

普里波衣著，梅雨譯《對馬》，新知書店出版，1946 年。

S

沈清塵編著《中國國防史略》，中正書局印行，1942 年版。

沈雲衣《賽金花遺事》，上海出版社，1938 年。

W

王明《日本侵略新階段與中國鬥爭新時期》，青年書報社，1937 年。

王明《抗日救國政策》，陝西人民出版社，1937 年。

王明《救中國人民的關鍵》，延安解放社，1938 年。

王明《論反帝統一戰線問題》，中國出版社出版，1938 年。

王造時《荒謬集》，自由言論社，1935 年。

無夢、易正綱編著《中國軍神岳武穆》，汗血書店出版，1935 年。

X

夏衍《賽金花》，生活書店版，1936 年。

夏徵農《現階段中國思想運動》，一般書店，1937 年。

新中國文藝社編《高爾基與中國》，讀書生活出版社，1940 年。

熊佛西《賽金花》，北平時報社，1937 年。

熊琦編著《郭沫若先生最近言論》，離騷出版社，1938 年。

Y

延安平劇研究會集體編寫《逼上梁山》，華中新華書店，1946 年。

延安平劇研究院集體創作《三打祝家莊》，海洋書屋，1947 年。

楊殷夫《郭沫若傳》，民眾出版社，1938 年。

郁達夫等編著《回憶魯迅及其他》，上海宇宙風社 1940 年。

虞麗醉髩《賽金花傳》，上海大通圖書社，出版時間不詳。

Z

曾繁《賽金花外傳》，上海大光書局，出版時間不詳。

張申府《什麼是新思想啟蒙運動》，生活書店，1939 年。

章衣萍編著《岳飛》，兒童書局，1936 年 7 月初版，1939 年 8 月第十三版，1940 年 3 月第十四版，1949 年第十六版。

朱正明《西北特區特寫》，每日譯報社編印，1938 年。

〔日〕佐藤子著《我的丈夫郭沫若》上海日新社，1938 年。

〔日〕佐藤子著，曉華，重子編《我的丈夫郭沫若》，漢口戰時文化出版社，
1938 年。

二、建國後資料

A

艾克恩《延安文藝運動紀盛》，文化藝術出版社，1987 年。

〔英〕埃里克·霍布斯鮑姆（Eric J. Hobsbawm）著，李金梅譯，《民族與民
族主義》，世紀出版集團，上海人民出版社，2006 年。

艾曉明《中國左翼文學思潮探源》，湖南文藝出版社，1991 年。

〔英〕安東尼·史密斯《民族主義理論，意識形態，歷史》，葉江譯，世紀
出版集團，上海人民出版社，2006 年。

安徽大學中文學教學參考書：《夏衍〈賽金花〉資料選編》，1980 年。

B

巴拉諾夫《高爾基傳——去掉僞飾的高爾基及作家死亡之謎》，灕江出版社，
1998 年。

包子衍、袁紹發編《回憶雪峰》，中國文史出版社，1986 年。

北京大學等編《文學運動史料選》，上海教育出版社，1979 年。

北京博物館魯迅研究室、魯迅研究資料編輯部編《魯迅研究資料》，文物出
版社、天津人民出版社等，1976 起。

〔美〕本尼迪克特·安德森（Benedict Anderson）著，吳叡人譯《想像的共
同體——民族主義的起源與散步》，世紀出版集團，上海人民出版社，2005
年。

C

蔡震《文化越境的行旅：郭沫若在日本二十年》，北京文化藝術出版社，2005
年。

曹清華《中國左翼文學史稿》，中國社會科學出版社，2008 年。

陳白塵、董健主編《中國現代戲劇史稿》，中國戲劇出版社，1989 年。

陳紅旗《中國左翼文學的發生》，吉林大學博士論文，導師爲陳方競，cnki
編號爲 2005.109222 陳瘦竹編《左翼文藝運動史料》，南京大學學報編輯
部，1980 年。

陳漱渝《褒貶自有春秋——讀〈夏衍談『左聯』後期〉》，《魯迅研究月刊》
1992 年 2 期。

陳延湘《1928～1937 年《大公報》等報刊對中蘇關係認識的演變》，《近代史

研究》2006 年第 3 期。

陳早春、萬家驥《馮雪峰評傳》，重慶出版社，1993 年。

程凱《「革命文學」歷史譜系的構造與爭奪》，《中國現代文學研究叢刊》2005
　　年第 1 期。

D

邸君《「民永族」一詞見於〈南齊書〉》，《民族研究》2004 年第 3 期。

丁玲《魍魎世界‧風雪人間——丁玲的回憶》，人民文學出版社 1989 年。

丁易《中國現代文學史略》，作家出版社，1955 年。

F

馮雪峰《雪峰文集》，人民文學出版社，1985 年。

馮雪峰《馮雪峰憶魯迅》，河北教育出版社，2001 年。

馮雪峰《魯迅和俄羅斯文學的關係及魯迅創作的獨立特色》，《人民文學》1
　　卷 1 期，1949 年 10 月 25 日。

G

〔英〕厄內斯特‧蓋爾納著，韓紅譯的《民族與民族主義》，中央編譯出版
　　社，2002 年。

龔繼民、方仁念《郭沫若年譜》，天津人民出版社，1992 年。

顧毓琇（顧一樵）《顧毓琇戲劇選》，商務印書館，1990 年。

《廣州大革命時期回憶錄選編》，廣東人民出版社，1986 年。

郭沫若《郭沫若全集‧文學編》，人民文學出版社，1982 年。

郭志剛、孫中田主編《中國現代文學史》，高等教育出版社，1993 年。

H

郝時遠《中文『民族』一詞源流考辨》，《民族研究》2004 年第 6 期。

胡風《胡風全集》，湖北人民出版社，1999 年。

胡風《胡風回憶錄》，人民文學出版社，1993 年。

J

金汕、陳義風著，陳人康口述《一生緊隨毛澤東——回憶我的父親開國上將
　　陳士榘》，人民出版社，2007 年。

K

曠新年《民族國家想像與中國現代文學》，《文學評論》2003 年 1 期。

L

藍棣之《症候式分析：毛澤東的魯迅論》，《清華大學學報》2001 年第 2 期。

冷川《「中東路」事件在左翼文學中的表現》,《廣播電視大學學報》,2008 年第 2 期。

李輝《搖蕩的秋韆——是是非非説周揚》,海天出版社 1998 年。

李輝英《中國現代文學史》,香港文學研究社,1978 年。

李牧:《三十年代文藝論》,臺北黎明文化事業股份有限公司,1973 年版。

李歐梵《中國現代文學與現代性十講》,復旦大學出版社,2002 年。

李鋭著《毛澤東早年讀書生活》,遼寧人民出版社,1992 年。

李怡《爲了現代的人生》,上海教育出版社,2004 年。

李怡《「民族」與「革命」:日本之於中國的關鍵字》,《理論與創作》,2003 年第 4 期。

李勇,張仲田主編《抗日民族統一戰線大事記》,中國經濟出版社,1988 年。

黎之《文壇風雲錄》,河南人民出版社,1998 年。

列寧《列寧全集》,人民出版社,1986 年。

劉禾著、宋偉傑等譯《垮語際實踐——文學、民族文化與被譯介的現代性(中國 1900～1937),生活·讀書·新知三聯書店,2002 年。

劉海波《20 世紀中國左翼文論研究》,光明日報出版社,2007 年。

劉力群編《斯諾通訊特寫選》,新華出版社,1985 年。

劉綬松《中國新文學史初稿》,人民文學出版社,1979 年。

盧那察爾斯基著,蔣路譯,《論文學》,人民文學出版社,1978 年。

魯迅《魯迅全集》,人民文學出版社,2005 年。

羅志田《昨天的和世界的:從文化到人物》,北京大學出版社,2007 年。

M

馬良春、張大明編《三十年代左翼文藝資料選編》,四川人民出版社,1980 年。

茅盾《我走過的道路》(下),人民文學出版社,1997 年。

毛澤東《毛澤東選集》,人民出版社,1991 年。

毛澤東《毛澤東文集》,人民出版社,1993 年。

毛澤東《毛澤東書信選集》,人民出版社,1983 年。

苗士心《中國現代作家筆名索引》,山東大學出版社,1986 年。

N

倪墨炎《魯迅寫信祝賀紅軍長征勝利一事的思考》,《魯迅研究月刊》1984 年第 3 期。

倪墨炎《破解魯迅、茅盾「電賀」紅軍之謎》,《檔案春秋》2006 年第 7 期。

P

潘磊、曾彥修《曾彥修先生談「『魯迅』在延安」》,《新文學史料》2006 年第 2 期。

普里波伊著,梅益譯,《對馬》,上海譯文出版社,1988 年。

S

上海戲劇學院熊佛西研究小組編《現代戲劇家熊佛西》,中國戲劇出版社,1985 年。

邵伯周等著《簡明中國現代文學史》,天津人民出版社,1986 年。

社科院文學研究所現代文學研究室編《「革命文學」論爭資料選編》,人民文學出版社,1981 年。

沈松橋《我以我血薦軒轅——皇帝神話與晚清的國族建構》,《臺灣社會研究季刊》第 28 期,1997 年 12 月。

〔美〕史沫特萊著,江楓譯《中國的戰歌》,作家出版社,1986 年。

斯諾著,董樂山譯,《紅星照耀中國》(又名《西行漫記》),新華出版社,1984 年。

孫陵《我熟識的三十年代作家》,臺北成文出版社,1980 年。

孫郁、黃喬生主編:「回望魯迅」系列叢書,河北教育出版社,2001 年。

T

唐弢《生命冊上》,浙江文藝出版社,1984 年。

田漢《田漢全集》,花山文藝出版社,2000 年

W

〔日〕丸山升著,孫歌譯《由〈答徐懋庸並關於抗日統一戰線問題〉手稿引發的思考》,《魯迅研究月刊》1993 年 11 期。

王德威《想像中國的方法》,北京生活‧讀書‧新知三聯書店,1998 年。

王富仁《有關左翼文學研究的幾點思考》,《東嶽論叢》,2006 年第 5 期。

王荊之《國民黨密令和魯迅研究》,《魯迅研究月刊》1993 年,第 1 期。

王明著,徐小英等譯《中共五十年》,東方出版社,2004 年。

王培元《遠望雪峰》,《上海文學》2006 年 12 期。

魏壁佳《胡風反革命理論的前前後後》,《文藝報》1955 年 14 期。

文天行編《國統區抗戰文藝運動大事記》,四川社會科學院出版社,1985 年。

吳福輝《沙汀傳》,北京十月文藝出版社,1990 年。

吳玉章《吳玉章回憶錄》,中國青年出版社,1978 年。

X

夏衍《懶尋舊夢錄》（增補本），北京生活‧讀書‧新知三聯書店，2000年。

夏衍（周健強訪談整理）《夏衍談「左聯」後期》，《魯迅研究月刊》1991年1期。

新華月報資料室編：《悼念郭老》，生活‧讀書‧新知三聯書店，1979年。

徐光霄《〈新華日報〉在文藝戰線的鬥爭》，《抗戰文藝研究》1982年1期。

徐懋庸《徐懋庸回憶錄》，人民文學出版社，1982年。

徐迺翔編《文學的「民族形式」討論資料》，廣西人民出版社，1986年。

徐慶全《周揚與馮雪峰》，湖北人民出版社，2005年。

徐迅《民族主義》，中國社會科學出版社，1998年。

徐中遠著《毛澤東讀評五部古典小說》，華文出版社，1997年。

Y

楊桂欣《我所接觸的暮年丁玲》，中國廣播電視出版社2004年。

楊奎松《王明在抗日民族統一戰線策略方針形成過程中的作用》，《近代史研究》1989年1期。

姚辛編撰《左聯畫史》，光明日報出版社1999年。

姚辛編撰《左聯詞典》北京：光明日報出版社1994年。

易崇輝《中國左翼文學國際學術研討會綜述》，《文學評論》2006年03期。

尹騏《潘漢年傳》，中國人民公安大學出版社1996年。

尹高朝《毛澤東和他的二十四位老師》，中央文獻出版社，2001年。

余英時《錢穆與中國文化》，上海遠東出版社，1994年。

岳飛研究會選編《岳飛研究》，浙江古籍出版社，1988年。

〔宋〕岳珂編，王曾瑜校注《鄂國金佗稡編續編校注》上、下，中華書局，1989年。

Z

張大明《不滅第火種——左翼文學論》，四川文藝出版社，1992年。

張品興編《梁啟超全集》卷，北京出版社，1999年。

張占國、魏守忠編《張恨水研究資料》，天津人民出版社，1986年。

張恨水《寫作生涯回憶》，人民文學出版社，1982年。

張恨水《水滸新傳》，中國民間文藝出版社，1986年。

張永泉《魯迅與〈答托洛斯基派的信〉的關係的疑問》，《魯迅研究月刊》1999年第3期。

趙俊賢《文藝理論家馮雪峰的悲劇》，《渭南師範學院學報》2001年第1期。

曾健戎、劉耀華編《中國現代文壇筆名錄》，重慶出版社，1986年。

中共中央文獻研究室編《周恩來年譜（1989～1949）》，中央文獻出版社，1989年。

中國第二歷史檔案館編《中華民國史檔案資料彙編》，第五輯，江蘇古籍出版社。

中國抗日戰爭時期大後方文學書系編委會《中國抗日戰爭時期大後方文學書系》，重慶出版社，1989年。

中國社會科學院文學研究所現代文學研究室編《「兩個口號」論爭資料選編》上、下卷，人民文學出版社，1982年。

中國社會科學院文學研究所編《左聯回憶錄》上、下，北京中國社會科學出版社，1982年。

中國社會科學院文學研究所魯迅研究室編《1913～1983魯迅研究學術論著資料彙編》，中國文聯出版公司，1985年。

中央檔案館編《中共中央文件選集》，中國中央黨校出版社，1991年。

中央統戰部、中央檔案館編《中共中央抗日民族統一戰線文件選編》，檔案出版社，1985年。

周國全，郭德宏《王明傳》，安徽人民出版社，1998年。

周揚《周揚文集》，人民文學出版社，1984年。

周揚《周揚關於三十年代「兩個口號」論爭給中央的上書》，徐慶生整理，《魯迅研究月刊》2004年10期。

周正章《胡風事件五十年祭》，《粵海風》2005年3期。

後　記

　　本書是我在四川大學博士論文的基礎上修改而成的。事實上，當初我在撰寫博士論文時，最初的構想並不僅僅是考論左翼文學從階級話語向民族話語的轉變。我們常有「現代文學三十年」之稱謂，關於這三十年文學史發展演變的脈絡學界已有不少探討，可是有關 20 世紀 30 年代到 40 年代的轉變學界關注甚少，因此，我論文原本是想梳理和分析整個中國現代文學如何從第 2 個 10 年步入第 3 個 10 年，包括左翼文學如何從階級話語轉向民族話語、自由主義文學的觀念發生了怎樣的轉變，右翼文學的民族話語在抗戰時期和 30 年代有什麼不同，通俗文學又有了怎樣的表現等等。在材料的搜集和論文具體的寫作過程中，我才發現，中國現代文學從 30 年代到 40 年代的轉變，遠比我想像中「複雜」，似乎每一個部分都可單獨成篇。當時的博士論文祇是寫成了「計劃」中的第一部分，即左翼文學如何從階級話語向民族話語的轉變。這次花木蘭文化出版社希望出版一套民國文化文學叢書，我對博士論文進行了修改，在論述左翼文學民族話語轉型的同時，增添了右翼文學在民族話語和左翼的差異與分歧，當然因為時間倉促，加之有小孩後家事繁忙，對博士論文增添和刪改的並不是很多。不過，這也算對我博士三年求學的一個「小結」，未來還有更漫長的學術道路擺在我面前。

　　博士論文寫作的艱辛現在仍歷歷在目。當時我只有一個構想，為了盡可能的重返「歷史語境」，即民國的歷史語境，我搜購和查閱了大量的民國報刊、圖書、文獻，這耗費了我大量的資金和時間。有很長一段時間，我盡情地沉浸在發黃的古舊紙張中，感覺穿越到了另外一個時空，有時甚至都忘卻了我論文要書寫的主旨。所以有很多閱讀民國古舊書刊的感受都因後來論文寫作的需要而不得不割捨，只能希望以後再有機會把當時的感受、閱讀筆記系統成文。

　　本書能夠付印首先感謝李怡先生，作爲我的授業導師，這本書從最初的博士論文選題到完成自始至終得到他的悉心指導，沒有他的睿智和遠見，我不可能又找到一個學術研究的寶庫；另外作爲本套「民國文化與文學」叢書策劃人和聯絡者，李怡先生爲本書的出版前後奔走聯絡，他的辛勞付出和奉獻精神，在此一併感謝。同時要特別感謝臺灣花木蘭文化出版社，感謝楊嘉樂，爲本書的付印做出了無可替代的貢獻。另外我的妻子在生活上、學業上、工作上支持我，鼓勵我，爲我分憂解難，成爲我最得力的幫手。最後要感謝的是我的父母，他們作爲中國最貧窮鄉村的農民，操勞一生，辛辛苦苦供養我讀書直至博士畢業，沒有他們就沒有我的今天。

附　圖

附圖 1：民族英雄岳飛（插圖）

附圖 2：馮玉祥爲岳飛等民族英雄題詞

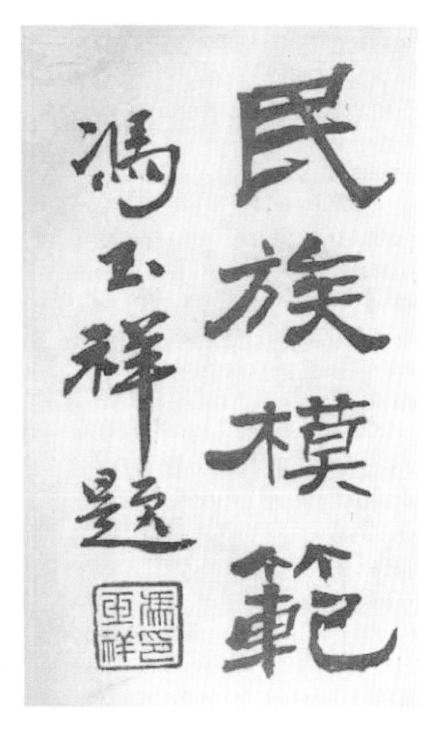

附圖 3：夏衍《賽金花》劇照

附圖 4：夏衍《賽金花》扉頁題詞

歷史名劇

賽金花

夏衍 著　生活書店發行

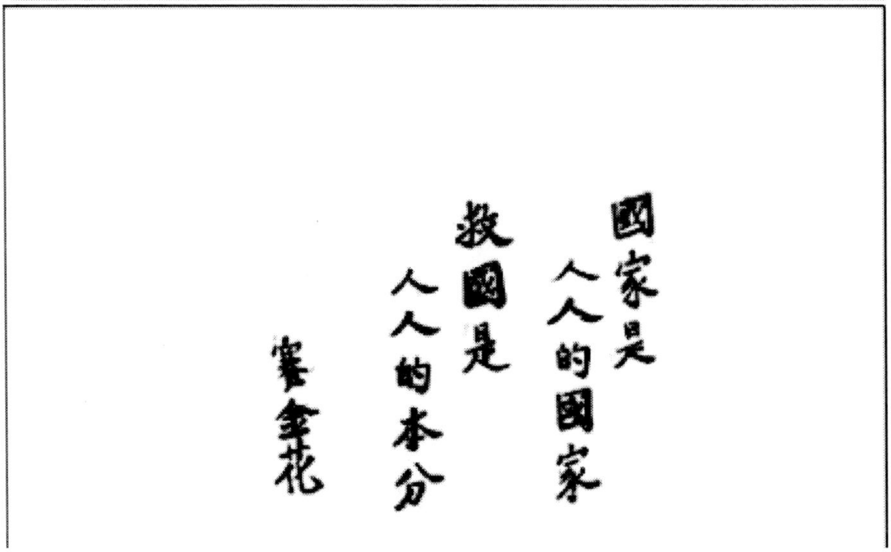

國家是
人人的國家
救國是
人人的本分

賽金花

附圖 5：陳煙橋作《高爾基和魯迅》（木刻）

高爾基和魯迅（木刻）　　　陳煙橋作

附圖6：郭沫若《歸國雜吟》手跡

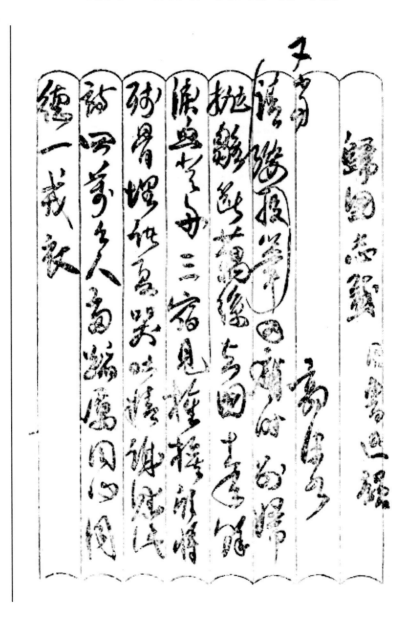